EDP·管理者终身学习项目

企业的道德
——走近真实的世界
Business Ethics:
A Real World Approach

安德鲁·吉耶尔(Andrew Ghillyer) 著

张 霄 译

中国人民大学出版社

·北京·

策划人语

EDP 是英文 The Executive Development Programs 的简称，即"高层管理者培训与发展项目"，是为高层管理者设立的非学历 (non-degree) 教育项目。EDP 在国外的商学院中非常普遍，几乎每所著名的商学院都有此项目。目前在全球 EDP 市场中，领跑公开课程的是哈佛商学院、达顿商学院和法国 INSEAD 等，领跑公司内部培训课程的有美国杜克企业教育学院、瑞士 IMD、法国 INSEAD 和西班牙 IESE 等。中国的 EDP 教育正处于起步阶段，但近年来中欧国际商学院、长江商学院、人大商学院、北大光华管理学院和清华经管学院等都开出了十分有特色的 EDP 课程，受到企业、政府、医院、学校等机构的广泛关注。

EDP 基于现代企业的特点，开设了一整套具有针对性的短期强化课程，其内容可以偏重综合管理技能，也可以偏重某一具体管理领域的知识与技巧。在教育理念和教育模式上已经完全超越了传统的管理教育，它的系统化培养模块均依据领导者、决策者的特点与需求设计，是一种全新的领导力发展模式。

EDP 不同于 MBA 和 EMBA，它属于非学历教育，更强调终身学习、在职学习，具有更强的灵活性和针对性。是一个管理者不断提升和完善管理素养的平台。基于对 EDP 项目的这一认识，我们策划了"EDP·管理者终身学习项目"系列出版物。希望这套书能够作为 EDP 课堂教学的补充，也可以作为企业内训时的导入读本。通过这套书能够在企业等存在管理的地方普及一套"行话"，用管理的概念和术语来认识和分析管理问题，指导管理实践，提升管理水平。

本套出版物具有如下特点：(1) 以 EDP 课堂讲授内容为主线，适当补充部分课堂上难以讲到的背景知识，并将之系统化；(2) 紧扣企业管理实践，注重知识的实用性，并介绍相关的管理工具，使之具有更强的可操作性；(3) 使用真实生动的案例，特别是中国案例，使管理学理论在现实的管理情境中发挥光彩；(4) 内容精简，一般在 15 万~20 万字之间；(5) 语言通俗易懂，适合自学。这套出版物不仅有图书，还包括一些 EDP 课堂的音频、视频资料，并逐步开发网上学习资料，还将不定期地为读者邀请优秀的 EDP 项目教师组织面授讲座。

当前，中国企业面对着前所未有的世界经济大动荡，有人说，中国企业家经历过严苛的竞争环境，但没有经历过经济萧条。如何使企业度过严冬，是今天每一个管理者要思考的问题。但做一个好的企业——一个善于学习、管理精良、勇于创新、为消费者创造价值、有高度社会责任感的企业——是企业存在的意义，也是企业不败的基石。

费小琳　唐奇

2008 年 12 月

编辑手记

2010年4月3日上午，iPad首发，立即成为时尚的年轻人追捧的对象，成为苹果公司继iPhone之后又一台超级赚钱机器。

2010年1月~5月，中国企业富士康先后12个年轻人跳楼自杀。

这两个看似无关的事件背后，是对企业道德无情的拷问。

富士康是苹果公司在中国最大的代工厂之一，相比iPhone 200%以上的利润率，富士康的利润率被压低到仅有2%~4%。代工厂的成本被严格控制，苹果公司谙熟中国法律和社保体系，根据中国法律规定的最低工资核算代工厂的工资成本；富士康原本规定工作六天休息一天，迫于苹果的压力，往往变成工作13天休息一天，苹果与富士康签订协议，表明这种用工方式与自己无关；苹果顽固的保密制度和独特的保密营销策略在业界带有传奇色彩，然而体现在代工厂的，却是对每个工人从头到脚严密的监控、戒备森严的高墙、随时被怀疑泄密的指控，这种氛围带给员工的是强烈的窒息感和严重的心理压力；为了让代工厂的工人擦拭出外表无瑕疵的手机屏幕，在安全评估和安全保护措施不足的情况下，苹果要求代工企业使用有毒性的"正己烷"或易燃易爆的"丙酮"……*

中国是一个法制尚待健全的国家，苹果的每一个做法都没有违背中国法律，或者签署了"协议"表明与自己无关。但事实是否真的与其无关，是不言自明的。这一典型的案例，揭示出的不仅是一个上游企业和一个供货商之间的扭曲关系，它向人们发出了质问：企业是否可以不讲道德？

企业以营利为目的，在传统西方经济学看来，企业的目标是要在激烈的市场竞争中生存，实现利润最大化和股东权益最大化。在法律约束下，个人和企业追求利润最大化的行为将推动社会福利达到最优。然而，真实世界层出不穷的问题总是迫使人反思。

2001年，风光无限的能源巨头安然集团由于财务造假丑闻被曝轰然倒塌，为之提供审计服务的安达信会计公司也因为没有坚守自己的职业道德而惨遭收

---

* 参见李保华、廖杰：《苹果有血泪：iPhone暴利200% 代工厂毛利仅2%》，载《经济观察报》，2010-04-10。

购命运。安然以及其他一系列大型企业的丑闻促使美国人越来越关注企业的道德，2002年，《萨班斯－奥克斯利法案》出台，用以对企业加大道德监管的力度。美国的职业协会以及大型企业纷纷制定伦理守则，并设立"伦理官"这个职位，以此约束企业和员工的行为。然而，真实世界是一个充满道德困境的世界，即使有印在纸面上的伦理守则，即使有一位伦理官，在企业中工作的人们还是会遇到形形色色的伦理难题：当发现企业的腐败行为，你是选择揭露还是继续忠诚于企业？当你发现上司要求你推销的产品是劣质产品时，你是尽力去做还是立即辞职？……《企业的道德》这本书为我们展示了美国人在企业道德领域所做的种种思考。难能可贵的是，它并未止步于此，它摆脱了枯燥说教的面孔，列举出大量真实的案例、设计出一系列道德困境，并循循善诱地引导读者去面对、思考和解决这些问题。

当今的中国正处于转型中，传统的计划经济分崩离析，市场经济尚未健全，垄断企业凭借非市场力量获得暴利似乎谈不上道德，在竞争中厮杀的企业也可能有不光彩的片段，还要面对一些不道德的国外对手……由此使得企业及其成员所面临的各种道德困境，比以往任何时候都要激烈得多。企业是否能够直面这些困境，做一个有责任的企业公民？个人能否直面这些困境，维护内心的道德法则？真诚地希望这本书能带给你思考和启示。

曹沁颖
2010年9月8日

译者序

美国商界有句俗语："The business of business is business"，意为"企业的职责就是挣钱"。附录中弗里德曼的那篇文章支持的便是这种观点。可别小看了这句看似普通的"大道理"，它不仅是所有企业伦理学理论最顽固的挑战对象，也是全部企业伦理实践的最后一道门槛。为了消除这类根深蒂固的商界意识形态，企业伦理学一直在探索着"企业要不要讲道德"的理由和"企业如何讲道德"的方法。一般说来，前者是企业伦理的理论理性方面，讲求的是理论根据或曰可能性，而后者是它的实践理性方面，注重的则是操作方法或曰可行性。比较而言，实践理性更为重要，因为道德本身不在于"怎么说"，关键要看"怎么做"。这就好比设计方案和制作工艺之间的关系，无论设计如何巧妙绝伦，若是在工艺上做不出来，还是无济于事。所以，企业的道德从根本上说就是企业的实践理性，它实际上是一门"企业如何讲道德"的技术或工艺。《企业的道德》正是以传授这门技艺为己任，通过设计和编排各类情境与练习的方式，帮助读者在纷繁复杂的道德环境中提升自己的道德行为能力。也是从这个角度考虑，译者才没有把书名"Business Ethics"直译成《企业伦理学》，而是选择了更贴近实际、更突出主题的意译名：《企业的道德》。

在吉耶尔博士看来，要想真正驾驭这门技术，企业必须培育特有的伦理文化。也就是说，即使企业具备完善的伦理守则、奖惩制度、人事安排、监管措施等，如果这些守则、制度、安排和措施不是一定伦理文化条件下的守则、制度、安排和措施，它们就会成为流于形式的无用摆设，沦为企业的累赘或负担。更为重要的是，这些守则、制度、安排和措施还只是"现代企业伦理文化框架"的构成要素，它们只有和一定的价值观体系结合起来形成特有的企业道德实践经验，企业伦理文化才会是稳固的、行之有效的。不过，值得注意的是，书中所提供的文化模板显然是典型的美式企业文化，读者在学习"现代企业伦理文化框架"的时候不一定要把美式企业文化的价值观体系也照搬过来。不同的文化价值观体系可以和不同的企业伦理文化框架进行组合，而在这方面，中式企业伦理文化可以借鉴的传统资源显然要丰富得多，发展空间也必定会大得多。

本书的翻译得到了中国人民大学出版社的支持，译者由衷地感谢中国人民大学出版社学术出版中心杨宗元女士的推荐,感谢编辑唐奇女士、曹沁颖女士和谢雪女士的帮助,感谢在翻译过程中不厌其烦地向我介绍行业知识的所有朋友。

  我的妻子俞敏博士是所有译文的第一位读者和第一位评论人,我想留给她的不是感谢,而是我俩的分享。

张霄
庚寅年七月伏案于金陵

序　言

　　企业伦理已经成为这十年来最吸引人眼球的新闻故事。阿德尔菲亚、安然、环球电讯、英克隆、帕玛拉特、泰科以及世通，这些先前名噪一时的企业如今已和日趋恶化的商业败德行为联系在了一起。当这些企业的高级管理人员因涉嫌财务丑闻而在法庭上被指控的时候，每一桩丑闻又再次进入人们的视野。很显然，先前的 CEO 名流（诸如克莱斯勒的李·艾柯卡，通用电气的杰克·韦尔奇）开创的时代已经被一帮劣迹斑斑的企业高管毁掉了，他们之所以被控告，是因为他们在领着数百万美元年薪的同时，却向投资者和顾客隐瞒企业的真实状况。涉案数额越来越大，简直令人难以想象——安然公司是 630 亿美元，世通公司则是 1 070 亿美元。照这种趋势发展下去，或许在另一桩被查出的丑闻中，还会曝出更大的涉案金额。

　　为了遏制这股商业败德行为和随之而来的消极民意，美国政府一直在尽力恢复人们的信心，2002 年颁布的《萨班斯－奥克斯利法案》就旨在恢复对市场的控制。该法案规定，CEO 要在企业的财务报表上署名以担保财务数据的真实性和准确性。此外，该法案还对 CEO 提出了许多其他方面的要求。

　　尽管《萨班斯－奥克斯利法案》表明，政府已打算给企业的政策制定者提供一个可以遵循的伦理框架，但是，那些在做道德决定时需要指引的员工却通常会参照企业自己的伦理守则，在"做正确的事情"这个问题上，这些守则通常被认为是可以提供明确指导的。那些没有伦理守则可供参阅的企业员工则被鼓励要"利用自己的最佳判断"去对待企业及其股东、顾客、员工和其他所有的利益相关者。但棘手问题是：如果对顾客来说是正确的事情对股东来说却是错误的，那该如何是好呢？

　　通常提供给学生的企业伦理学教材都是针对经理人（负责维护企业道德声誉的管理人员）的，或制定企业伦理守则的高级管理人员的。这类教材通常会以一些"大局"问题打头，一般都围绕着企业与伦理的关系以及企业和社会的关系展开论述：

- 企业为什么会存在？
- 企业为谁服务？
- 企业对利益相关者有什么责任？
- 竞争中有所谓的道德制高点（moral high ground）吗？
- 长期来讲，做一个有道德的企业会获得回报吗？

遗憾的是，在这些问题中，没有一个会对身处日常工作中的员工有任何帮助。实现节节攀高的绩效指标或销售任务所带来的持续负担通常会营造出这样一种环境：一方面，企业标榜着自己在道德规范上的最高标准，另一方面，企业的管理者却指出了一条更明确的路径：尽其所能地达到目标或完成任务。因此，当员工面临企业伦理问题时，最有可能摆在他们面前的首要道德困境便是：是选择站在良好企业公民的立场上，为了雇主去尽自己"做正确的事情"的义务呢，还是选择站在个人的立场上，只要做出自己可以容忍的选择和决定就行了呢？

本书的目的就是帮助那些员工，带着他们穿行在企业基层那富于挑战的伦理世界中，而不是通过抽象的概念和哲学的论证让他们在树梢之上盘旋。通过考察与自身工作环境（以及在环境中的自主程度）直接相关的各种问题和情境，员工可以更清楚地认识到：公司的伦理守则和日常的经营决策之间究竟有什么样的关联。此外，书中的材料还可以让员工去检验自己的道德标准。

例如，本书给学生：

1. 介绍了基本的道德定义和道德情境。
2. 介绍了企业的每一个职能部门通常都会遇到的伦理问题。
3. 展示出了不同的道德困境，并提供了解决困境的机会。
4. 提供了不道德行为的假想事例和真实事例。
5. 树立了有能力认识和解决道德困境的自信心。
6. 树立了有能力满足企业利益相关者需要的自信心。
7. 介绍了公司治理概念和企业社会责任概念。

为了帮助学习企业伦理学的学生解决他们在生活中会面临的道德困境，书中为他们准备了大量的材料和方法，通过这种方式，我们希望，坚信企业能够以道德的、正直的方式去经营管理这一事实，可以抵消媒体在大多数情况下

序言

对企业伦理话题进行消极报道的负面影响。事实上，企业的伦理守则无论如何都不会与员工所要做的工作或所面临的挑战有任何相似之处，而被企业高级管理人员轻易就忽略掉的东西可能正是他们要求员工去遵守的那些伦理守则。不过，企业的员工现在可以凭借所掌握的资源去做更可靠的事了，而不用仅仅是简单地试着去"做正确的事情"。

既要用经典的案例研究去表达主要的观点，又要使案例材料的安排尽可能典型，这往往需要在两者之间进行取舍，因此，我们已做出了每一种尝试去适当地平衡。教材中提到的企业有：

弗洛伊德银行

巴林银行

波音公司

布朗威廉姆森烟草公司

加拿大帝国商业银行

可口可乐公司

迪士尼公司

安然公司

福特公司

谷歌公司

南方保健公司

美国医院联合公司

强生公司

米尔顿工厂

美泰公司

马自达公司

MCI 电讯公司

蒙特罗斯化工股份有限公司

纽约证券交易所

太平洋煤气电力公司

欢腾公司

壳牌公司

沃尔玛

世通公司

每一章都给学生提供了各种练习机会去考察他们对章节内容的理解：

进度检测问题贯穿章节始终，目的是突出材料中主要的知识点。

每章中的案例都是对被考察观念的补充说明。

讨论练习*（附带问题）是在把本章的内容运用于其他的案例情境。

每章的结尾都安排有复习问答，目的是考察学生对材料的理解。

复习测验是为了鼓励学生进一步地研究材料和更主动地参与材料研究。

网络练习*是为了鼓励学生进行深入的研究，并向他们介绍可供参阅的有用的网站。

小组练习*给学生提供了反思与争论的机会。

---

* 部分讨论练习以及网络练习和小组练习的内容都放在中国人民大学大众图书出版中心的网站上，请登录 www.a-okbook.com 阅读或下载。——译者注

致 谢

我很有幸能在成书的全过程中得到麦格劳－希尔公司里一群人的帮助，他们堪称"梦幻组合"。

Ben Johnson 在评估我的建议时表现得足够果敢，而 Doug Hughes 也十分明智地相信我的确能将本书出版。Megan Gates 则分到了一份苦差事，她花了好几个星期的时间不厌其烦地用她那最令人宽慰的语气终于使我确信，我不是一个对自己要求很高的作者。当她转而去负责本书的营销工作时，Pete Vanaria 迅速地参与进来，并领着我直至最后的阶段。后来，Dana Pauley 又将我那黑白页的书变成了一部通俗易懂的教材，这真是一项劳神费事的工作。总之，能和这样一些经验十足的行家共事，真是令人快慰。

麦格劳－希尔公司和我想要感谢所有审读过本书初版的大学教师们。他们非凡的智识和绝妙的建议对本书做出了重大的贡献。

Michelle Adams，科比－斯特拉学院南镇校区，果园公园，纽约
Vicki S.Blanchard，州立海湾学院，波士顿，马萨诸塞
William F.Cook，桑福德－布朗学院，范藤，密苏里
Augustine C.Emenogu，美国洲际大学，休斯敦，得克萨斯
Claire kane Hall，新英格兰科技学院，沃里克，罗得岛
Elizabeth D.Hall，海滨科技学院，弗吉尼亚海滩，弗吉尼亚
Bruce Hamby，美国国民大学，埃尔斯沃斯空军基地，南达科他
William Hoffman，佛罗里达城市大学，湖地，佛罗里达
Andren S.Klein，德锐大学，橡树溪露台，伊利诺伊
Thomas M.McGovern，费舍尔学院，波士顿，马萨诸塞
Susan Strucinski O'keefe，冰碛谷社区学院，帕洛斯维丘陵，伊利诺伊
Michael J.Phillips，佛罗里达城市大学，奥兰多，佛罗里达
Jenny L.Piper，汤普森研究所，哈里斯堡，宾夕法尼亚
Joy Richman，美国洲际大学邓伍迪校区，亚特兰大，佐治亚

安德鲁·吉耶尔
阿格西大学，坦帕，佛罗里达

目 录

第一编　企业伦理界说 …………………………………………… **1**

第一章　理解伦理学 ……………………………………………… **3**
第二章　企业伦理界说 …………………………………………… **23**

第二编　企业伦理实践 …………………………………………… **43**

第三章　组织伦理 ………………………………………………… **45**
第四章　企业社会责任 …………………………………………… **69**
第五章　公司治理 ………………………………………………… **93**
第六章　政府的角色 ……………………………………………… **117**
第七章　举报行为 ………………………………………………… **141**
第八章　伦理与技术 ……………………………………………… **163**

第三编　企业伦理的未来 ………………………………………… **187**

第九章　伦理与全球化 …………………………………………… **189**
第十章　实现：在充满竞争的市场中做正确的事 ……………… **211**

第一编
企业伦理界说

人们是如何根据行为的"正确"或"错误"的标准去生活呢?我们先从这一问题说起。那么,人们从哪里去寻求引导以决定什么是"对"与"错"或"好"与"坏"呢?一旦形成了一套自己的道德标准或"伦理原则",人们又是如何与他们的共同体或社会中的其他成员相互影响的?总之,人们是否可以共享相同的伦理原则呢?

只有具备了对"伦理学"的基本认识,我们才能够考察"企业伦理"这一概念。在"企业伦理"的概念里,日常生活中的员工通常面临着这样的困境:如何在自己的道德标准与公司的道德标准之间、自己的道德标准与监督者或管理者的道德标准之间做出权衡?我们需要考察这样的问题,即商业世界是否应当被看作某种虚假的环境,你在自己的生活中所选择的那些规范在那里将无所适从。

企业的道德

第一章　理解伦理学

> 伦理学研究的是，当做正确的事情所需付出的代价大于预期时，我们将如何应对。
>
> ——约瑟夫森伦理研究中心

教学目标

1. 界定伦理学
2. 解释"金律"
3. 界定伦理相对主义
4. 界定应用伦理学
5. 理解道德困境
6. 理解处理道德困境的步骤

前沿聚焦

"做正确的事情"

麦戈是牛津湖公寓大楼的租赁经纪人。虽然这是一项乏味的工作，但只有这样她才可以在晚上去学校学习。除了低廉的房租有益于她缩减开支外，轻松的工作还有助于她不耽误学业。不过，随着另两座公寓大楼的开业，公司的业务发展开始变得缓慢，空置房数量也开始增多了。

最近，公司新任命的区域主管想要为本地的商业活动"注入活力与创造性"，并发展新的租赁业务。这位主管的名字叫凯特。麦戈的第一印象告诉她，只要能提高租金，凯特甚至可以卖掉祖母的一套公寓。

凯特做的第一件事是举行"家庭招待会"。他们在会上提供了免费的热狗和可乐，还安排了一个小丑为孩子们制作动物玩具气球。他们通过报纸和广播做广告，想方设法地吸引许多人的关注。

他们拿到的第一份租房申请来自米歇尔和威尔森。这是一对非洲裔的美国夫妻，他们的儿子名叫泰勒。麦戈受理了他们的申请。这是多么好的一对：他们有长期稳定的工作，有足够的收入来支付房租，还有前任房东出具的良好的信誉证明。麦戈建议他们按流程再做一个背景调查。事情的进展"看上去非常好"。

他们离开后，凯特来到办公室，问道："那对夫妇如何？他们的申请有问题吗？"

"一点问题也没有，"麦戈答道，"我认为他们会成为我们这个社区极好的新成员。"

"别把他们的申请进度推进得太快，"凯特说，"我们还有时间找到更多的申请人，依我的经验来看，这种人通常最终都会中断租契或是在城镇间搬来搬去却不付租金。"

1. 在这里，"做正确的事情"指的是什么？第8页中的"金律"怎样才能和麦戈的决定联系起来？

2. 你会如何解决这个道德困境？看看第15页上解决道德困境的三个步骤，寻求更多的细节。

3. 麦戈现在该怎么做？

什么是伦理学

伦理学研究的是人们如何以"对"与"错"的行为标准去生活,以及在"对"与"错"的标准中,我们应该如何理解和对待他人,希望他人如何来理解和对待自己。有一系列道德标准或"伦理原则"为人们如何在日常生活中指导自己的行为提供了指引。对一些人来说,遵循这些道德标准或"伦理原则"是一种有意识的选择。而对另一些人来说,选择并不那么明确,他们往往通过观察他人的行为来判断有关行为"对"与"错"、"好"与"坏"的可以接受的标准。他们如何才能得到有关"对"与"错"的定义取决于很多因素,其中包括他们的成长经历、宗教、传统以及**社会**中的信念。

> 伦理学:人们如何根据行为的对错标准去生活,在行为的对错标准中,我们如何对他人思考或行事,我们就希望他人如何对我们思考和行事。

> 社会:通过相似的传统和习俗将人们维系在一起的一种结构化了的共同体。

理解"对"与"错"

道德标准是以宗教、**文化**或哲学的信念为基础来判断行为"好"与"坏"的原则。这些信念可以有许多不同的来源:朋友;家庭;种族背景;宗教;学校;媒体——电视、广播、报纸、杂志、互联网;榜样/导师。

> 文化:可以用来刻画一组人群的一套特殊的态度、信念和行为习惯。

你自己的一套道德规范,即你的道德,是你的一生中所受到的所有这些影响的集合。严格的家教或宗教教育显然对个人的道德标准有直接影响。这些标准将在生活中给你提供一个道德指南(即个人定位),它会在你面临选择的时候引导你。

> 不管时尚或潮流如何改变,只要沿着道德指南所指引的方向,和谐与内在的平静就会出现。
>
> ——泰德·考派尔(Ted Koppel)

我应当如何生活?

你不会像学习字母表那样习得你个人的道德标准。伦理行为的标准是你在观察周围每个人（父母、家庭成员、朋友、同辈、邻居）的表现时潜移默化地影响你的。就个人而言，你对这些标准的选择是独一无二的。例如，你可能会受到家庭成员宗教信仰的影响，从而使你愈发相信对他人讲究道德就意味着宗教虔诚。不过，这种宗教虔诚既可能源于你对死后神的惩罚的惧怕，也可能是因为你想要获得善行的回报。

你也可能选择拒绝宗教伦理，并转而把伦理行为建立在你生活阅历的基础上，而不是建立在由宗教教义所决定的任何抽象的"对"与"错"上。

> **价值体系**：被形式化为行为法则的一套私人原则。

> **内在价值**：本身即为善事物的某种价值，因自身的原因而被追求，且不论会从这种追求中得到什么。

> **工具价值**：对某种价值的追求是追求另一种价值的善的手段。例如，追求金钱并不是为了获得它本身，而是在于它的购买力。

当许多个体在一个共同体内共享相似的标准时，我们就可以使用价值和**价值体系**这两个术语了。道德和价值这两个术语通常用以表示同一个事物——你用来规划自己生活的一套个人的原则。当你试图把这些原则融入行为规范时，你也就选择了一套价值体系。

价值的价值

正如价值一词经常被用以说明某物之所值一样，人的价值也可以用来说明特有的人之所值。价值可以从两个方面来说明：

1. **内在价值**——某种价值就其本身而言是好的事物，它只因为自身的原因而被追求，而不管这种追求方式是否会产生任何的善。例如，幸福、健康、自尊都可以被看作内在价值。

2. **工具价值**——对某种价值的追求是追求另一种价值的善的手段。例如，金钱的价值在于其购买力，而非自身。正如古语所言："金钱买不来幸福。"

做正确的事情

如果你问你的朋友和家人：伦理学对他们来说意味着什么，你可能会得到下列四类答案：

> 1. 简明的真理——是非或好坏。
> 2. 个人的品质——正直。
> 3. 合宜的个人行为规范。
> 4. 符合集体和社会要求的行为规范。
>
> 第一类——简明的真理——简单来讲就是做正确的事情,也即去做大多数人都理解并支持的事情。这种简单想法会让你把合乎伦理的行为看作当然之事——你会简单地假想每个人都会去"做正确的事情",直到你接触到不道德的行为。遗憾的是,不是每个人都会和你持有同样的对什么是"做正确的事情"的理解。即使可以,他们也可能不会与你一样承诺要做正确的事情。
>
> 第二类——个人的正直,通过个人的行为表现出来——更多的是从外在的而不是内在的立场去看待伦理学。所有经典漫画中的英雄——超人、蜘蛛侠、蝙蝠侠——都代表着正直的理念。个人的正直意味着人的生活应忠实于自己的道德标准,而这通常会以重大的个人牺牲为代价。
>
> 合宜的个人行为规范代表这样一种思想:我们为自己所设置的那些道德标准通过我们的选择和决定影响着我们的日常生活。
>
> 符合集体和社会要求的行为规范提醒我们:我们最终必须把自己的价值体系带进一个世界,与那些有着相似或不同价值体系的人们共处。因共同体或社会而树立的伦理理念可以让人们在相互信任中共同生活,并学到共同标准下的知识。
>
> 每一类答案都代表着伦理学的不同方面。从第一个层次来说,伦理学研究旨在理解人们如何作出该做的选择——如何发展他们自己的道德标准体系,如何在这些标准的基础上生活,以及如何判断这些标准与他人的行为有何关联。从第二个层次说,我们要努力运用那种理解去发展一系列的理念或原则,通过这些理念或原则使有道德的个体对他们"应当"如何去行动形成共同的理解,从而使他们能够作为一个共同体结合起来。

价值观冲突

个人或集体的价值体系的影响在一定范围内可以看作那些价值对他们日常

生活的影响。然而，只有当你在某种处境中需要用这些价值去处理直接的行为冲突时，个人的价值体系才能得到最有效的验证。例如：

1. 说谎是错的——但如果你说谎是为了保护一个你所爱之人的生命呢？
2. 偷窃是错的——但如果你是为一个饿肚子的孩子而去偷取食物呢？
3. 杀人是错的——但如果你是出于自卫而不得不杀人呢？

你会如何解决这些冲突？就上述三条规则而言，存在例外吗？你能证明那些特殊环境下的行为是正当的吗？那么，你应当开始廓清你价值体系中的例外吗？如果有，你当真可以处理每一种可能的例外吗？

这是使伦理学研究甚为复杂的灰色地带。我们当然乐于相信存在着界定清晰的"对"与"错"的规范，并相信我们可以通过直接遵循这些规范去生活。然而，更有可能的是，许多情境不断对这些规范提出例外的条件。选择如何回应这些情境和如何作出特殊的选择可以使你廓清自己真正的价值体系。

> ■ **进度检测问题**
>
> 1. 伦理学的定义是什么？
> 2. 列出影响你个人道德标准的四种来源。
> 3. 解释内在价值与工具价值的区别。
> 4. 列出伦理学的四个基本分类。

金律

对某些人来说，"过一种合乎伦理的生活"就意味着遵守"**金律**"：就像你希望他人如何对你行事那样对他人行事，或"正如你希望他人如何待你那样对待他人"。这条简单而清晰的规范被世界上许多不同的宗教所共享：

> "金律"：希望他人如何待你，就如何待人。

佛教：害人者害己，害己者害人。

——《自说经》

基督教：你想别人如何对你，你就如何对别人。

——《马太福音》

印度教：不欲受之，切勿施之。

——《玛哈帕腊达》

当然,"金律"的潜在风险是,不是每一个人都会和你在同样的原则上如是想、如是做、如是信。因此,如果把你的生活建立在你和他人所追求的伦理理念会不谋而合的假想之上,你就会陷入窘境。例如,假使你在你的价值体系中十分看重诚实,那么当你在路边拾到钱包之后,你也许会尽可能地返还失主。不过,如果是你本人丢了钱包,你会下意识地期望别人拾到钱包之后也尽可能地返还给你吗?

伦理学作为哲学辩论对象已有 2 500 多年的历史了——最早可以追溯到古希腊哲学家苏格拉底那里。多少年过去了,不同的思想派别仍在大量的争论中探索着我们应当如何去"过一种合乎伦理的生活"。

伦理学理论

美德伦理学

信奉个体品质与个性正直的古希腊哲学家亚里士多德,根据个人对一种明确理念的遵从建立了一种关于生活的概念。这一理念是——我要成为什么样的人?我如何才能成为那样的人?

美德伦理学带来的问题是:不同的社会会强调不同的美德。例如,亚里士多德时代的古希腊社会注重智慧、勇气与正义,而基督教社会却看重忠诚、希望与仁慈。所以,如果你希望达成的美德不是你所在的社会中各类价值的直接反映,那么价值观冲突的真实危险就会出现。

> 美德伦理学:一种如何去生活的概念,源自对实现某种清晰理念的承诺——"我想要成为什么样的人?我如何才能成为那样的人?"

为了更大善的伦理学

正如标题所示,这种理论更为看重的是你的行为带来的后果,而非行为本身的卓越美德。也就是说,这种理论关注最大多数人的最大善。这种最初由苏格兰哲学家休谟所倡导的伦理学路径通常也被称作**功利主义**。

> 功利主义:为最大多数人提供最大善的道德选择。

功利主义伦理学方法的问题来源于"目的确证手段是否正当"的思想。如果你所关注的事都是为了最大多数人的最大善,那么对于那些为了达到这一目的而采取的行动来说，没有人需要对它们负责。20世纪的历史目睹了这一理论最为极端的实例：希特勒和他的纳粹党正是在复兴雅利安种族的功利化背景中发动了一场针对犹太人和"劣等"种族的民族大屠杀。

普适伦理学

> 普适伦理学：出于义务和责任的行动纯粹是为了实现某一道德理念，而不是建立在情形需要的基础上，因为普适原则自始至终适用于每个人、每一处、每一时。

普适伦理学肇始于德国哲学家康德，他认为存在着能够适用于所有伦理判断的明确而普遍的原则。把对某种纯粹道德理念的义务与责任排除在行为之外要胜于把行为建立在情形需要的基础上，因为普适原则可以被理解为适用于每个人、每一处、每一时。

普适伦理学的方法正是功利主义伦理学方法之弱点的反面。如果你所关注的事都在遵从普适原则，那么没有人需要对为遵从这些原则所采取的行动后果负责。例如，考虑一下当前在治疗帕金森症的研究中关于使用干细胞问题的争论。如果你承认人的生命价值作为一种普适的伦理原则要先于其他任何价值，那么，你如何确保为了获取干细胞而使用人类胚胎的正当性？为了有效治愈许多重大的疾病（帕金森症、癌症、心脏病、肾病）就能使干细胞研究具有伦理的正当性吗？如果答案是否定的，你又将如何向那些因没有等到移植器官而失去生命的病人家属解释这一切呢？

> ■ 进度检测问题
>
> 5. 什么是"金律"？
> 6. 列出三种基本的伦理学理论。
> 7. 指出每种理论的局限。
> 8. 给每种理论举出实例。

伦理相对主义

在评论了每种理论的局限之后，我们清楚地认识到，没有真正意义上全面的伦理学理论，存在着的只是基于你个人的价值体系所做出的某种选择。这就很容易理解,为什么许多人在选择应当如何生活时会接受**伦理相对主义**的思想。在伦理相对主义中,社会的传统、个体的观点以及当下的环境决定人们的伦理原则。

> 伦理相对主义:你的道德原则是通过你所在社会的传统、你的个人观点以及你所处的当下环境来界定的。

相对主义思想与那些严格意义上黑白分明的规范不同,它意味着某种程度上的灵活性。它可以使你轻松地成为共同体或社会中绝大多数人里的一分子,而不是把你排除在集体之外去信守个人的信念。不过,在当今社会,当我们谈论各种群体中的普遍压力时,会认识到这种大多数人的期许有时也可能带来消极的后果。

道德困境实例

案例1.1 不堪重负的救生船

1v2年,一艘轮船撞上了冰山,30多位幸存者挤在一艘救生船上,只能坚持7天的时间。可是,救生船又遭遇了风暴,要让大家都能活,看样子就必须让救生船减负。这时,船长开始说服众人:在这种情况下,正确的选择就是迫使一部分人弃船跳水。他认为,这种选择对那些被迫弃船的人来说并非不公平,因为即使不那么做,他们最终也都要落水。但是,如果船长什么都不做,就必须对那些本可以获救之人的死负责。但是,一些人反对船长的决定。他们认为,即使什么都不做而导致大家一起死的话,也没有人要对大家的死负责。而船长一旦打算去救某些人,就必须牺牲另一些人。这样,船长必须对那些作出牺牲的人的死负责,这比什么都不做而让大家一起死还要糟糕。船长拒绝了这种推理。考虑到逃生的唯一希望在于大力划桨,船长最终决定让那些身体最弱的人做出牺牲。在这种情况下,他认为拉着那些应当弃船的人逃生是不明智的。最后,经过几天艰苦的划行,剩下的幸存者获救了,而船长却被告上了法庭。

1.船长的决定正确吗?为什么?

2. 船长还可以作出其他选择吗？
3. 如果你是陪审团的一员，会如何决定？为什么？
4. 哪种或哪些伦理学理论可以适用于这个案例？

道德困境

> 应用伦理学：研究如何把伦理学理论应用于实践的学问。

> 道德困境：指的是这样一种情境，即在这种情境中，没有明显的"对"或"错"的决定，而只有一种相对正确或相对好的答案。

到目前为止，我们说的都是"伦理学理论"的概念——作为个体或共同体，我们如何为了过一种好的或有道德的生活而引导自身。然而，这种伦理理论仅仅是我们所说的哲学伦理学的一部分内容。在某种程度上说，这些理论必须付诸实践，这样我们就踏入了**应用伦理学**的领域。

伦理学理论的基本假设在于，作为个体或共同体，你控制着所有影响自己作出选择的因素。不过，事实上，对伦理原则的检验最有可能发生在这样的处境中：没有明显的"对"或"错"的决定，而只有一种相对正确或相对好的答案。这样的处境就是所谓的**道德困境**。

结合上文所提及的价值体系和价值观冲突，我们发现，任何观念化的原则或标准都不可避免地面临某种形式的挑战。对伦理学理论来说，这种挑战以两难的方式要求你必须作出决定，而这种决定需要你在作出选择的同时完全知道你可能：

- 没有绝对公平的、正确的选择机会。
- 会因为选择的结果而面临困难。
- 在作出选择时违背了个人的伦理原则。
- 在作出选择时放弃了你的共同体或社会的伦理价值。

回顾本章所涉及的伦理学理论，我们可以分辨出两种处理道德困境的思路。一种是关注我们所选择的行为所造成的后果，另一种是关注行动本身以及采取正确的行动所能达到的程度。前一种思路认为目的可以证明手段的正当，并且如果没有害处，也就不存在违规。后一种思路表明某些行动本身就是错误的。

道德困境实例

案例 1.2　索菲娅的选择

在威廉·斯泰伦（William Styron）的小说《索菲娅的选择》中，一位名叫索菲娅的波兰妇女被纳粹逮捕并遣送进了奥斯维新集中营。到达集中营之后，索菲娅由于不是犹太人而受到"嘉奖"，奖励是允许作出这样一种选择：在她的两个孩子中，她可以选出一个免于蹲煤气室。索菲娅在极大的悲痛中犹豫不决，正当她的两个孩子都要被带走的时候，她突然作出了决定：将年纪较小、更为瘦弱的女儿送去。她希望她那年纪较大、更为强壮的儿子能更好地存活下去。可是，索菲娅最终还是失去了儿子的消息，再也无从知道他的命运。许多年以后，一直被在儿女之间作出选择的负罪感所折磨的索菲娅，选择了自杀。

1. 索菲娅在选择让她的儿子而不是女儿存活这件事上做得对吗？为什么？
2. 她应当有负罪感吗？为什么？
3. 索菲娅还可以作出其他的选择吗？
4. 哪种或哪些伦理学理论可以适用于这个案例？

道德困境实例

案例 1.3　冉阿让的良心*

在雨果的小说《悲惨世界》中，英雄冉阿让是一个服过刑的犯人。他曾为了给饥饿的外甥偷一块面包而被判了 19 年的监禁。获得假释后，冉阿让开始隐姓埋名，希望能逃脱刑罚。尽管他一旦被捕就将重返监狱，但他却是一位不应受到惩罚的好人。他已经在城镇里树立了自己的形象，当上了市长并成了慈善家。一天，冉阿让获悉，有一个流浪汉因为犯了一点小罪而被捕，而这个流浪汉却被错认为是他本人。冉阿让试着想要保持沉

---

*注释内容放在 www.a-okbook.com。由于本书有部分内容放在网上，注码可能有缺失，但网上的注释是完整的。——译者注

默，因为自己与对流浪汉的错认毫无关联，且没有义务去救他。他想，也许对流浪汉的错认是"神灵想要对我进行拯救的眷顾"。然而，经过反思，冉阿让认为这种推理是"残忍而虚伪的"。他如今真切地感到，不管有什么灾难性的后果，他都有义务去披露自己的身份。可是，当他想到重返牢狱将会给那些依靠他生活的人带来无法挽回的损害，尤其是感觉到需要对一个无助的妇女及其女儿负有特别的责任时，他的计划被打乱了。冉阿让开始责备自己过于自私，因为他只考虑到自己的良心而没有顾及别人的感受。现在，他开始告诫自己：保持沉默是正确的，应当继续去挣钱帮助别人。他安慰自己说：无论如何，流浪汉是不值得帮助的。然而这种安慰说服不了自己，痛苦的冉阿让最终走向了法庭以求忏悔。

1. 冉阿让做得对吗？为什么？
2. 为什么他认为应当对一个未曾谋面的流浪汉有义务？
3. 他还可以作出其他的选择吗？
4. 哪种或哪些伦理学理论可以适用于这个案例？

解决道德困境

按照确切的界定，我们会发现道德困境事实上无法得到"解决"，因为不可能对解决的方法找到一个满意的答案。所以，实际上道德困境的"答案"往往可能是"两害相权择其轻"。因而，并非总是存在某种可接受的答案，更多的时候，问题在于你能否得到你所能忍受的某个结果。

约瑟夫·巴德洛克（Joseph L. Badaracco Jr.）在《界定瞬间》（*Defining Moments*）一书中基于"睡眠测试的伦理学"的讨论，抓住了"忍受"结果这一概念。

睡眠测试被设想为可以告诉人们他们是否作出了合乎伦理的决定。从字面上看，人在作出正确的选择之后可以很好地入眠，而作出错误选择的人则不然……从更广泛的意义上看，睡眠测试的伦理学建立在一种单一

> 的、基本的信念上：当我们面对难题的时候，应当依靠自己的洞察力、感觉和本能。从这个意义上说，睡眠测试的伦理学是一种直觉伦理学。它建议我们遵循自己的内心，特别是在陷入困惑的时候。这意味着，如果某件事情一直让我们揪心，那么，它大概就是值得考虑的。[2]

那么，我们该怎么做呢？解决某种道德困境时，考虑一下如下三个步骤[3]：

第一步：分析结果。谁会从你的行动中获益？谁会因你的行动而受损？我们谈论的是何种益处与损失？（某些事物比另一些事物更有价值或更有害：身体健康、某人的信任、干净的环境可以比快捷的遥控器带来的好处更多。）我们该如何从长期和短期的角度看待所有这些事物呢？

第二步：分析行动。在不考虑结果的情况下，从不同的立场分析一下所有的选择。如何衡量行动是否符合道德原则（如诚实、公平、平等、尊重他人的尊严和人权）的标准？思考普适的"善"。任何行动都会"越界"吗？如果原则之间或个人的权利之间发生冲突，有没有一种方法可以把某一原则看得比其他原则更为重要呢？何种行动的选择至少是存在问题的？

第三步：作出决策。考察前面两个步骤的分析并作出决策。这种策略至少让你有基本步骤可以遵循。

■ **进度检测问题**

9. 界定伦理相对主义。

10. 界定应用伦理学。

11. 道德困境是什么？

12. 解释处理道德困境的三个步骤。

如果你认为这个三步模式看上去太简单了，那么就来看一下亚瑟·多宾（Arthur Dobrin）给出的处理某个道德困境时可能会考虑的八个问题：

1. 事实是什么？尽可能地了解事实。如果你掌握的事实是错误的，就可能作出错误的选择。

2. 你能猜测到多少尚未了解的事实？由于不大可能了解所有的事实，因而要对某些信息作出合理的假设。

3. 事实意味着什么？事实本身没有意义。你需要根据就你而言至关重要的价值来解释信息。

4. 在相关人物的眼中，问题是什么样的？换位思考的能力是重要的。通过不同的立场来理解问题有利于你作出明智的选择。

5. 如果你做出了某种选择而放弃了其他选择，将会发生什么？所有的行动都会有后果。合理地猜想一下，一旦你采取某种特殊的行动，将会发生什么？无论好的还是坏的选择，都来自你的行动。

6. 你的感觉告诉你什么？感觉也是事实。你关于伦理问题的感觉可以在决策中给你提供部分线索，这可能是理智会错过的。

7. 如果你做出了某种决定，会如何看待自己？某些人把你的评判称作良知。这是一种自我评价的方式。它有助于你判断自己是不是你希望成为的那种人。它将帮助你自主生活。

8. 你能够对他人解释并证明"我的决定是正当的"吗？你的行为不应建立在冲动的基础上，也不应以自我为中心。伦理学就在你身边，影响着你的生活。因此，你必须用合理的方式向讲理的人证明你的道德判断。伦理的理由不能是自私的。

这些步骤是以一些关键假设为基础的：首先，你有足够的时间深入思考这些问题；其次，你有足够的信息有效帮助你回答问题；再次，困境给你提供了可供选择的替代方法。如果没有替代选择，你的分析就会变成寻找你可以承受的解决方式（很像巴德洛克的"睡眠测试"），而不是去找最合适的方法。

道德推理

道德推理：在解决道德困境的时候去考虑我们所能得到的信息，然后依据这些信息并联系我们自己的道德标准得出结论。

当我们去解决道德困境的时候，会进行**道德推理**。我们关注对我们有用的信息，并把结论建立在那些与自己的伦理标准相关的信息上。劳伦斯·科尔伯格（Lawrence Kohlberg）创制的框架（见表1—1）表明，随着年龄的增长，我们的推理水平在不断进步。它可以被分为六个不同的阶段（也被区分为道德发展的三个水平），在我们的生活中发挥着主要的作用。

表 1—1　　　　　　　劳伦斯·科尔伯格的伦理推理阶段

水平	阶段	社会定位
前习俗	1	服从与惩罚
	2	个人主义，工具主义，交换
习俗	3	"好男孩/好女孩"
	4	法律与秩序
后习俗	5	社会契约
	6	原则化的良心

水平 1·前习俗。在这个道德发展的最低阶段，人们感知是非对错进而作出相应的回应，这与预期会受到怎样的惩罚或奖励直接相关。

●**阶段 1·服从与惩罚导向**。人趋向于避免惩罚并顺从于力量和权威，因而，对错取决于权威怎么说。

●**阶段 2·个人主义，工具主义，交换**。该阶段比阶段 1 更有条理、更为高级。此阶段中，人们关心的是满足自己的各种需要，从而，事物的对与错取决于它是否可以帮助我们得到自己想要的东西。

水平 2·习俗。在这个水平，人不断地意识到来源于家庭之外的更为广泛的影响。

●**阶段 3·"好男孩/好女孩"导向**。在水平 1 的最高阶段，人关注的是满足家庭成员的期望，即事物的对与错取决于它能否取悦家庭成员。理想型行为受到认可并与行为的发展相适应。

●**阶段 4·法律与秩序的定位**。在水平 2 的最低阶段，人不断地意识到其家庭成员是生活在社会当中的，存在着行为的法则。因此，事物的对错取决于法律、宗教法规或社会行为法则如何规定。

水平 3·后习俗。在伦理推理的最高水平上，人们开始明确地致力于界定各种原则和道德价值。这些原则和道德价值更多的是个人价值体系的反映，而非集体立场的简单反映。

●**阶段 5·社会契约立法导向**。在水平 2 的最高阶段，人注重个体的权利，注重在批判检验基础上的各种标准的发展。也就是说，事物的对与错取决于它是否可以经受住那些被社会所认可的原则的审视。

●**阶段 6·普适伦理原则导向**。在这个阶段，人注重自我选择的伦理原则，这些原则被认为是全面且一致的。从而，事物的对与错取决于它是否反映了个人的价值体系以及个人在生活中有意识的选择。科尔伯格始终相信阶段6的存在，但他从未找到足够的论据去证明这一阶段的长期稳定性。

科尔伯格的框架给我们提供了一种更为清晰的有关伦理推理过程的视角，即人能够对道德困境作出某种决定，而这种解决方式建立在道德理性的基础上，这种道德理性则来源于人们所积累的生活经验。

科尔伯格还相信，人不可能跳过六阶段中的某一阶段。因为他认为，超越一个人的生活经验或教育背景去理解某个水平上道德问题和道德困境是不可能的。

> ■ **进度检测问题**
>
> 13. 你在处理道德困境的时候应当考虑到的八个问题是什么？
>
> 14. 我们在解决这些困境的时候应该作出哪些假设？如果你正面临着某个需要解决的困境，却无法回答处理这个困境所要考虑的那八个问题，应当怎么做？
>
> 15. 科尔伯格提出的道德发展的三种水平指的是什么？
>
> 16. 在三种水平中，道德发展的六阶段是什么？

现在，我们已经知道了如何通过这些过程形成自己的伦理原则，那么让我们考虑一下，当我们把伦理学研究带入商业世界的时候将会发生什么呢？当你的主管或经理希望你作出的决定与你个人的价值体系相抵触的时候将会发生什么呢？考虑这样的情形：

A. 作为一个营销人员，你每个月都要完成销售配额。你所接受的培训概括了几种向每一位消费者进行"加卖"的手法，即把一些额外的特性、好处或特约条款和一般消费者实际上并不需要的商品捆绑起来。你的销售经理清楚地向你说明：如果你完不成配额，就会失去工作。所以，如果你个人的价值体系要求你只把消费者实际上需要的东西卖给他们，那么，你是愿意因自己的销售额大幅缩减而影响业绩，还是会像一个高超的演员那样去"近乎疯狂地加卖"从而完成全部的任务？

B. 你是一家小型电脑软件制造厂商的专业技术人员。你的上级告诉你：在某个软件中发现了"漏洞"，需要花几个星期的时间才能修复。在此期间，你被指派去"处理"所有相关的咨询投诉电话,且不能承认漏洞的存在。公司给你提供了一些特别的借口以搪塞消费者:使用者的错误操作、检查硬件故障以及软件包之间的冲突。你被告知,漏洞将在新版本升级中被修复,而它的存在将被隐瞒。你会那样做吗?

企业如何在自己的成长过程中使这类行为形成规范?企业的员工如何在这类环境中找到一种合宜的工作方式?这些都是企业伦理学所要研究的。

前沿聚焦

"做正确的事情"——麦戈做出了决定

凯特是对的。他们的确在家庭招待会上接到了几个申请,但是这些申请者作为潜在的承租人来说都不如威尔森夫妇那样吸引人。有些人存在信用问题;有些人以"和家人住在一起"为由而不愿出具相关的个人资料;还有些人只有很短的工作经历,甚至从未工作过。

这给麦戈的选择带来了极大的麻烦。威尔森夫妇无疑是最合格的申请人,但是凯特对他们的态度却十分明确。所以,留给麦戈的选择十分明朗:要么附和凯特的指示"搁置"威尔森夫妇的申请转而考虑其他的家庭,要么把公寓租给最合格的房客却同时担负起与新上司成为敌人的风险。

麦戈越想越气愤。不把公寓租给威尔森夫妇简直是一种偏见。而且,如果这一切在任何时候一旦被威尔森夫妇发现,极有可能会被诉诸法律——它本来就是错误的。从威尔森夫妇的申请中找不出任何不符合典型的房客条件的地方,凯特仅仅凭她过去的经验就把他们看作像"那些人"一样的坏房客。所以,麦戈认为没有理由把威尔森夫妇划到坏房客的圈子里。

麦戈拿起电话开始拨号:"是威尔森夫人吗?您好,我是牛津湖公寓的麦戈。我有一些好消息要告诉你。"

1. 在这里,麦戈作出了正确的选择吗?
2. 你认为凯特会有什么样的反应?
3. 如果麦戈决定不把公寓租给威尔森夫妇,牛津湖公司将会有哪些风险?

关键术语

应用伦理学　　文化　　道德困境　　道德推理　　伦理相对主义　　伦理学　　"金律"　　工具价值　　内在价值　　共同体　　普适伦理　　功利主义　　价值体系　　美德伦理学

👉 讨论练习

生与死：老龄者是选择自杀，还是选择有尊严地离开？
—— 一封来自俄亥俄州的信

我已经80岁了。尽管人生有所起伏，但是多数日子还算幸福，总的来说我的一生度过了一段美好的时光。我的妻子7年前就去世了。儿女们都很健康、幸福，整天忙于和他们的孩子、工作和朋友打交道。但是，我知道他们很担心我，因为他们越来越顾虑到：一旦哪天我不再能照顾自己，他们将如何照料我。这个问题会来得很快（我们不应欺骗自己）。我现在所居住的地方离我的儿女们有四个州的距离，所以，他们要么把我搬到靠近他们的地方去住，要么让我住进养老院。但是，这些选择我都不喜欢。因为我绝大部分成年生活都是在现在居住的城镇中度过的，它已经成了我的家，我不想离开它。另一方面，我又不想和陌生人住在一起，也不愿意接受那些领着微薄的工资去洗湿尿片并强行给老人喂甜品的人的照顾。

目前，我的身体还算健康，但情形却在变糟。就像所有我这般年纪的人一样，我得了前列腺癌。尽管这还不至于置我于死地，但我每晚却不得不起床四五次去小解。我长时间地站在便桶前，只是希望尽快地出尿，这使我筋疲力尽。我的关节僵硬了，所以走起路来感觉不是很好。还有，我身上到处都是需要祛除的由皮肤癌引起的小斑块。虽然他们说这些都是"可治愈的"，但是，在我看来，这是浪费钱财。为什么不把我少量的积蓄留给孙辈，去给他们支付上大学的学费呢？

我所不能理解的是，为什么人们会认为某人（正如我）不再挣扎、就此了结是错的呢？当我做好了准备的时候，为什么不能有"权利"去结束自己的生命？（很显然，我没有这个权利。）

我已经疲倦了,并且,我已经做好准备去接受生命的结束。我更愿意哪怕只是在车库里听着汽车的发动声死去,也好过在时日无多的岁月里苟延残喘。

但是,如果我这么做了,就将被看作"自杀"。我的死只会增加统计数据:又一个"老年人自杀了"。多么悲哀!(许多老年人自杀了,我必须说,其成功率之高大于任何人口统计部门的数据,难道这些都不是事实吗?难道这还不能说明什么吗?)为什么这个社会不能为我们这些准备结束生命的人拿出一套人道的、可接受的方案?为什么我们这些老年人不能去市政厅领取我们的"生命结束包裹",然后用金融和法律的方式安排我们的后事,处理和回收所有我们已经不再需要的家具和衣服,并准备好一小袋白色的药丸:当一切就绪,立刻用水吞下十粒药丸,最后,安静地躺在舒适的地方,闭上眼睛静静地等待。

在我的有生之年,选择结束我的生命如何才能被看作一种最有尊严的、最终的离场呢?

——佚名,2003年6月

讨论题

1. 如果人们乐意的话,他们有道德权利去结束自己的生命吗?
2. 接近生命的尾声这一理由能够为结束生命的行为提供正当的说明吗?
3. "有权利去死"这一短语意味着什么?
4. 人们有权利为将死的过程中寻求帮助吗?
5. 人们有权利为将死之人提供帮助吗?
6. 如果允许协助自杀的存在,还应具备哪些限制条件?

复习问答

1. 请描述在你的生活中有哪些主要的因素影响了你的价值体系的形成。
2. 你能描述一下自己的伦理观吗?
3. 举出一个你经历过的道德困境的实例,并解释你是如何处理的。

4. 回顾问题3中的道德困境，结合你现在的认识，你可以用不同的方式去解决它吗？为什么？

复习测验

在接下来的情境中，你会怎么做？为什么？你个人的价值体系是如何反映在自己的选择中的？

1. 你在商店里用5美元买了一块糖果，收银员却错误地找零给你20美元，你会怎么做？

2. 你在驾驶出租车的时候发现某人从钱包里掉出了20美元，你会怎么做？

3. 你生活在中西部的某个小城镇，刚刚丢掉了当地书店里的工作。你所能找到的薪酬最高的工作单位是某个肉类加工厂，但你是一个素食者，并强烈地认为以动物为食是不人道的，你会怎么做？

4. 你和你的夫人正在享用浪漫的晚餐以庆祝你们的结婚周年纪念日。突然，在邻近的桌子上，一位男士正在对一位和他一起进餐的女士大声吼叫，他的言辞越来越粗鲁以至于那位女士已开始抽泣。你会怎么做？

5. 你在逛商店的时候，发现一个年轻人正从珠宝柜台的展架上把一块手表慢慢地取下，放入自己的口袋。你会怎么做？

6. 你是一家非营利孤儿院的经理。在年末，有一个当地的汽车经销商找到了你，并给你提出了一个"建议"：他有一辆价值1万美元、使用过两年的货车，如果你愿意为他的一辆价值3万美元的新货车开具免税的捐赠证明，他将把那部旧车作为新车的折价物送给你。孤儿院现在的运输工具已经不怎么好使了，而且，孩子们也非常希望孤儿院带他们去旅行。你会接受这个"建议"吗？

企业的道德

第二章 企业伦理界说

> 许多年以前,威廉·詹宁斯·布赖恩曾一度把大企业描述为:只不过是把各种欲望有组织地结合在一起的大杂烩。
>
> ——丹尼尔·帕特里克·莫伊尼汉,1986

教学目标

1. 解释企业伦理这一术语。
2. 找出企业的利益相关者。
3. 理解伦理守则的意图。
4. 在你的工作环境中发现道德困境。
5. 在面临道德困境的时候,明白如何去寻求帮助。
6. 在你的工作环境中做好处理道德困境的准备。

企业的道德

前沿聚焦

"顾客总是正确的"

卡罗尔是当地一家快餐店的轮值领班。当初，为了给她常开的那辆老式的本田思域挣些油钱，她在这家店里做起了暑期兼职。不过，这已经是很多年前的事情了，如今她已经换了一辆更为舒适、安全的座驾。她热爱这份工作。尽管这是一份需要长时间站着的苦差事，但是，当你在三餐的高峰期里忙个不停的时候，通常无暇顾及这些。今天是一个重要的日子。快餐店的经理戴夫召集全体员工开会讨论公司最新发布的"健康"菜单。为了响应公众对更为健康的午餐食品的需求，公司的新菜单推出了多种沙拉和其他一些新的备选品种。可想而知，这势必会大量增加她和同事们的工作量，并需要他们提高工作效率，因为卡罗尔预想到许多顾客需要更多的时间去熟悉所有的新品种。不过，她对这份新的菜单总体上是满意的，并且，她认为，新的低价品种会吸引许多正在寻找比汉堡和油炸食品更为健康的食品的顾客。

公司为新菜单配发了一整套详细的材料，戴夫从头到尾地把这些材料细致地介绍了一番。当他放完最后一张幻灯片的时候，他问大伙儿有没有疑问。由于这个会已经开了一个多小时了，卡罗尔和同事们清楚地知道午餐高峰期的很多准备工作还没做完，所以没有人提问题。

戴夫最后总结道："这个新菜单有望赢得一些新的顾客。不过，我们不要忘了我们在做什么。我们要为股东挣钱，所以必须得有利润。因而我们只能制作一部分的新品种——如果这些新品种卖完了，就向顾客提供老菜单，同时不要忘了推荐菜单上的"大号"菜品以及作为餐后甜品的冰激凌——这些仍然是我们最能盈利的品种。并且，如果顾客点了某种新的健康沙拉，你应该确保同时向他们推荐一份冰激凌或者说服顾客能附带点上它。"

卡罗尔感到很困惑。公司花大力气推行新菜单并在广告方面投入了大量的资金，但是，戴夫却设法阻碍它，原因仅仅是他害怕这些低价的品种会影响到他的销售额（以及他的红利！）。

1. 参看26页的表2—1和表2—2，指出戴夫所提出的阻碍新菜单推出的

> 方案会直接影响到哪些利益相关者？
> 2. 描述卡罗尔在这里遭遇的道德困境。
> 3. 卡罗尔如今该怎么做呢？

界定企业伦理

企业伦理涉及各类商业情境中道德行为标准的运用问题。从我们在第一章中讨论过的那些有关"正确"与"错误"的基本道德概念来看，学习企业伦理学可以从以下两个不同的视角出发：

> 企业伦理：把道德标准应用于企业行为。

1. 以描述性的方式概括在企业中所能观察到的各种习俗、态度和规范。在这个视角内，我们只是详细地记录：到底发生了什么？

2. 以规范性（或诠释性）的方式去评价我们所观察到的这些习俗、态度和规范在多大程度上可以说是合乎道德的。这里，我们更热衷于去评论：应当发生什么？

无论哪一个视角，都不应把企业伦理当作一套独立于一般道德规范体系的道德标准或伦理概念，并据此去运用它。合乎道德的行为，无论是在企业内还是在企业外，都应当是一致的。通过对企业中那些道德困境的了解，我们会逐渐地找出那些受企业潜在的不道德行为所影响的重要角色——**利益相关者**。此外，当你个人的价值观与老板所希望你遵循的行为标准发生直接冲突的时候，我们还能够以此去弄清楚这类麻烦处境的实质。

> 利益相关者：在企业中占有股份或与企业有利益关系的一群人。

谁是利益相关者？

表2—1为所有的企业列出了主要的利益相关者，并指出了他们在合乎道德的企业经营中的相关利益。不是每一个利益相关者在每一个企业中都处于同样重要的地位——不是所有的企业都通过批发商向消费者提供产品与服务；消费者也不会被卷入企业和员工之间的薪酬决策。

表 2—1　　　　　　　　　　利益相关者的利益

利益相关者	利益相关者在企业中的利益
股东	手中所持有的公司股票的增值
	红利收入
员工	工作稳定，薪酬合理
	安全而舒适的工作环境
消费者	"公平交易"——获得物美价廉的商品或服务
	安全的、值得信赖的产品
供应商／卖方伙伴	及时收到货款
	以能够接受的利润率获得定期采购订单
零售商／批发商	以合理的费用及时获得足量的合格产品
	收到安全可靠的产品
联邦政府	税收收入
	企业的经营管理能符合所有的相关法律
债权人	本金与利息收入
	根据议定的时间表收回债款
社区	当地居民的就业
	经济增长
	地方环境得到保护

更应该关注的是，企业行为会对这些利益相关者产生什么影响，或者从某种程度上说，企业的不道德行为会对他们产生什么样的不良影响。正如表2—2所示，那些在极力追求利润增长和市场份额的同时却隐瞒着日益攀升的巨额债务和亏损的企业，就像世通公司，会以不同的方式对所有的利益相关者产生不良的影响。

表 2—2　　　　　　利益相关者因不道德行为所受到的影响

利益相关者	利益相关者在企业中的利益
股东	用作投资决策的金融信息是虚假的和具有误导性的
	股票贬值带来的损失
	企业取消分红带来的损失
员工	失业带来的损失
	企业没有足够的钱支付离职补偿金和退休金
消费者	低劣的服务质量（就像世通公司执著于把并购来的每一家公司各不相同的经营系统和计费系统弄得整齐划一一样）
供应商／卖方伙伴	货款或服务费被拖欠
	当公司宣告破产时，得不到应收款项
联邦政府	税收损失
	违反任何相关的法律规定
债权人	本金和利息的损失
	到期无法收回贷款
社区	当地居民的失业
	经济萧条

第二章　企业伦理界说

■ **进度检测问题**

1. 解释"企业伦理"这一术语。
2. 解释在企业伦理中，描述性方式与规范性方式有何不同。
3. 列举企业的六类利益相关者。
4. 举出四个例子说明不道德的企业行为会对其利益相关者产生什么样的消极影响。

道德危机：企业伦理本身是自相矛盾的吗？

我们的目标在于，通过识别商业环境中可能出现的各类违背道德的事件以及它们可能对利益相关者产生的消极影响，培养和锻炼我们参与处理这类事件的能力，并最终制定出合适的政策与程序，从根本上防止这类事件的发生。

遗憾的是，在过去的20多年里，许多企业的不良道德记录使我们相信，根本就不存在这种政策和程序。**公司治理**（从某种意义上是指公司的管理人员要履行所在部门对有关利益相关者的义务与责任）的标准显然处在商业历史中的最低水平：

> 公司治理：指导和控制企业的经营管理体系。

- 一度被看作"华尔街宠儿"的几家知名企业已被曝出向它们的利益相关者隐瞒公司财务危机的丑闻——安然、南方保健、世通。
- 另有几家大企业的高级管理人员被曝出把企业资金当作私人银行账户中的钱来使用——阿德尔菲亚传播公司（Adelphia Cable Communications），泰科公司（Tyco）。
- 刚发布的财务报告过不了多久又被"重述"。
- 投放市场的产品不得不因为安全问题在短期内被召回。
- 企业被控涉嫌垄断经营（微软），种族与性别歧视（沃尔玛、德士古、Denny's），以及污染环境（通用电气）。
- CEO薪酬的增长速度远远超过下属。
- 当股东收益在大幅缩水的时候，CEO的薪酬还在增加。《高速企业》（*Fast Company*）杂志曾开辟了一个题为"CEO们来看呀"（*CEOSee-Ya*）的定期专栏，专门针对那些自己领着高薪却无法给股东带来起码的平均收益的CEO们。

- 当公司的股票市值低于市场平均水平（如标准普尔 500 指数的业绩报告中所示），数以千计的员工下岗的时候，CEO 仍能得到分红。

> **矛盾修辞术**：将两个相互矛盾的术语组合在一起，如"振聋发聩的安静"或"巨大无比的小虾"。

所以，这就很容易理解，为什么许多观察者都会相信：无论如何，在企业界不会有任何意义上的道德行为。有些人甚至认为，把企业和伦理这两个词合在一起说就像是在说"政府部门的生产效率"（如中央情报局的生产效率）或"起源的再现"一样，但是"企业伦理"的提法真的是一种**矛盾修辞术**吗？

但是，若认为所有的企业在商业交易中基本上都不道德，这也有失公允。毫无疑问，大量杰出的企业都曾有过积极进取的企业管理模式（安然、环球电讯、南方保健、英克隆、泰科、世通），只是在后来的道德实践过程中，它们被证明是有重大缺陷的。这一问题不断地引起公众的关注。不过，它同时也带来了积极的结果：要求在商业世界之外寻求社会力量对企业的道德品行和主动承诺提供第三方担保。正如伦理与监管人员协会（Ethics and Compliance Officers Association）在 2000 年的会员调查中所示：在 619 个被调查的会员中（代表着 355 个企业）[1]

95% 的人相信他们的企业会在下一年度里提高或维持对企业伦理的重视程度，其中 53% 的人相信他们的企业会提高对企业伦理的重视程度。

99% 的人相信他们的企业会在接下来的五年里提高或维持对企业伦理的重视程度，其中 55% 的人相信他们的企业会提高对企业伦理的重视程度。

> **伦理守则**：成文的企业道德行为标准，旨在为经理和员工在制定决策和需要作出选择时提供指导。

所以，尽管企业的道德状况并不处于历史上最好的时期，但是，近些年来，公众的批评却有助于企业在日常经营管理的过程中，在建立企业的伦理标准方面采取更为积极主动的态度。在这一过程中的一个关键的标志是：正式的**伦理守则**开始不断地、显著地出现在企业的各类公开声明中。伦理资源中心（The Ethics Resource Center, ERC）把伦理守则界定为[2]：

它是支撑企业日常决策的核心向导。它奠定了企业的基石——企业的各种使命、各类价值、各项原则——有助于企业的经理、员工和利益相关者明白：如何把这些基石融入每天的决策、行为和活动中去。尽管会有人把伦理守则看作限制人行为的条条框框，但事实上，构造完备的伦理守则却可以给人以自由和力量，从而使他们以更大的自信做出更有效的决策。

> ■ 进度检测问题
>
> 5. 给"矛盾修辞术"下个定义，并举出三个实例。
> 6. "企业伦理"是一种矛盾修辞术吗？解释你的答案。
> 7. 定义"公司治理"这一术语。
> 8. 解释"伦理守则"这一术语。

> **道德困境实例**
>
> **案例 2.1 "道德规范，还是道德规范"**
>
> ——安然公司的伦理守则[3]
>
> 2000年7月，安然公司出版了一部长达64页的伦理守则（见附录1*）。在文献的第12页上，公司自豪地宣布了自己在企业伦理上的立场：
>
> > 安然公司及其子公司和附属公司（以下统称"公司"）的员工有责任遵照最高的伦理标准处理各类企业事务。员工不应以直接或间接的方式做出损害公司最高利益的事情，员工不得利用职务之便私自牟取经济利益。员工要对公司的声誉有自豪感，并以此公开、及时地履行各类道德义务和法律义务。
> >
> > 公司的产品和服务将是最优质的。广告和宣传将是真实的，没有夸张与误导。
> >
> > 无论是合同形式的协议还是口头上的协定都将受到尊重。杜绝贿赂、红利、回扣、过度的款待，不得以特殊的职位、价格、优先权为交换条件接受馈赠。公司与各类社会群体——消费者、股东、政府、员工、供应商、出版社、银行——的关系将是坦诚而公正的。
>
> 后来，在针对安然公司内部活动的调查中显示：这部伦理守则唯一受到正式关注的场合是在董事会投票决定取消该守则中关键条款的时候。而

---

* 附录放在中国人民大学出版社大众图书出版中心的网站上，请登录www.a-okbook.com阅读或下载。——译者注

取消关键条款的目的则是给账外交易大开方便之门，从而使首席财务官安迪·法斯托（Andy Fastow）最终可以在分析师和投资者的眼皮底下隐瞒超过5亿美元的债务。

安然公司伦理文化的"随机应变"能力是显而易见的，这种"随机应变"更为现实地反映在它和安达信会计事务所之间冲突激烈的利益关系之中。安达信为安然公司提供咨询和审计服务，费用高达数百万美元——由于这些钱对安达信公司可持续的利润增长极为关键，所以公司"鼓励"它的员工签字认可安然公司的账外交易（这些交易不会出现在安然公司对外公布的资产负债表中），这些交易已经大大地超出了《通用会计准则》所认可的限度。除此之外，安然公司还雇用安达信公司的一些前任员工和他们过去的同事打交道，这进一步强化了他们之间的利益冲突。往最小处说，安然公司和安达信公司的关系可以看作"亲如兄弟"，往最大处说，近乎"完美"。

1. 制定伦理守则的意图是什么？

2. 你认为安然公司会告诉它的员工关于董事会投票把伦理守则中的关键条款搁置一旁的决策吗？如果不会，那是为何呢？如果安然公司的员工知道了，你认为他们会做出怎样的反应呢？

3. 你认为安然公司的员工始终都在欺骗投资者吗？如果情况不是这样，说明理由。

4. 指出安然公司和安达信公司之间的利益冲突。

由此可见，伦理守则对企业来说具有双重功能。一方面，作为企业向利益相关者所传递的一种信息，伦理守则应当体现出企业对最高的道德行为标准做出的明确承诺。另一方面，作为企业的内部文件，伦理守则应当给经理和员工们在日常的决策和选择中提供明确的指导。遗憾的是，正如案例2.1所示，任何一个企业都能轻易地回避或忽视伦理守则。

道德困境实例

案例2.2 如何对他说"你被解雇了"？

玛丽供职于一家大型企业的分公司，在某部门担任秘书。分公司的经

> 理决定让她的部门主管吉姆尽快走人。尽管玛丽和部门里的其他一些同事已经知道了这个决定，但吉姆仍然被蒙在鼓里。
>
> 吉姆这几个星期一直都在家里办公，忙于处理一批特别的项目。期间，从其他部门调来的一名员工搬进了吉姆的办公室。
>
> 分公司经理吩咐玛丽及其他一些辅助人员换掉吉姆的语音信箱，把他的文件清出办公室，并把他的名字从公司的泊车位上抹掉。玛丽被告知，人力资源部会给吉姆打电话，让他知道发生了什么事。
>
> 某日，吉姆打电话给玛丽说他无法进入自己的语音信箱。他想知道是不是在技术上出了什么问题。玛丽感到很难过：她应该把真相告诉吉姆，还是等着人力资源部门的人去告诉他呢？
>
> 1. 玛丽在这里碰到了什么样的道德困境？
> 2. 玛丽应当等着人力资源部门的人去通知吉姆吗？为什么？
> 3. 公司还可以用另一种方式处理吉姆的问题吗？如何处理？
> 4. 你在这种情况下会怎么做？为什么？

所以，只要雇主和员工们认为任何事情只要不是明显错误就必定可行的话，那么，他们在道德上就会面临公开挑战——特别是在道德标准不断降低、那些"创造性的手法"会有明确回报的时候。因此，当保时捷和美洲虎成为安然公司的年轻人和有抱负的员工们热衷的汽车品牌时，那些刚进入公司不久的员工就会受到"激励"去根据企业的"创造性手法"调整自己的价值观念。

企业伦理发展史

表2—3记录了企业伦理的发展史略。它概括了在过去40年的商业环境变迁中发生的几个引人注目的变化：

● 如今，"员工的声音"越来越多，他们在出言反对那些他们感觉不负责或不道德的雇主时会更加安心。并且，他们在面临不安全的工作条件、性骚扰、歧视和侵犯隐私权等问题的时候，也更愿意通过法律的途径去寻求解决方式。

● 企业社会责任问题已经从一个抽象的争论发展成一种重要的绩效评价方式，依据明确的既有法律责任评估企业行为。

- 随着职权明确的企业伦理官的出现,企业伦理的职能已经从法律部门、人力资源部门脱离,并开始成为企业管理中的主流力量。
- 伦理守则从原先装点门面的公共关系文件转变成如今衡量企业绩效的重要文件,已经发展得十分成熟了。越来越多的企业据此向它们的利益相关者作出承诺。
- 2002年出台的《萨班斯－奥克斯利法案》对首席执行官和董事会在代表企业签署财务报表的责任方面提出了更高的要求。

表2—3　　　　　　　　　　企业伦理发展史略[4]

年代	社会道德的大环境	主要的道德困境	企业伦理的发展
20世纪60年代	社会动荡。反战情绪。员工与管理层处于敌对关系之中。价值观从忠诚于老板转变为忠诚于理想。传统的价值观被扔到了一边。	● 环境问题 ● 日趋紧张的劳资关系 ● 公民权利问题尤为突出 ● 诚信问题 ● 工作中的道德要求发生变化 ● 吸毒者不断增加	● 企业开始建立行为守则和价值观宣言 ● 社会责任运动诞生 ● 企业通过法律或人事部门处理道德上的争端
20世纪70年代	国防企业及其他主要行业充斥着丑闻。经济步入萧条。失业增加。环境问题受到关注。社会公众促使企业对自己的在道德上的缺陷承担责任。	● 员工斗争(员工与管理层的思维方式格格不入) ● 人权争议浮出水面(强迫劳动、低水平的工资标准、不安全的生产操作) ● 有些公司选择掩盖各种困境而不是去匡正它们	● 伦理资源中心(ERC)成立(1977年) ● 《联邦反贪法》于1977年出台 ● 价值观运动开始把道德要求的方向从遵守转移至"以价值观为中心"
20世纪80年代	雇主与员工之间的社会契约关系被重新定义。要求国防企业服从严格的管制。公司规模在缩小。员工忠诚于雇主的态度日渐式微。强调健康关怀的伦理要求。	● 贿赂与非法立约 ● 负面事件的影响持续扩散 ● 欺骗性的广告宣传 ● 财务欺诈(存货活动方面的丑闻) ● 开始要求企业提高行为的透明度	● ERC推出了《美国政府行政服务伦理守则》(1980年) ● ERC在美国通用动力公司(General Dynamics)设立了第一个企业伦理办公室(1985年) ● 《国防工业倡议》出台 ● 许多公司在伦理官之外又设置了调查官的职位。 ● 《反虚假索赔法》(涉及政府订约)出台

续前表

年代	社会道德的大环境	主要的道德困境	企业伦理的发展
20世纪90年代	企业的全球扩张带来新的道德难题。其中主要有童工问题、贿赂问题、环境问题。互联网的出现使文化的边界受到挑战。文化冲突变得很常见。	● 第三世界国家中不安全的工作操作 ● 要求企业在人身伤害问题上承担更多的责任（烟草公司、陶氏化学公司等） ● 财务上的失职与欺诈行为	● 《联邦判决指南》出台（1991年） ● 出现联合诉讼行动 ● 《全球苏利文原则》(1999年)出台 ● 《关于保健标志》(In re Caremark)（特拉华州衡平法院判定了董事会的相关伦理责任） ● 联邦稽查长(IGs)要求企业自愿披露信息 ● ERC建立了"国际企业伦理中心" ● 壳牌国际开始发布它的伦理操守年度报告
21世纪		● 网络犯罪 ● 隐私问题（数据采集过程中） ● 财务失职问题 ● 国际腐败问题 ● 个人隐私的丧失——劳资对抗 ● 侵犯知识产权	● 商业管理部门加大道德监管的力度（《联邦判决指南企业篇》，2002年的《萨班斯-奥克斯利法案》出台 ● 反贪成就卓著 ● 开始强调企业社会责任与全面管理（Integrity Management） ● "国际伦理中心"的成立为全球商业发展的需要提供了帮助 ● 经合组织的《反贿赂公约》出台（1997—2000年）

■ **进度检测问题**

9. 在过去的40年中，找出企业伦理在每一个发展阶段中的一个主要的道德困境。

10. 在过去的40年中，找出企业伦理在每一个发展阶段中的关键一步。

11. 哪十年是企业伦理发展的最好阶段？为什么？

12. 哪十年是道德困境出现最多的阶段？为什么？

然而，在许多情况下，你所面对的事情并不会对错分明，而往往只有一种相对正确或相对好的答案。从而，道德困境会使你陷入这样的境地：每一次你都要在相互冲突的价值观中做出选择，而这些相互冲突的价值观对你和对企业而言都非常重要，例如[5]：

● 你和你最好的朋友供职于同一家公司已有十年了——事实上，是他向你介绍了这份工作并让你有面试的机会。他在市场营销部工作，并很有可能升任该部门的主管——一个他梦寐以求的职位。你从事的是销售工作，在部门的一次每周例会上，你得知一名从公司外招聘来的人将会成为市场营销部门的主管。你的老板解释说，尽管正式的公告还没有发布，不过公司认为让新任的主管尽快接手工作十分重要。他会在两周之内和前公司完成交接工作，随后便会来公司报到。你应当把这件事情告诉你的朋友吗？

● 你在一家小型的金属定制加工企业工作。该企业隶属于一家大型企业集团。母公司以"当前的经营困难"为由宣布了削减成本的新方案，其中包括停止加薪。但是就在这个时候，CEO却用公司的老式飞机折价换购了一架全新的湾流喷气式飞机。同事们对这种不公正的待遇愤愤不平，并计划罢工——对于许多依靠你的公司提供合格产品的企业来说，罢工无疑会给它们带来可想而知的困难。你会和你的同事们一道去罢工吗？

● 在一次老板为企业所有员工组织的野餐会上，你发现你的上司——也是你的朋友——已经喝得不能再喝了。聚会结束后，正当你准备步行回家的时候，他的车却停在你面前并问你是否愿意搭趟顺风车。如果你拒绝了他的邀请，在可能会得罪朋友，或者得冒险让他送你回家之间，你会作何选择呢？

做正确的事情

对于那些处在企业的第一线并且每天都要和不同利益相关者打交道的员工来说，所有的这些意味着什么呢？在大多数情况下，当员工在履行日常工作职责的过程中面临道德上的冲突时，那些对所有的利益相关者来说显得十分醒目的（或者说，让他们大概可以放心的）伦理守则实际上起不到太大的指导作用。一旦员工发现不道德的行为（例如欺诈、盗窃公司财物、给供应商和经销商"上不了台面"的好处费）或是被要求去做那些违背他们价值观念的事情（把顾客不需要或不能满足他们需要的商品或劳务推销给他们），伦理守则所能给出的指导通常只不过是一些陈词滥调：

> - 去看看企业的伦理守则。
> - 为企业的利益相关者做正确的事情。
> - 做合法的事情。
> - 做你认为是最好的事情("依据你最好的判断")。
> - 做正确的事情。

袒护不道德行为

那么,管理人员和员工们要具备什么样的才智和经验才能设法避免那些对企业、同事、消费者以及卖方伙伴会造成危害的事情呢?索尔·盖勒曼(Saul Gellerman)指出了"四种似是而非的强辩"[6]:

1. **相信行为处在合理的伦理限度与法律限度之内**——也就是说,认为这些行为不是"真的"不合法或不道德。用安德鲁·杨(Andrew Young)的话来说就是"一百个商人决定要做的事情绝不会是不合法的。"

2. **相信行为代表了个人的或公司的最佳利益**——也就是说,相信个人会被期望以某种方式去从事这类行为。在高度竞争的市场环境中,如果企业只是追求短期发展目标,那么就很容易以"从企业最佳利益"出发为由为任何行为进行辩解。如果说,谈成一笔大的买卖或者向市场投放最新的升级产品来打击竞争者是为了确保高额的企业利润、强有力的公共关系、稳健的股票价格以及少数员工的职业保障,而不是为了大部分员工的职业保障,也不是为了个人应得的红利与升迁,那么,"不惜一切代价"去行事的问题就会显得异常复杂,这已经日益成为道德领域中的一个灰色地带。

3. **相信行为是"安全的",因为它永远不会被发现或公开**——不会涉及典型的罪与罚的问题。每一种尚未被发现的不道德行为都强化着这种信念。不过,审计督查和职业监督的威慑力会促使企业在防止不道德行为方面做出一些成绩(至少会促使它们再三地思考相关问题)。盖勒曼认为:"不应过于低调地对待已被发现的不道德行为。经理们应当公开不道德的行为,并明示对相关人等的处罚方式。由于对违法行为和不道德行为的主要威慑力就在于它们被揭露后的后果,因此,经理们应当树立典型,以儆效尤。"

4. **相信行为会对企业有利,从而会得到企业的宽恕,甚至会得到企业的袒护。这种想法混淆了员工要对企业忠诚的概念。做出不道德行为的企业（无论情愿与否）只有在一种情况下才有可能去袒护利益相关者等：之所以这么做，是为了企业的最佳利益。不过，一旦违法行为被公众和管理机构发现并介入，那么，在绝大多数情况下事情往往会迅速地变成"大难临头各自飞"。正如我们在安然公司的案例中所看到的，一旦欺诈行为败露，每个人都会突然变得要急于和丑闻脱离干系，并远离那些与丑闻直接相关的关键人物。

解决道德困境

全球伦理研究所（www.globalethics.org）是一个提供伦理培训的重要机构。下面给出的几个例子*来自该所名为"道德锻炼"（ethical fitness）的一种决策制定框架，该框架专门用来处理有关"正确vs正确"的道德困境。

要解决道德困境，首先需要分辨出你所面临的冲突类型：

- 真相 vs 忠实。当你被告知不要揭露真相的时候，你会选择说出真相还是忠实于某人或组织呢？
- 短期 vs 长期。你的决策造成的结果是长期的还是短期的呢？
- 正义 vs 宽容。你会把选择正义还是选择宽容看作一个有争议的问题吗？（你更倾向于正义还是宽容呢？）
- 个体 vs 共同体。你的选择会影响到个人还是更大范围内的群体或共同体呢？

上述例子中，对立的两边都是"权利"。但是由于你无法同时兼顾，所以你不得不在处理问题的过程中选择更好的或"更高明"的权利。在第一个例子中，你要面对的两种权利是：

- 一方面，告诉你的朋友他并没有获得升职的真相，这是正确的。毕竟，你知道真相，如果人们不尊重事实，这将是怎样的世界？也许你的朋友更愿意从你那里获知真相并感激你及时地告知真相从而调整自己的观念。
- 另一方面，对你的朋友保持沉默也是正确的。因为告诉你真相的人首先让你保守秘密，所以，你必须忠实于你的承诺。你的朋友也可能更愿意从他的上级而不是你这里知道消息。

第二章 企业伦理界说

在这个实例中,你面临着"真相 vs 忠诚"的冲突:是告诉朋友真相还是忠实于让你誓守诺言的人呢?

"但是,仅仅分析这样一种困境——就上面所有的例子而言——是不能解决它的。对困境的处理方式需要我们去选择与环境最为合宜的权利。这就需要某些做决策的原则。"**

研究所提出了下列三种处理原则:

- 基于目的。何种选择会给最大多数人带来最大的善?
- 基于规则。如果每个人都与你作出同样的选择,结果会怎样?
- "金律"。你希望他人如何待你,就如何对待他人。

即使是这些原则,也没有一种能完美地解决问题,因为你无法预知其他人处在这样的情境中会做何反应。然而,这些处理问题的方法至少向你提供了某些更有价值的东西,这比"跟随你内心的感觉"或"做正确的事情"这类空洞的说法更有意义。

* Kidder, Rushworth M., How Good People Make Tough Choices:Resolving the Dilemmas of Ethical Living (New York: William Morrow and Company, 1995). p.18. 经授权使用。

** 同上, p.23.

■ 进度检测问题

13. 列出在员工面临道德困境的时候经常能听到的四种老套的说法。

14. 列出道德冲突的四种类型。

15. 列出你在解决道德困境时可以使用的三种原则。

16. 举出一个你在职场中曾经遇到过的企业道德困境实例,解释你是如何解决它的,并指出该困境的冲突类型以及你所采用的处理原则。

前沿聚焦

"顾客总是正确的"——卡罗尔做出了决定

雷切尔是卡罗尔所在的小组中最机灵的一个姑娘。她立刻领悟了戴夫说话的意思:"这么说,虽然我们的新菜单会吸引一批新的顾客,但是我们却只能推出有限的品种，因为我们要确保卖出大量虽然不健康却更能盈利的食品——不是吗？"

"看上去是这样的。"卡罗尔说。

"好吧，但愿在新品种快要卖完的时候，我不用去管'得来速'(drive-thru)*窗口的工作，"雷切尔说道，"你们说这是不是一种'诱导转向销售法'(bait and switch)**呢？"

幸运的是，新品种要到下周才能推出，这样卡罗尔就有时间去应付这个棘手的问题。她不相信戴夫是那种鼠目寸光的人。她理解戴夫对销售额的担心，但是更健康的品种会带来新的顾客，这并不会妨碍老品种的销售。当然，也许有些人会放弃巨无霸汉堡去选择沙拉，但是新产生的销量或许足以弥补由此造成的销售额的损失。此外，宣传推广了新品种却又故意阳奉阴违显然是不对的。所以，如果卡罗尔卖完了已有的品种——如果某个特殊的品种出现了短缺，或者戴夫把供货方面的事情给搞黄了——他们就不得不向顾客提供那些更能盈利的老品种，但是卡罗尔并不打算这么做。

在推出新品种的第一个星期里，卡罗尔工作得比以往任何时候都卖力。从早餐、午餐到晚餐，她在得来速窗口一直忙个不停。其间，当戴夫外出去银行换钱，或者因忘记了订单上的一些事去找供货商的时候，她就跑回操作间去做那些新品种，以确保它们不会短缺。有几次，卡罗尔险些因为这么做而得罪了等待中的顾客。

到了周末，卡罗尔已经掌握了所有必要的信息。销售额的攀升说明她的努力获得了巨大的成功。她已经能够在不影响传统品种销售的情况下卖出自己做出来的每一个新品种了。不过，对于卡罗尔来说，如今最紧迫的事情莫过于要向戴夫做出交代……

1. 卡罗尔的选择正确吗？

---

* drive-through 的缩写，意思是不必下车就可以得到服务的餐馆（或银行等）。
——译者注
** 一种降价推销的惯用手法，意思是为引诱顾客而廉价销售某种并不打算出卖的商品，以吸引他们购买价格更高的商品。——译者注

> 2. 你觉得戴夫会作何反应？
> 3. 如果他们按照戴夫的计划行事，故意让新品种出现短缺，那么快餐店会面临什么样的风险呢？

塑造并经营一家道德的企业

遗憾的是，在过去十年里，可供媒体报道的企业丑闻素材是如此丰富。那些"不老实"的 CEO 的斑斑劣迹已经变得家喻户晓，就此而言，"企业伦理"这一术语如今看上去比以往任何时候都更像是一种矛盾修饰术。在这样一种消极的环境中，很难使人们再想起企业还能以道德的方式去经营，想起绝大多数的员工事实上有责任在工作期间"做正确的事情"。但是，那些以此为基本信念建立自己的伦理文化从而获得成功的企业，所采用的方式几乎是完全相同的，更具"新意"的企业文化相应地会给它们带来不断增长的企业收入、利润以及市场份额。

然而，正如我们在下一章中将会看到的，要塑造并经营一家道德的企业会面临很多的挑战，为此需要付出大量的努力，这不仅仅是"做正确的事情"那么简单。企业必须花时间去制定内容翔实的伦理守则。同时，伦理守则要提供"有力的指导"，要把启发作用和激励作用良好地结合起来以适应大量不同的环境，而不应重复老生常谈的陈词滥调。

关键在于，要对那些身处道德困境中的员工提供帮助。这不仅需要企业专门委派伦理官，制定出适当的政策和程序以供依循，而且还需要企业营造并维系一种以"信任"为基础的企业文化。

关键术语

企业伦理　　伦理守则　　公司治理　　道德困境　　矛盾修辞法　　利益相关者

> ☞ **讨论练习**
>
> **2 500 美元**[8]
>
> 我在分类整理当天信件（各种宣传单、账单以及圣诞卡片）的时候，

偶然发现了一封来自美国运通公司的信,一封我一直在等待的信。信夹着一张写给我的价值2 500美元的支票。如今,我一直担心的事情终于发生了:我应当去兑现这张支票还是把它还回去呢?

几个星期以前,我还是环球投资银行(Global Investment Banking)亚洲证券销售部的一份子。某天早上,总经理通知我们去银行的主会议礼堂开会。尽管我只是听过些小道消息,说是总行将取消亚洲投资银行分部,但是总经理的这一举动却表明真的很可能有这么一回事。在我们进入礼堂并坐下后不久,人力资源部的人开始向我们分发用信封包着的离职补偿金。总经理站在礼堂的讲台上宣布,银行的发展方向发生了变化,因此需要大幅缩减在亚洲的业务。坐在那里,我不禁回想起一年前,站在同一个讲台上发言的同一个总经理是如何激动地告诉我们银行将拓展它在亚洲方面的业务的。

整个离职过程花了不到十分钟的时间。紧接着,我们这些在亚洲证券销售部工作的人被护送着来到了工作区,银行让我们收拾自己的东西并在一小时内离开工作区。安全部门的人监视着我们的一举一动,确保我们没有带走任何属于银行的东西。不过,在他们不注意的时候,我设法拿了一些公司的记事簿和钢笔放在自己的包里。带着自己的随身物品和四个月的离职补偿金,我离开了交易大厅,并走出了银行的大门。

现在,除了离职补偿金之外,我在公司的运通卡上还有2 500美元的存款。这笔钱是一张飞往亚洲的公务舱机票的退款,机票是我近期退掉的,并且,公司已经付过了钱。按理说,我应当把运通公司寄给我支票这件事通知人力资源部门,并把钱退还给银行。但是现在,我感觉在我的工作问题上,我被银行欺骗了。

在我离职后仅仅过了四个星期,环球证券销售部的总经理跟我说,公司目前正在削减亚洲的银行投资业务,问我是否愿意去东欧证券销售部工作。总经理说,银行觉得我是一名不错的员工,并希望我能考虑一下这份工作。由于公司东欧分部的实力很强,并且我对在那里负责纽约销售业务的总经理有好感,因此,我答应考虑一下他的建议。与此同时,我也正在和另两家打算在纽约拓展销售业务的投资银行商谈求职事宜。事实上,当老板让我调去东欧销售分部工作的时候，我就决定放弃和另两家银行的面谈。总而言之，我相信我在公司里的职位是有保障的。

然而，结果却是，正在裁人的不仅仅只是亚洲分部。由于俄罗斯政府拖欠债款以及国内货币的贬值，东欧资本市场出现了动荡，因此，银行也开始大幅缩减它在该地区的业务。于是，我所设想的东欧销售分部的工作也泡汤了。因为我已经和其他有意雇我的银行中断了联系，要想重新和它们取得联系并进入面试程序还需要花上一段时间。尽管四个月的离职补偿金可以让我过完圣诞，但是我很生气，因为我太相信环球投资银行了，满以为它会留住我。

看着 2 500 美元的支票，我开始疑惑了，我是应该去银行把支票兑现，还是应该把它还给环球投资银行呢？

讨论题

1. 你是会兑现支票，还是会把它还给环球投资银行？在这里，什么才是"正确的事情"？说明你做出决定的理由。

2. 那名员工感觉他被公司的老板欺骗了——这可以成为留下支票的充分理由吗？

3. 当安全部门的人不注意的时候，那名员工拿走了公司的几本记事簿和几支钢笔——从这种行为中可以看出这名员工极有可能留下支票吗？

4. 那名员工想留下支票的想法真的是出于钱的考虑，还是出于老板在工作上对他的处理方式呢？

5. 环球投资银行向被解职的员工发放了 4 个月的离职补偿金——如果公司发放了 6 个月的离职补偿金，案例中的情况会有所不同吗？如果是 12 个月的补偿金呢？

6. 在案例情境中，环球投资银行还可以通过其他方式对待这名员工吗？采取另一种方式去对待这名员工会有可能促使他退还支票而不去兑现吗？

复习问答

找出你目前所在公司（或以前工作过的公司）的伦理守则。根据你对这家企业的观察，你认为该企业的行为在多大程度上符合了伦理守则的要求？举例说明。

复习测验

你正在出差回来的路上。当你在候机室里等待航班准备返程的时候，登机口的工作人员却宣布飞机的客位已被严重超卖，机场会为那些改乘下一班飞机的乘客提供某些奖励。几分钟之后，机场公布了奖励举措：凡是改乘下一班飞机的乘客都将免费获得美国国内任一地区的双程机票外加免费的餐券。你认真地考虑了机场的奖励，知道即使自己比原计划晚几个小时回家，也没什么太大的不便之处，因此，你放弃了你的客位并去领取免费的机票和餐券。

1. 既然你是因公出行，那么免费的机票应当属于公司还是属于你呢？解释你的选择。

2. 如果下一班飞机在第二天起飞（航空公司会为你提供食宿）将使你耽误第二天的工作，你还会做出同样的选择吗？解释你的答案。

3. 假如奖励只是100美元的购票折价券，你还会要吗？如果是这样，在折价券是属于公司还是属于你的问题上，你还会坚持同样的立场吗？

4. 你的公司是应当就这一问题出台某种明确的政策，还是应当相信它的员工会"做出正确的选择"？解释你的答案。

第二编
企业伦理实践

有了对"企业伦理"问题及其重要作用的更为清楚的认识,我们就可以进一步考察"企业伦理"是如何在日常工作中影响一个企业的:

第三章考察了在营造并维系企业伦理文化的过程中,企业的每一个职能部门是如何应对所面临的挑战的。

第四章考察了"企业社会责任"问题。它把我们的视线从企业内部转移到企业的外部,观察企业和它的利益相关者应当如何以道德的方式相互作用。

第五章考察了企业在维系伦理文化时会遇到的难题。什么样的政策或程序才能确保企业按道德行事?当不道德行为的证据被发现时,会有什么样的后果?

第六章跨出了企业的内部框架,考察了政府部门为强化企业的道德行为制定和落实了哪些法律法规。

第七章考察了当企业员工握有不道德行为的证据时,应当如何把信息传达给公司的高层主管或相关的管理人员从而引起他们的关注。

第八章考察了有关员工监督方面的争议,以及技术在多大程度上能防止不道德行为的发生,又在多大程度上会危害员工个体的权利。

第三章 组织伦理

> 安然的高管为公司制定了极高的目标,为自己树立了信誉,但最终他们倾向于对已有的会计准则做极端的解释,不可避免地跌入了谷底。
>
> ——诺曼·R·奥古斯丁,Lockheed Martin 公司前董事会主席,这是他在2004年接受ERC颁发的斯坦利·C·佩斯企业高层伦理奖时的发言

教学目标

1. 理解企业伦理文化的重要意义。
2. 理解以下企业部门会遇到的伦理挑战:研发部门、生产部门、营销部门、财务部门。
3. 理解企业财务部门的关键职责。
4. 理解《通用会计准则》(GAAP)带来的道德挑战。
5. 辨别企业各部门之间潜在的利益冲突。
6. 识别企业伦理文化中的关键要素。

前沿聚焦

"只需在表格上签字"

马特是环球产业公司（Trans World Industries, TWI）的一名新员工。他很有才华，这一点从他刚一进入公司就显露无遗。马特非常兴奋。他曾在这个行业中四处求职，但TWI无疑是他真正心仪的企业。公司里有他的朋友。他们告诉他公司这几年发展很快，即将推出许多新的产品。对于马特来说，公司的成长意味着新的机遇。只要90天的试用期一满，他就打算申请公司的管理培训项目。

马特刚踏入厂房，就发现他的新老板斯科特已经在等他了。"你好，马特，相当准时，我喜欢这样。"斯科特看着自己的手表说道。

"听着，年轻人，我知道人力资源部今天给你安排了一堆需要审核的东西——工资单、培训录像、停车牌、个人信息，以及所有的材料——但是我们这里真的太缺人手。你的岗位已经空闲了很长一段时间，并且我们已经积压了大量的工作，需要尽快地处理。"

"我们非常需要你用Morton 6000来帮助我们，你以前用过那玩意是吗？"

马特点了点头，但他并不清楚要做什么。

"好的，就这么说，"斯科特接着说，"在我看来，所有的那些录像就是为了告诉你：不要打扰这里的任何一个新手（这一点不成问题，因为这里没有新手），不要侮辱任何人的种族，不要做任何不道德的事情。这些你都不会犯的，对吧？"

马特又点了点头，却仍然不清楚是怎么回事。

"所以，我觉得应该把看录像的时间更好地花在用Morton 6000去处理积压的工作上。我们可以将货物打包装船，然后从一直耐心等待着它们的顾客那里获得报酬，而且还能使你在工作的第一天就给人留下个好印象——何乐而不为呢，年轻人？"

"但是，那些录像怎么办呢？"马特问。

"哦，别担心，"斯科特说："我们可以把那些录像放在这里的办公室，

> 你只要在表格上签字说你已经看过了，然后在午饭后做其他文书工作时再把它们交给人力资源部就行了。你看如何？"
>
> 1. 人力资源部要求观看这些培训录像是有理由的。斯科特这么做有什么风险？参见56页关于人力资源部门应当直接参与制定伦理守则中各项要求的四种原因。
> 2. 你认为斯科特说服马特跳过观看培训录像过程的理由能成立吗？
> 3. 马特现在该怎么做？

定义组织伦理

在第二章中，我们之所以把"企业伦理"看作从一般伦理学中分离出来的某个特殊研究领域，是基于下列两种不同的原因：

1. 企业的道德行动关系到其他一些参与者（利益相关者）的既得利益。
2. 在某种工作环境中，你个人的价值观体系可能和企业运营文化的伦理标准格格不入。

企业文化可以被定义为企业所有员工共享的各种价值观、信念和规范。企业文化意味着企业中所有政策和程序的总和（包括正式的和非正式的）。这些政策和程序既来自企业的各个职能部门，也来自那些以企业整体为对象所制定的各项政策和程序。

> 企业文化：企业所有员工共享的价值、信念和规范。

在这一章中，我们开始考察企业中各个单独的部门，考察这些部门的成员每天都会遇到的道德困境。为了简化起见，我们需要在**价值链**中根据不同的职能把企业分成几部分（见图3—1）：

> 价值链：企业在将原材料转换成交付产品或服务的过程中提供的重要的职能输入。

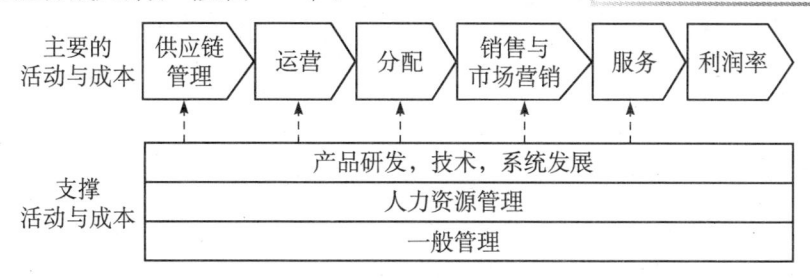

主要的活动与成本：供应链管理 → 运营 → 分配 → 销售与市场营销 → 服务 → 利润率

支撑活动与成本：产品研发，技术，系统发展；人力资源管理；一般管理

图3—1[1] 典型的公司价值链

在产品从原材料阶段到交付使用的过程中，企业要提供各种职能投入（function inputs），价值链正是由这些关键的职能投入构成的。从传统意义上说，这些具有关键作用的职能可以被划分为：

1. 研究与开发，即开发和研制新的产品。

2. 制造，即来料加工和生产产品。

3. 市场营销（以及广告）。

4. 销售。

5. 客户服务。

对各类关键职能领域起到支撑作用的是链接职能（line function）：

1. 人力资源管理（HRM），即负责为企业的一切活动协调有关招聘、培训以及员工开发等相关事宜。

2. 财务管理，即召集企业的内部会计人员、外部会计人员和审计人员就企业财务报表的准确性进行查证。

3. 信息系统（IS或IT），即维护企业运行的技术中枢——数据转换和数据安全、电子邮件交流、内外部网络，以及对企业和相关商业活动具有特别作用的个人硬件和软件方面的需要。

4. 管理，即监督所有的企业经营职能。

上面的每一种链接职能都意味着某种重要的保障（员工、资金和技术）。处在每一个职能领域中的员工面临的道德挑战和困境既可能是各部门所独有的，也可能是属于企业整体的。

在销售、客户服务、信息技术以及管理等职能领域中，通常都有操作规则，它们全面地反映着企业的伦理文化。我们会在往后的章节中逐一讨论。在这一章中，我们将集中关注五种特定的职能领域：研发、制造、市场营销（包括广告）、人力资源，以及财务管理（包括会计和审计）。

进度检测问题

1. 解释"企业文化"这一术语。

2. 解释"价值链"这一术语。

3. 列出企业内部五种关键的职能领域。

4. 列出四种主要的链接职能。

研发伦理

　　研发人员担负着企业未来成长的责任。如果企业没有新的产品推出，那么，那些提供了"更好、更快、更廉价"产品的竞争对手就有可能使企业失去消费者。研发团队需要结合市场调研的反馈信息，密切监控竞争对手的反馈信息和来自企业高层的战略性投入，去开发新的产品。只有这样，企业才有望在市场中占据并保持领先地位。

　　然而，还有一种与上述责任并存的重要责任，它来自企业对消费者的义务。企业提供给消费者的产品必须是质量最好的、最安全可靠的。有缺陷的产品不仅会危害消费者，同时也会产生消极的影响（损害企业的声誉），并有可能给企业带来昂贵的诉讼费，从而使其陷入破产的危险。

　　一旦我们考虑到了这两种相互对立的责任，潜在的道德困境便显而易见。作为来自科学、工程学、设计学等不同专业领域的技术人员，研发团队在开发一种产品的过程中往往需要做出一系列复杂的风险评估和技术判断。然而，如果产品设计与制造成本不相匹配，那么，新产品的销售就有可能达不到利润率的要求，这样一来，就不得不做出某些艰难的决定。

　　如果企业的理念是"更好、更快、更廉价"，就不得不在产品的性能和制造工艺上做出折中处理以符合目标成本的要求。如果去掉了太多的产品性能，营销人员和广告宣传就会无话可说，从而，销售人员在激烈的市场竞争中就很难卖掉自己的产品。这样下去，企业就无法进一步地产生利润，从而，对那些期望企业能够有效运转并长期发展的股东们来说，企业将无法履行对他们的义务。

道德困境实例

案例 3.1　一个明确的投产日期 [2]

　　XYZ公司的营销副总斯科特·凯利正在电话里对XYZ研发实验室的新品开发主管汤姆·艾弗斯大嚷："我们最近正在做一个重要的广告宣传活动，好让人们购买你们设计的新型家用设备。我想说的是，在我们把产品交付给经销商之前，你最好把你的投产日期确定下来，还有，你过去跟我们说的什么"最佳评估"那一套别再提了。"稍事停顿，他接着说："你们研发部门的人对我们营销部门的人来说太不可靠！你不要让我们等到最后无法做出任何建议或改动的时候再告诉我们是怎么回事。我到现在还记得当初我们并不同意你们花在洁水器上的那笔钱。如果我们把这个项目给毙掉了，那么，你们即便再想维持它，到时候也没人会相信！"

汤姆向斯科特保证投产的进度绝对可以明确。"我们已经做了广泛的性能测试，包括产品使用寿命的测试，一切显示'正常'！目前，我们正在做一个小型的产品试点测试，需要在员工家里测试某些零部件。那纯粹是常规的事务，所以我可以向你保证投产日期是确定的。继续做你的广告宣传活动吧——这次我们一定会让你们成为赢家。"

但是，汤姆食言了。产品在临近测试尾声的时候出现了一个小故障，这时投产日期已经很近了。工程部门召开了一场并没有邀请营销部门参与的紧急会议，会上通过了对设计进行"应急"改装的方案。因此，又需要对试验品进行测试，而且还要在员工家里再次测试那些被改装过的部件。看样子，产品的投产日期要被拖延一两个月甚至更长的时间了。由于日程的安排发生了变化，汤姆和市场营销部门的人开了个会，会上向他们通报了出现的问题以及新的投产进度。

汤姆刚开始说明投产延期的理由，斯科特就火了。"你给过我一个明确的投产日期！我们目前已经赢得了广告宣传上的主动，时间的安排至关重要！现在已经有顾客向我们征询这些新型产品了，但经销商手上还没有货。我们现在能做的就是无助地面对我们的顾客和经销商，这真叫人心烦意乱。"

"停一停"，汤姆打断了斯科特："我给你的投产日期并不是绝对明确的。我正想告诫你的是：产品测试中出现的故障有可能会进一步恶化。我建议你在做广告宣传活动的时候能把这一点想清楚。我告诉过你我们会尽最大的努力按期完成，但是新设备总会存在不确定因素。我认为，顾客只是向经销商征询这些产品要好过发生重大的安全事故。"

1. 汤姆显然在产品测试过程处于最终阶段的时候过于自信了，但是他的行为是否道德？为什么？

2. 假定斯科特对研发部门的可信度有所顾虑，那么他应当把汤姆的投产日期看作"绝对明确"的吗？

第三章 组织伦理

> 3. 事实上,由于斯科特很怀疑汤姆的投产日期,以至于在汤姆不知情的情况下对他们早先的谈话进行了录音。当汤姆拒绝给出明确的投产日期时,斯科特播放了录音。汤姆回应道:"你录了我们的谈话内容却不告诉我!这是不道德的。"确实不道德吗?
>
> 4. 斯科特的行为损害了市场营销部门和研发部门的未来关系吗?是怎么损害的?如何才能避免这种情形?

对于研发团队来说,真正的道德困境源自那些有关产品质量的决策。我们是用最好的材料生产商品还是选择次好的材料以节省成本呢?我们是进行一组全面的产品测试还是相信电脑模拟测试会提供给我们所需的全部信息呢?

道德困境实例

案例3.2 福特公司的平托牌轿车[3]

尽管福特公司平托牌(Ford Pinto)轿车的投产已是30年前的事了,然而人们至今还记得它曾是危险的易燃物。

20世纪60年代,生育高峰期出生的一代美国人开始步入大学阶段,随之出现了对廉价交通工具的大量需求。一些国外的汽车制造商推出的汽车已经占据了市场,如大众的甲壳虫和丰田的卡罗拉。福特公司需要一款有竞争力的汽车品牌来打开市场,由此,李·艾柯卡批准了平托牌轿车的投产。平托牌轿车很小(重量不到2 000磅)且不贵(价格低于2 000美元)。该车在经销商手上的计划出产日期是1971年,这意味着,该车从计划投产到上市将在两年内完成。在那个年代,一般来说,车辆在正式投产前需要先做出样车。但是,福特公司在设计样车的同时就已经开始建立流水线组装汽车了。这种同步进行的方式可以缩短汽车的生产周期,却给汽车日后的修配带来了更大的困难。

平托牌轿车的油箱也被称作"鞍囊",架在汽车的后轮轴上,设计十分紧凑。在转速测试中,当速度超过30码的时候,油箱有时会破裂,并把油星喷到汽车的客厢内,就像是喷雾器一样。加拿大的有关部门要求福特公司提高汽车的安全系数,要他们对出口到加拿大的平托牌轿车进行改装,在汽车内装配特殊的隔离层。然而,在当时,平托牌轿车的各项指标却符合美国政府的相关标准。

福特公司开展了积极的广告宣传活动,强调其在平托汽车制造的全过程中更为严格地把持着安全标准。当时,美国政府积极地推行成本—收益分析,但福特公司提出理由反对政府以没有根据的公司收益为前提加强管制措施。迫于压力,美国国家高速公路安全管理局(National Highway Traffic Safety Administration)最终给出了车辆安全事故中死亡赔付的金额,每人仅20万美元多一点。根据这一标准,结合每年大约有180起烧伤致死的事故推算,福特公司认为重新改装平托牌轿车会是件相当麻烦的事。

大街上行驶着超过了200万辆的平托牌轿车,就这一点而言,平托汽车被卷入大量的交通事故中也就不足为奇了。然而,显示出的数据表明,在各类交通事故中,尤其是在汽车追尾和翻车事故中,平托牌轿车与同类型的车相比更容易起火。在《母亲琼斯》(Mother Jones)杂志上刊载的一篇引人注目的文章里,作者根据福特公司的内部备忘录,指出公司实际上已经意识到了汽车的安全问题,文章控诉福特公司在卖车的时候"知道会有成百上千的人因烧伤而无辜地死去"。同时,文章还指出,在油箱和客厢之间装上一个隔离物根本花不了多少装配费(不到20美元)。1978年,在印第安纳州哥盛市里的一起几乎史无前例的案件中,就三名女性的死因,政府以过失杀人罪为由把福特公司告上了法庭。企业后来被判无罪,在很大程度上是因为法官把该起事故限定为意外情况——汽车因抛锚而受到高速行驶中的小货车的猛烈撞击——但是福特公司却面临着数以百计的法律诉讼,其声誉受到了严重的损害。

迫于政府的压力,1978年,在新标准出台之前不久,福特公司召回了150万辆平托牌轿车。这款车型在1980年停产。

李·艾柯卡说,福特公司并没有故意制造危险汽车的意图,由这款汽车造成的致死事故的比例也并不是那么高,从实质上讲,由此产生的纠纷只是法律上的或公共关系上的问题。

1. 如果某制造商发现其产品中有潜在的安全隐患,它应当走在政府标准的前面吗?

> 2. 当安全问题显而易见的时候，福特公司本应当召回轿车并花钱对其进行改装吗？如果车主愿意，企业应当让他们来支付隔离物的费用吗？如果有一半的车主要求公司召回汽车，那么公司的义务又是什么？
>
> 3. 消费者或许会自觉地将汽车的安全性能升级（如加上侧面安全气囊），或许会依靠厂家来改进安全性能（如加强油箱的抗拉伸度），这两种态度造成的后果有何不同？
>
> 4. 一旦平托牌轿车的名声开始变坏，通常就会折价销售。如果私人在出售某辆轿车的时候知道该车可能存在设计上的缺陷，那么他们也要承担和福特公司一样的义务吗？降价打折销售的方式可以使私人卖家开脱掉他们对产品的所有责任吗？

制造伦理

研发部门和制造部门之间的关系通常十分复杂。有时候，研发部门的经理会抱怨：产品设计可以扔给制造部门了。其实，这句话暗示产品设计已经符合所有的工艺规格要求，接下来，该轮到制造团队将设计加工成型了。

在这里，产品制造者所面临的道德难题与研发部门所承受的压力很相似，即"你是想快点把产品造好，还是希望产品合格？"显然，从企业的立场来看，你想兼顾两者，尤其在得知企业的最大竞争者正向市场投放新的产品时（如果它们捷足先登，那么你们对产品销售额的所有预测将全部作废）。

同样的事情又发生了，当你需要做出折中的选择时，你会面临固有的道德难题——可以走哪些捷径？能走多少捷径？你本想按照精确的设计规格制造产品，但如果你面临供货问题时又该怎么办呢？你是想继续等待并暂停交付，还是选择改换（可靠度更低的）供货商呢？你能确保更换后的供货商的产品质量吗？

营销伦理

一旦制造部门交付成品，营销部门就必须把它们卖出去。市场营销（包括广告、公共关系、销售）的职责在于把产品交到满意的消费者手中。如果市场营销人员所做的市场调研是正确的，如果他们已经把相关数据传达给研发团队，如果竞争对手的新产品还没有对企业产生市场冲击，那么，这将会是皆大欢喜。但是，所有的这些设想，大多有可能失灵。

因为与市场营销过程的距离不同，人们对市场营销过程的理解千差万别。市场营销人员通常认为自己向消费者提供的产品（或服务）是消费者已经表示有所需要并意欲购买的。从这个方面说，市场营销人员会简单地向他们的消费者告知有关产品性能及效用方面的信息，接着再将从消费者那里得来的反馈信息转呈企业。

对市场营销持批评态度的人会把它看作某种更具操控性的过程。这一过程会诱导那些不擅猜疑的消费者去购买那些他们实际上并不需要的产品。如果没有"花言巧语"，如果不是被各种媒体（杂志、广播、电视、互联网等等）上的商品和广告所吸引，他们或许也会生活得非常舒适。

从道德的角度看，这些相互对立的立场对应着不同的道德理论。市场营销人员拿出他们的顾客服务卡，并由此认为，因为他们的顾客是满意的，所以好的结果就证明了获得好结果的手段是正当的，至于信息是否会产生误导或卖出的产品是否对消费者有用都无须考虑。如果我们回顾一下第一章，就会发现，

> **功利主义**：为最大多数人提供最大善的道德选择。

这是**功利主义**的观点。相反的观点会认为，无论结果如何，这种营销过程本身就是错误的。也就是说，如果那些受到操控的消费者从一开始就不需要那些产品，或者在消费者并不急于购买的时候，是你通过"花言巧语"般的广告攻势才让他们陷入了嫉妒、不平等或匮乏等各种情感之中，那么，你怎么能对所谓的好结果洋洋得意？从论辩的情况来看，我们所考虑的正是普适伦理学。

美国市场营销协会（AMA）为市场营销人员制定了相关的伦理守则。相关信息，请参阅附录2。

■ **进度检测问题**

5. 指出市场营销过程中的三个职能要素。
6. 为什么市场营销人员会认为自己介入商品和服务的生产与交付是道德的？
7. 为什么说市场营销是一种不道德的过程？
8. 你支持何方立场？举例说明。

人力资源管理伦理

在企业内部，理想的人力资源管理职能应当是直接介入企业和员工的关系中去的，应该始终贯穿在员工和企业的契约关系之中：

- 负责撰写职位说明书。
- 负责招聘并甄选合格的任职人选。
- 负责新进员工的上岗培训。
- 为那些愉快而高效的员工有效地管理工资和各项福利。
- 编制阶段性的绩效评估报告。
- 如果需要的话，编制纪律手册和补救性的培训方案。
- 负责员工职业发展规划。

最后，如果员工和企业最终分道扬镳，那么人力资源部门还需要做一些最后的文书工作，包括发放全部的离职补偿金，主持一场离职访谈以确保企业可以从员工的离职中吸取经验或教训，并把这些经验或教训反馈到公司未来成长与发展的战略规划中去。

劳资合同周期的每一个环节中都存在着道德违规的可能。在大多数专门从事人力资源工作的人来看，他们对这类劳资合同的直接介入是企业良心在多个方面的体现。如果合格的人选在第一时间被录用，那么在通常情况下，许多麻烦都能够防患于未然——当企业未能就职位的安排和升迁这类之前就该做好的用人工作事先做好规划时，就可能会逐步地放松伦理守则中明确的各项要求。

思考下列的道德违规情境[4]：

- 你们已落后于某项目的预订计划，你们的老板决定雇用一些非法移民以赶上项目进度。这些非法移民的报酬是通过"私下"的现金交易完成的。你们的老板这样辩解道："这是一次性的买卖，此外，与建筑工地上的这一小撮无证移民相比，美国移民局有更多的大事要抓！况且，即使被抓住了，我们所付的罚金也比项目延期所需的违约金少。"

- 你们的公司新近聘任了一名地区副总裁。作为人力资源专员，你要负责她的工资和相关福利津贴的造册工作。你的老板指示你，新来的副总裁在福利待遇上无须执行一年等待期的标准，可以立即把她的名字录入公司的退休福利计划和员工福利计划中。当你向老板提出这样的做法不合理的时候，你的老板却告诉你这名新的副总裁是公司总裁的一个好朋友，并建议你从自身工作安全的角度出发最好"去做就好，不要问为什么"。

● 作为第一天上岗的人力资源专员，你提醒你的老板，公司里没有员工手册，也没有张贴最低工资标准和职业安全与健康管理布告。你对老板说，在员工休息室里张贴这些布告是法律所要求的。你的老板却笑着说："我们几年前就已经打算着手做这些事情了——相信我，但我们总有比这些管理上的琐事更重要的事情要做。"

在上述的每一种情境中，作为企业的职能部门，人力资源部门有法律上的责任确保这类事件不再发生，对这类道德违规行为的问责工作最终要由人力资源部门去承担并处理。

正因为如此，许多提倡企业要道德地行事的人认为，人力资源工作在所有的企业伦理守则中都应当处于中心地位——倒不是因为企业的伦理守则代表了整个企业、而人力资源部门是唯一的守则制订者，而是因为它可以确保在所有的关键领域中发出理性的声音[5]：

1. 人力资源专员必须有助于确保道德规范成为企业优先考虑的对象。近来的商业丑闻已经表明，仅仅依靠道德监督是无法防止不道德行为的。人力资源部门应当是企业中的道德典范，如果需要的话，它的职能还包括聘请正式的伦理官。

2. 人力资源部门必须确保把伦理要素融入领导层的选聘和发展过程之中。有一句俗语："上梁不正下梁歪"就可以用在这里。人力资源部门必须介入领导层的选聘过程，要确保被选聘的企业领导不仅赞同和支持那些能使企业免遭麻烦所必需的道德标准，同时也是垂范这些道德标准的榜样。最大的难题在于：如何使领导层相信，应当接受伦理培训的不光只有普通员工。

3. 人力资源部门有责任确保各项正确的规划和政策能够到位。我们将会在后面的章节中了解到，如今，针对不道德行为的财务处罚尺度与企业主动防止不道德行为的力度直接相关。如果企业缺乏适当的政策与培训计划，那么针对不道德行为的处罚金额就会增加。

4. 人力资源部门必须及时跟上各类伦理议题的脚步（尤其要及时了解那些针对不道德行为所不断修订的法律法规以及判决方针）。近来，对企业丑闻的反应已越来越敏感，处理过程也越来越官僚化。如今，企业面对着大量用于调节道德行为的法律文件，而这些文件的出现以压倒性的理由说明，似乎不能相信企业会主动地去道德地行事。

> ■ **进度检测问题**
>
> 9. 解释为什么人力资源专员可以把自己当作企业的良心。
> 10. 在人力资源管理伦理一节的道德违规情境中选出一例，详细说明如果你是情境中的那名员工，会如何应对那种处境。
> 11. 为什么人力资源部门介入企业领导层的选聘对企业的道德行为来说至关重要？
> 12. 为什么伦理政策与伦理培训突然变得那么重要了？

财务伦理

企业的财务职能可以被划分为三个不同的领域：财务交易、**会计职能**、**审计职能**。

1. 财务交易（企业借以运作资金流的过程）——把从消费者那里得来的收入用于支付员工、供应商和所有债权人（缴税等）的开支，如果有望产生足够的盈余，企业就会有利润。利润要么用于企业的再投资，要么分给企业的所有者和股东。财务交易的部分职能还可以外包给专业公司，如沛齐公司（Paychex）和自动数据处理公司（ADP）。

> 会计职能：登载现金的流入（贷方）和流出（借方），并在会计期末（日末、周末、月末、季末、年末）进行平账，以记录公司所有的财务交易信息。

2. 会计职能以簿记的方式详细登载所有的财务交易明细，包括资金的流入（贷方）和流出（借方），并在会计期末（日末、周末、月末、季末、年末）进行平账。会计工作既可以由企业内部的专业会计人员从事，也可以外包给会计公司，通常情况下，两种情况兼而有之。

3. 审计职能。当财务报表（或者说"账簿"）完成平账工作后，企业就必须向众多的利益团体汇报这些财务数据。对于小企业来说，最重要的顾客便是政府部门——州一级政府征收所得税和营业税，美国国内收入署（IRS）征收基于企业利润产生的税收。

> 审计职能：由公正的第三方专业人员对企业财务报表或"账簿"的真实性和准确性进行鉴定。上规模的企业既可以用自己在编的内部审计人员来做这项工作，也可以使用外部的专业人员——通常是具有认证资格的职业会计师或审计专家。

此外，出资者和债权人希望看到企业的财务报表已经由独立的第三方进行过"精确"的审计核实。证明报告一般由人员出具——一般是具有认证资格的会计人员或审计人员，或二者兼有。

一旦企业开始壮大，并最终通过向公共股票交易所出售公司股票的方式完成了"上市"工作，那么，核实财务数据的要求就会变得更高。当前的和潜在的投资者会根据那些被核实过的财务数据提供的信息——特别是企业的盈亏状况和资产负债表——决定对企业的投资额度。投资者会透过这些财务信息去观察企业财务的稳定性、经营效率以及未来的发展潜力。

许多公司大到足以通过自己的力量去监督内部职能的精确性，从而自行维系其内部审计职能。美国内部审计师协会（IIA）就对内部审计人员的职业使命做出了规定[6]：

从业标准：内部审计人员的职责

内部审计人员要讲求专业、正直和效率，并以此为基础行事。他们要对公司的经营做出客观的评价，并能互通经验，精益求精；在改善控制、改进各项程序、提高业绩以及加强风险管理方面，他们要提出建议；要为节约成本、提高收入和增加利润提出建议；在咨询、审核以及简化工作方面要提供称职的服务。

内部审计人员要精于专业并遵守职业伦理守则。他们应该是和而不同并具有创新精神的。他们应努力提高自身的职业技能。他们要在工作中不断地监控随时可能出现的风险和趋势。他们是优秀的思考者。为了高效地履行所有的职责，内部审计人员必须成为出色的交流者，要听得专注、说得到位、写得明白。

从企业管理的另一个方面来说，如今，企业会就管理上涉及的一切方面与内部审计人员进行商议，因此，他们必须为所有的事情做好充分的准备。他们是教练，是内外部利益相关者的支持者，是风险管理人，是控制专家，是业务能手，是解决问题的合作伙伴。他们是企业的安全保障。

当然，要做到这一切并不容易，但是，为了精通并做好这一职业，这些又是必须做到的，因为这是从业标准。

道德难题

对于企业财务部门、会计部门和审计部门的内部员工来说，在道德义务上，他们和企业中的其他员工并没有什么不同。同样，他们也要去维护企业的声誉并遵守伦理守则。在他们特殊的工作任务中，不允许伪造资料、贪没企业资金以及从事与企业财务管理相关的其他任何形式的欺诈活动。

然而，一旦我们涉及为企业提供服务的第三方从业人员，那么，潜在的道德难题和道德困境就会急剧地增加。

《通用会计准则》

除了一系列法律法规和既有判例之外，《通用会计准则》（GAAP）也约束着会计职业。不过，虽然这些得到公认的准则在业内被看作"标准的"操作程序，但是，就像所有的操作标准一样，《通用会计准则》也往往被曲解和滥用。国家规定的企业利润税的税率可以是非常明了的，但是，你得到那个利润数字的确切过程却远不会那么明了，让会计人员设法去有效操控客户对企业的预期，这样的过程会给他们带来可想而知的压力。

> 《通用会计准则》：用来管理会计职业的一套普遍公认的会计原则——它不是一套法律或既有的法律判例，而是会计职业中一套"标准的"操作程序。

创造性的簿记技术

企业会尽力把它们的扩张控制在一个稳定的增长率上。如果企业年复一年的增长速度太慢或太不规律，那么投资者会把企业看作不稳定的，或正处在落后于竞争对手的危险之中。如果企业增长得太快，投资者就可能会对企业的未来增长做出不切实际的预期。只要你有一次没能达到季报的数据要求，这种浮夸式的预期就可能会给企业的股票价格以致命的打击。对坏消息反应过度从而抛售股票往往是投资者们惯用的方式。

为了控制企业的纳税额而把企业收入推迟到下一个季度公布是合法的。但是，当更多不合法的操作要求（如伪造账目、瞒报收入、低报财产、非法扣税等）被提出来的时候，会计人员就会面临着各种道德难题。

由于会计公司要在残酷而激烈的市场竞争中不断地争取客户,这些压力还会进一步升级。不现实的交付期限、降低费用、为了讨好客户而提供令它们满意的数据等只是现代会计公司面临的道德难题中的一部分。

利益冲突

如果一套精确的财务报表可以表明企业在财务上是稳定的,在经营管理上是高效的,未来的成长是强劲的,那么这样的财务报表对提高企业的声誉和信誉大有裨益。事实上,财务报表只有被客观的第三方团体证实是"清白的"之后才能带来这些好处。然而,这种证实本身却意味着公众的利益要高于企业的利益。所以,这里有一个非常明显的道德困境。会计/审计公司的收益从企业那里来,但它们真正的服务对象却是那些寻求独立而客观审查的一般大众。这种情况下就体现出了**利益冲突**。

> 利益冲突:是指这样一种情形,某种关系或责任会使你陷入与另一种现存的关系或责任发生冲突的境地。

当会计公司和客户之间另外还有一层咨询关系的时候,情况就会变得更加复杂——正如安达信公司和它那臭名昭著的客户安然公司之间的情况一样。

如今,会计职业面临的道德压力越来越大,而通用的操作标准又被公开地滥用,从而在这一领域,最后可以凭借的道德指南和道德统帅就只有美国注册会计师协会(American Institute of Certified Public Accountants,AICPA)发布的《行为守则》了。若想了解更多内容,请参阅附录3。

■ **进度检测问题**

13. 列出企业财务职能中的三个主要方面。
14. 解释《通用会计准则》是如何约束会计职业的。
15. 为什么只有受过审计的账目才可以称得上是"清白的"?
16. 安达信和安然之间为什么会有利益冲突?

它是从什么时候开始出问题的？

伦理资源中心（ERC）是美国一家致力于提升企业伦理的非营利机构。在 2005 年的《全国企业伦理调查》(National Business Ethics Survey, NBES) 中，中心对超过 3 000 名美国职工进行了调查。调查结果显示，一半以上的美国职工在过去的一年里至少碰到过一次发生在工作场所中的不道德行为，有 36% 的人碰到过两次或更多。这一数字和 2003 年的调查结果相比略有增长。两次调查的结果比较显示，愿意向管理层举报在工作中发现的不良行为的比率下降到 55%，自 2003 年开始，这一比率已累计下降了 10 个百分点。

NBES 评估了工作场所中的道德规范、正式伦理项目的执行情况及其收效、不良行为带来的风险因素。员工发现的不良行为类型主要包括[7]：

- 21% 的人发现存在辱骂和胁迫员工的行为。
- 19% 的人发现存在对员工、客户、卖方以及公众的说谎行为。
- 18% 的人发现存在将部分员工的利益凌驾于企业利益之上的情况。
- 16% 的人发现存在违反安全规定的情况。
- 16% 的人发现存在谎报实际工作时间的情况。

在 NBES 中出现的上述行为表明，企业文化比任何形式的公司声明或规章手册都更为真实。在任何工作环境中，员工都会非常快速地领会"游戏规则"，他们或者会做出"随大流"的选择，或者会在这些规则不能被个人的价值体系所接受的情况下换个工作。对整个企业来说，更重要的事实是，任何不道德行为都有可能长期存在，而且对这些行为（或者没能处理好这些行为）的辩解还相当丰富：

- 这是行业中的惯例。
- 市场不好做，你不得不在许多规则面前低头。
- 我所在的部门没有这种事。
- 我没有时间去观察他们的一举一动——上级部门给我安排的工作太多，我根本顾不过来。
- 如果我因为他们违反了政策而解雇他们，联邦政府将会严厉地指责我。

● 如果我因为他们违反了政策而解雇他们，就得不偿失了——你知道我要花多少时间去找那些已经受过充分培训的人去代替他们？

● 老板们都知道那些事——如果连他们都睁一只眼闭一只眼，为什么我就不能呢？

● 他们并没有花钱雇我做公司的间谍——我有自己的工作要做。

所以，如果屈服于规则、扭曲事实、打破规则，甚至公开说谎已经成为工作场所中司空见惯的事情，那么这样一个问题必然会浮出水面：是从哪里来的压力和行动预期使这类行为顺理成章的呢？一言以蔽之：利润。

前沿聚焦

"只需在表格上签字"——马特做出了决定

马特确实想要这份工作，也确实想给斯科特留下良好的第一印象。何况斯科特说得也没错：他不会去打扰任何人或者侮辱任何人的种族，也不会冒险去做任何不道德的事情，从而使自己失去管理培训项目的机会。最糟糕的事情会是什么呢？如果人力资源部门中的任何一个人发现了他没有看过培训录像，他就会向其解释，他是如何用 Morton 6000 去处理大量被积压的工作的，这会给公司带来怎样的好处，并且，他相信，斯科特一定会支持他的。

于是，马特在表格上签了字后就去工作了。

三个月后，马特的试用期已满，他去找人力资源部的主管征询他的业绩考核情况。同时，马特希望能和主管商量一下有关申请管理培训项目的事情。人力资源部门的主管对马特非常友好，同时对马特在 90 天试用期里的表现大加赞赏。但是，他问了马特一个问题："从 Morton 6000 的生产日志上看，你刚到公司的第一天早上就处理完了我们大量被积压的工作。但同时，你的材料上显示你也完成了新职员上岗的引导程序，并花了三个小时的时间观看培训录像，所以，我很好奇，你是怎么做到的？"

1. 马特应当如何答复人力资源部的经理？
2. 你认为人力资源部的经理会作何反应？
3. 如今，马特还有可能申请到管理培训项目吗？

第三章 组织伦理

这并不是说非营利机构就不会碰到不道德行为带来的麻烦，也不是说追求利润就是不道德的。而是为企业所有者或者股东创造利润的责任往往被当成了便于脱责的"黄马褂"，无论什么行为似乎都可以借用所谓对股东履行义务这样的名义进行辩护。就你自己而言，通常来说，你可能不会怎么做，但是，如果你有限期、配额或销售额要去兑现，而你的老板又不是那种喜欢听人解释或找托辞的人，那么仅此一次，你就可能就范。你可能会忘掉那些条条框框——只是仅此一次。遗憾的是，这样的"仅此一次"很可能成为你行为不端的开始，因为安然公司的那些家伙正是从这里开始的。他们谎报某个季度的财务数据，并设法为自己开脱，但是，那些数据却提高了投资者对下一季度的预期目标，从而，他们最终发现自己登上了一列无法停下的火车。

正如我们在下一章中将要看到的，如果企业不制定道德标准，员工就会根据在企业中掌控着他们职业生活的人——他们的老板——的道德标准行事。

为了从法律上强化（或至少试图去强化）企业的道德行为，目前已出台了大量的法律法规，它们是衡量企业在多大程度上道德地行事的标准。

关键术语

会计职能　　审计职能　　利益冲突　　《通用会计准则》　　企业文化
普适伦理　　功利主义　　价值链

👉 讨论练习

世通公司创造性的会计操控[11]

1996年，贝蒂·文森在世通公司谋到了一份中级会计的工作。那时，世通公司还是密西西比州杰克逊市的一家小型长途电话公司。在接下来的几年里，公司取得了迅猛的发展，兼并了一家高速发展的电信服务公司布鲁克斯费伯（Brooks Fiber）、全美排名第二的长话电信公司MCI、一家处于领先地位的寻呼公司天空电讯（Skytel）以及互联网主干线的主要所有者—美国互联网干线（UUnet）等多家电信公司。在加入世通公司的第三年，文森被升任为会计部门的高级管理人员，其上司是布福德·耶茨（Buford Yates），公司的总会计长。她和属下的十名会计师负责整理公司的季报、分析公司的经营费用和损失准备金（loss reserves）。该准备金是被提取用以开支特别事项的。

一直到2000年的年中，世通公司的利润增长都保持着强劲的势头。不过，之后不久，电信行业就进入了一个长期衰退的阶段。公司为了使用相关网络而支付给其他公司的线路费和租约费占企业收入的比重开始不断增加。

作为企业健康的晴雨表，华尔街密切地关注着公司的这一状况。公司的CEO伯纳德·埃贝斯（Bernard Ebbers）和CFO斯科特·苏利文（Scott Sullivan）预先提醒了华尔街：公司在下半年的盈利达不到华尔街的预期水平。到了第三季度，由于公司某些小客户的经营不善，世通背负了总值6.85亿美元的外债。

文森、耶茨和特洛伊·诺曼德是公司负责监督固定支出项目的会计师。在准备公司第三季度财务报告的过程中，他们正在研究填补财务赤字的方法。他们找出了能用于偿还欠款的5 000万美元，但是这与6.85亿美元相去甚远。到了10月，耶茨找来了文森和诺曼德，告诉他们苏利文和财务主管戴维德·迈尔斯（David Myers）让他从准备金账户中抽出8.28亿美元用来填补线路费和用于电信事务的各项费用及其他各项支出。这样，在报告中的支出费用就会减少，而收入项目则会增加。

文森、诺曼德和耶茨都很担心，因为这种调整是一种违规的账面交易。会计制度规定，只有当在建有准备金的会计事项中发生预期亏损的时候才能从中提取准备金，除非企业有充足的理由，否则不得提空准备金。

由于公司根本没有从准备金账户提支的理由，文森和诺曼德告诉耶茨，这样的做法不符合财务操作规定。耶茨回答说，他也不希望这么做，但是他保证这只是一次性的账面交易，并且再也不会有下次了，正因为如此，他才同意做这件事的。所以，文森和诺曼德也同意了。

公司第三季度的报告在10月26日公开发布了。那一天，文森告诉耶茨，他准备辞职了。诺曼德也表达了同样的意思。埃贝斯听闻了会计部门的不安情绪，随后告诉迈尔斯不能再用那些靠不住的会计了。几天后，迈尔斯和苏利文找来了文森和诺曼德。苏利文解释说他正在处理公司的财务问题。他请求他们在事态得到控制之前仍能留在公司，之后可以想走就走，但是现在，他需要他们回到正确的轨道上来。

诺曼德说，他很担心他将会承担这种违规操作的后果。萨利文告诉他俩，他们的所作所为没有什么不合法的地方，并且他会对所有的这些事情负责。他进一步说，下一季度的盈利方案已被缩减了一半，因此不需要再做任何的会计操控了。会后，文森决心另找一份较差的工作。她把她的想法以及对违规操作的担心告诉了丈夫，丈夫极力主张她离开公司。但是，从家庭收入上讲，文森是家里的顶梁柱，她每年都比丈夫多挣4万美元，并且，家里的医疗保险也要靠她的工作来维系。同时，她也为另谋出路而发愁，毕竟她已经是一个中年妇女了。

文森思忖着，苏利文是受人尊敬的国内顶级的CFO，如果他都认可这种账面交易，那肯定不会有问题。在与诺曼德讨论换一份工作是多么不容易之后，他俩都决定留下来。到了2001年的第一季度，事态开始恶化。账面上已经没有准备金可用了，而资金缺口已达到7.71亿美元。

苏利文指使会计人员把线路成本从经营费用账目转到资本支出账目。这就把直接开支转到了折旧费用中，因此可以提高短期的"盈利能力"。文森对苏利文的指令震惊不已。她知道把经营费用当成资本支出是违法的。

实际上，当迈尔斯把这件事告诉耶茨的时候，耶茨曾极力反对，于是迈尔斯告诉苏利文，尽管接到了指令，但他不能去做这样的调整。但是，苏利文告诉迈尔斯这样的调整是世通公司摆脱财务困境的唯一方式。文森感到自己陷入了绝境。对辞职的恐惧再次涌上心头，在没有找到另一份工作之前，她十分害怕失去这份工作。文森、诺曼德和耶茨聚在一起商议了苏利文的指令，但没能找到解决问题的办法。文森决定修改自己的履历表，另谋出路。

文森、诺曼德和耶茨最终还是服从了命令去调整费用事项。为此，他们不得不把经营费用转移到五个资本支出账目中去。迈尔斯一直和他们在一起，他们都感到这么做是多么痛苦。但是，他们感觉也只有这么做才能保住公司。文森对账面做了调整，对7.71亿美元的缺口做了账面转移，并在计算机上修改了大量的交易数据。在接下来的三个季度中，发生了同样的过程：第二季度调整了5.6亿美元，第三季度调整了7.43亿美元，第四季度调整了9.41亿美元。第二年初，文森从高级管理人员升任为报告管理部总监。诺曼德则被提升为企业会计部总监。

讨论题

1. 在这个案例中，利益相关者都有哪些？
2. 文森本应当采取何种行动？应当在什么时候采取行动？是什么阻挠了她采取行动？
3. 文森的同事本应当采取哪些行动？
4. 案例中，谁要对各项会计规定负完全责任？
5. 案例中，谁要对会计违规行为负法律责任？
6. 案例中，谁要对会计违规行为负道德责任？

复习问答

1. 通过对你目前所在公司（或曾经供职过的公司）的观察，找出三个不道德行为的实例。这些行为的后果是什么？
2. 企业中的人力资源部门应该是道德上的典范吗？为什么？
3. 何谓"创造性的簿记技术"？举出三个实例。
4. 如果你在公司里发现了企业的不道德行为，你会离开这家公司吗？为什么？

复习测验

伏击式营销*（ambush marketing）

正当广告牌、商业电台、纸质印刷品以及 30 秒或 60 秒的电视片中来势汹涌的广告令人眼花缭乱的时候，一些规模更大的广告公司又开始不断地以更具"创意"的手法让其产品或服务的名称超负荷地出现在普通老百姓的视觉范围之内。

思考下列情形：

● 假设当你正在华盛顿纪念碑前参观的时候，一对年轻的夫妻拿着相机走

---

* 一种市场营销方式，有时也被称作寄生行为（parasite movement）。简单地说，企业本来没有销售某物的资格，却通过各种手法暗示自己也与该资格有关，以此为自己的产品做宣传。——译者注

第三章 组织伦理

上前来友善地请你给他们拍张照。他们看上去很友好，你接过了相机。然而，正当你准备拍摄的时候，那名男士却开始向你介绍这是一台最新款的照相机，你只要花400美元就可以拥有它，相机的功能有这个、那个等等。你很酷，照完相后转身就走开了。帮助人的感觉真不错。[8]

● 纽约酒吧里挤满了人，到处都围得里三层、外三层。正当你好不容易招呼到酒吧服务员过来的时候，边上的一个人主动凑了上来，也想沾沾光。"喂，老兄，我看你就快能要到喝的了！"你边上那人说："如果我给你十块钱，你能帮我要一杯'皇家蜜桃'吗？"他的要求看上去没什么坏处。为什么不呢？

● 你们居民公寓的门厅里放着一个彩色的硬纸箱，它放在那儿已经有几天了，上面贴满了一家知名电脑制造企业的商标。不光是商标引人注意，而且住户们也估计是哪个邻居买了那家公司的东西。从而，这家电脑企业就使某些居民产生温馨而友好的联想。[9]

这些看上去非常单纯而自然的事情每天都会发生，不是吗？但是，如果在华盛顿纪念碑前夸赞自己相机的那对夫妻其实是专门设计好的两个"演员"，其意图只是在特定的地点向不设防的路人推荐其数码相机的优点；你在酒吧里遇到的那个单纯的人其实是一个"酒托"——拿了钱为"皇家蜜桃"酒做广告的人；如果居民公寓门厅里的电脑包装箱是故意放在那里的，而且所花费的成本也微乎其微：只是给门卫一点"好处费"，你会作何感想呢？

因此，你的确有可能会变得疑心重重。你可能听说过植入营销（product placement），它在电影中很常见，就是把镜头逗留在某个特定的产品上（真是很滑稽，演员们总是喝可口可乐或者贝克啤酒；在007系列影片《择日而亡》（*Die Another Day*）中，哈利·贝瑞开着那辆珊瑚色的福特雷鸟不是很棒吗——你知道哪里能买到一辆珊瑚色的雷鸟呢？）。在你所乘坐的早班火车上，一群正在讨论某部新片、电视秀或新书的上班族可能也是故意设计好的；如果一个带着六岁大小可爱男孩的友善妇女在游乐场里大谈特谈她的儿子是如何喜爱某个电子游戏，但这名妇女也是一个"演员"，你又会作何感想呢？

这些手法把"目标营销"（target marketing）的概念带到了一个全新的层次。那些广告商把一些看上去很普通的人放在经调查过的目标人群中间，让他们夸赞某种新产品或服务是多么好。但是，那些人从不提及他们是受雇才这么做的，甚至在开始表演之前，他们根本就没有听说过这些产品和服务。

— 67 —

1. 这是不道德的营销方式吗？解释原因。

2. 许多批评者认为，这类行为"模糊了消费主义和欺诈手法之间的界限"。这种评价公平吗？为什么？

3. 如果你碰到这类伏击式营销，会有什么样的感觉？

4. 如果我们承认这样的观点，即绝大多数的消费者已经对大多数这样的广告产生了怀疑，那么，你认为一般公众会对这类营销活动作何感想？

5. 支持这些营销活动的人认为，我们的经济建立在消费主义的基础上，如果你找不到更为有效的方式去抓住消费者，整个经济就将受挫。这种说法成立吗？或者，就像你在吃饭的时候会碰见乞丐一样，我们应当只把它当作令人厌烦但必要的恶，而去接受它吗？

6. 如果这些活动的营销意图在你看来显而易见——正如你知道每个"小品"中的那些人其实都是"演员"，你的立场会发生变化吗？

第四章 企业社会责任

> 一个只会赚钱的企业是一个贫乏的企业。
> ——亨利·福特

企业的道德

教学目标

1. 界定企业社会责任（CSR）。
2. 区分企业管理中的工具化方式和社会契约方式。
3. 总结出 CSR 背后的五种驱动力。
4. 区分三种不同类型的 CSR。
5. 认识到一项成功的 CSR 举措中的关键要素。

前沿聚焦

"进货差错"

克莱尔是一家全国性的药剂零售企业优品药业（MegaDrug）的一名管理新手，上任仅一个月。商铺经理约翰先生似乎认为，她必须从基层开始做起经手每一步的工作。所以，如今，克莱尔正打算将一种知名的过敏性药物备货、上架，以此来提升自己的管理水平。

克莱尔其实并不介意。她知道，在负责一个商铺的时候，她必须花几天时间自己备货上架，尤其在有人打电话请病假的时候更是如此，所以，这将是一个很好的锻炼机会——此外，如果还可以帮到那些正在寻找其他药品的顾客，他们通常会对你非常感激。

然而，当克莱尔正在上货的时候，却发现这些药品已经过期有四天了。她立即把这件事告诉了约翰，满以为他会让自己把这些过期的药品收回储藏室，并换上新的药品。

但是，约翰的回答着实让克莱尔吃了一惊。

"哦，我知道这回事，是储藏室在进货的时候出了差错——由于没有进到新货，所以只得把这些药品再放回去。"约翰说。"问题是，我们明天要为这些药品做一个当日特价的广告，如果不把这些药拿出来，那我们就会断货。"

"不用担心，"他接着说，"这是一种常用的药物，廉价销售的话一两天就能卖完。顾客从来都不会去检查产品的有效期，况且，它们才过期了四天。我宁愿让一两个顾客去抱怨这些药品过了期，也不愿有20个顾客抱怨我们在某种药物上缺货。继续去上货吧。"

1. 优品药业曾一度向外宣传：一个有社会责任的企业会把利益相关者放在首位。那么，约翰先生对他的顾客有道德上的责任吗？结合83页上"道德的企业社会责任"的定义去了解更多的细节。

2. 约翰先生宁愿让一两个客户抱怨这些药品过了期，也不愿意有20个客户抱怨商铺在某种药物上缺货。那么，卖过期药物是一个有效的解决方式吗？

3. 现在，克莱尔该做些什么？

第四章 企业社会责任

企业社会责任

新的柠檬水摊位[1]

想一想那幅由来已久的画面：孩子们在童年时期努力地经营着他们的"柠檬水摊位"*。如今，在企业社会责任的语境中，"口干舌燥"的一般公众似乎已不再满足于一杯柠檬水带来的清凉了，他们要不停地喝上一个季度。他们在不断地要求：那些被喷洒过对环境有毒害作用的杀虫剂的柠檬，不能用作鲜榨果汁的原材料；制作柠檬水的人，年龄要合适，同时要确保厨房条件对工人无害；喝柠檬水的杯子必须是可降解的，从销售柠檬水中得来的收益能使工人拿到公平且有实际意义的工资，也有人或许会说，那些制作柠檬水的人年纪太小了，总之，不能为了挣钱而让他们辛苦地劳作。这么多要求足以使那些年轻的创业者望而却步。

企业社会责任（CSR）——有时也指**企业公民**或**企业良心**——可以被定义为这样的企业行为：企业的行为目标在于取得社会效益方面的成就，它要超越并高于股东利润最大化的目标，并不局限于只满足所有的法律义务。

这条定义假设了企业正处在一个充满竞争的市场环境中，企业的经理在致力于积极进取的发展战略的同时，还要服从所有联邦的、州的、地区的法律义务。这些义务包括，缴纳与企业盈利业务相关的所有税项，向所有做出贡献的员工派发工资，遵守所有为员工提供安全工作环境的合法行业标准，以及向消费者交付安全的产品。

> 企业公民：可以和企业社会责任互换的用语，意指企业在承担其所有责任的过程中应该是一名负责任的"公民"。

> 企业良心：可以和企业社会责任互换的用语，意指企业应该带着对社会负责的意识去经营。

---

* 这是美国大众生活中常见一种的现象，由来已久。每逢夏天的时候，由于天气炎热，美国郊区附近会出现许多卖柠檬水的摊位，通常由孩子们摆设。在美国的大众文化中，"柠檬水摊位"也有"便于解渴"的含义，意指即时满足需要。——译者注

> **企业社会责任**：除实现股东收益最大化和承担所有的法律责任之外，还要实现某种社会利益的企业行为。

> **工具化方法**：企业的唯一义务就是在向顾客提供他们所需要的商品和服务的过程中实现股东收益最大化。

不过，这条定义只触及了企业社会责任问题的表面。企业社会责任问题是一个复杂的、通常难以捉摸的话题。尤其是在许多企业在丑闻中流露出的那种毫无节制的贪婪暴露无遗之后，这一话题愈发受到人们的关注。然而，尽管对企业社会责任的关注在明显增长，但它还不是一个被普遍接受的管理话题。

许多人带着一种**工具化方法**去看待企业管理，并认为，企业的唯一义务是：在向消费者提供他们所需要的商品和服务的过程中实现股东收益最大化。这一"经典"观点最著名的倡导者是诺贝尔经济学奖得主米尔顿·弗里德曼（Milton Friedman），他认为[2]：

有一种观点正在被广泛接受，即企业的管理层有某种社会责任，这种责任要超出股东利益的范围。这种观点是对自由经济的本质和特征的极大误解。在某一经济体中，企业有且仅有的一种社会责任就是——只要它还置身于游戏的各种规则之中，它就要利用自己的资源去从事各种增加利润的活动，也就是说，进行开放而自由的竞争，没有欺骗，没有隐瞒……如果企业的管理层认为企业的社会责任要高于为它们的股东去挣钱的话，就有可能彻底地破坏我们自由社会的基础。

从道德的视角来看，弗里德曼认为，投资者用他们的钱去购买企业的股票是因为他们信任企业，除了为这些投资者赚钱之外，企业不该再做任何事情，否则就是不道德的。不过，他也强调，赚取利润应该是"没有欺骗，没有隐瞒"的。此外，弗里德曼还认为，作为企业的员工，就达成雇主的预期而言，经理有道德上的义务去完成自己的任务：

在一个企业自由、财产私有的体系内，企业的管理层是企业所有者的员工。他对雇主负有直接的责任。这一责任就是要根据他们的愿望去管理企业，一般而言，他们的愿望就是在遵守社会上各种基本规则（既体现在法律中，也体现在道德习俗中）的同时尽可能地多挣钱……关键在于，作为一名企业管理人员，经理是那些企业所有者的代理人……首先要对企业所有者负责。

弗里德曼的全文请参阅附录4。

> ■ 进度检测问题
>
> 1. 界定企业社会责任。
> 2. 指出另外两个可以用来表达企业"社会意识"行为的术语。
> 3. 举出企业应尽的四种法律义务。
> 4. 你赞同还是反对弗里德曼的观点？解释原因。

没有良知的管理

弗里德曼的企业观支持的是个人用自己的投资（真实的投资行为）去挣钱的权利，这种观念同时也明确地指出了雇佣合同的合法性——作为经理，你为我——企业的所有者（或者我们这些股东）工作，你要尽可能地多挣钱以使我们对企业的投资取得成功。这一立场并不妨碍企业会以实际行动去表明自己某方面的社会良心——例如，向当地的慈善机构捐款或赞助当地的少年棒球队——但是，这些慈善行为只被限制在企业所有者自由自愿的范围之内（一般是在顺境的时候，而不是在逆境的时候），它并不承认企业以及管理层在这方面具有正式的义务。

这种非常简单的管理模式只把眼光局限在了企业的内部，并假设企业及其经理的活动对外界毫无影响。然而，一旦认识到还有一个受企业行为影响的外部世界，我们就可以开始考虑企业管理中的**社会契约模式**了。

> 社会契约模式：认为企业除了要达到股东的期望之外，还要对社会负责。

近几年，关于企业与社会之间的社会契约观念经历了一种微妙的变化。起初，对社会契约问题的关注主要集中于经济方面，它假设：持续的经济增长会同时带来生活质量的相应提高。然而，在 20 世纪的 60 年代、70 年代以及 80 年代，美国企业在规模和影响力上的快速增长却改变了这一看法。企业的不断壮大并没有相应地提高人们的生活质量。增长以风险成本为代价，工资的涨幅赶不上通货膨胀，不断出现为控制成本而大量裁员的现象，这些问题的出现表明，原有的社会契约观已不再有效。

越来越多的事实证明，企业行为会对数以万计的公民产生潜在的影响，这导致人们在观念上发生了明显的转变。在特殊利益群体（包括环境保护组织和消费者权益保护组织）的刺激之下，消费者开始质疑某些基本的企业假设：我们之所以需要 200 种谷类早餐和 50 种洗衣皂真的只是因为我们能给投资者带来强劲的利润增长吗？这样的增长会让我们付出什么样的代价呢？

现代的社会契约观认为，因为企业的生存和持续的发展要依靠社会，所以，企业有义务去满足社会的要求，而不能只是局限于满足特定消费群体的需要。相应地，不能只把企业看作一个经济组织，还要把它看作一个社会机构。企业要关注它的利益相关者（消费者、员工、股东、卖方伙伴以及社区伙伴），而不只是为了它们的股东。因此，企业必须具备一种长期的发展规划，而不只是把目光盯在季报的盈利数字上。

> ■ 进度检测问题
>
> 5. 投资者投资企业总是为了赚取利润吗？
> 6. 企业管理中的工具化方法是什么？
> 7. 企业管理中的社会契约模式是什么？
> 8. 你是否同意社会契约模式？为什么？

包容式管理

企业不可能在孤立的环境中经营。早在 1969 年，亨利·福特二世就认识到[3]：

> 企业与社会之间的契约条款正在发生变化……如今，我们被要求去为那些更大范围内的人类价值服务，对那些并没有与我们进行商业交易的社会成员来说，我们也要承认对他们的义务。

企业在生产和交付商品与服务的活动过程中会影响到它们的消费者、员工、供应商以及所在社区。一些人可能受到积极的影响，另一些人则可能受到消极的影响。例如，如果某企业在激烈的市场竞争中无利可图，它一般不大可能通过提价的方式来增加利润。所以，按常理就会缩减成本——最常见的方式就是裁员，给员工发一张"解雇通知书"，并从薪水册上立即划掉他们的名字。

这样的决定显然会给那些被解雇的员工以沉重的打击，但是，除此之外，还存在着其他深层次的后果。那些员工所居住的社区如今丧失了这部分人的消费能力，他们可能没有足够的钱在当地的市场上消费，除非他们能找到新的工作。如果企业决定关闭整个工厂，那么，社区就无法再从工厂那里得到房地产税了，这会消极地影响到社区向居民提供的各项服务设施，如学校、道路、警力等。此外，那些向该工厂供货的当地供货商也会失去生意，从而也导致它们不得不做出艰难的选择。

企业的消费者和股东又会怎样呢？也许，裁员可以帮助企业保持竞争力，可以使其继续为消费者提供廉价的商品和服务，并且，更低廉的经营成本将有望改善企业的盈利能力。不过，这些得失只是在纸上谈兵罢了。

认识到所有这些群体之间的相互关系可以使我们大幅超越那个接近底线的世界，那些确实能证明自己的"良知"高于利润的企业终将备受瞩目。正如汉卡姆商学院（Hankamer School of Business）的市场营销学教授吉姆·罗伯茨（Jim Roberts）所言[4]：

> 我乐于把企业社会责任看作行善得福。对企业来说，做那些对消费者长期有利的事最终就是最好的事。为消费者做好事就是好的企业。看看烟草行业，它们仅满足于消费者的短期利益，由于整个行业否认吸烟的后果，因此招致了政府的干预以及数十亿美元的诉讼费。相反，酿酒行业就认识到了这一点，由于它们至少表示了对消费者健康生活的关注，从而避免了烟草行业体会到的那种恼怒。所以说，长期眼光是有好处的。

从表面上看，"行善得福"似乎是一个容易做到的政策，许多企业也已经开始照此行事，如进行慈善捐款，全力支持当地社区的规划方案，资助当地的活动，与特殊的利益群体就环保型的包装材料和使用更多的循环材料等问题进行富有成效的会谈，等等。但是，在这些企业的消费者以及它们所在社区的市民中间，怀疑和嘲讽的态度仍然存在。许多人仍把这些举措看作企业在玩弄公共关系，而这些企业中最核心的经营哲学实际上根本没有发生大变化的迹象。想想被媒体所追捧的亚伦·弗依斯坦（Aaron Feuerstein）以及他对一场致命火灾的反应：

道德困境实例

案例4.1　摩登工厂[5]

马萨诸塞州的劳伦斯市位于波士顿的北部，距波士顿有25英里。19

世纪中期建立时，它是少数的工业城镇之一。借助附近的梅里马克河的水力资源，劳伦斯市的纺织业取得了长足的发展。到20世纪的时候，城镇人口已经超过了95 000人，各家工厂都在夜以继日地工作。

1906年，亨利·弗依斯坦在罗尼尔市附近建立了摩登工厂，并在1956年把该厂迁到了劳伦斯市。摩登工厂与典型意义上的私营企业非常接近。公司在经历了多次经济周期之后得以幸存，也目睹了其他工厂迁至美国南部和海外的情景。

1981年公司开发出了一种抓绒面料（Polar Tec），这是一种质地较轻的功能性羊毛混纺面料，现已成为户外装备的代名词。该面料的发展前景十分好。然而，在1995年11月一个异常寒冷的夜晚，一场大火烧光了绝大多数的厂房。

作为摩登工厂的CEO，亚伦·弗依斯坦本可以接受保险赔偿并关闭工厂或把工厂迁到海外。但相反，他从自己的腰包里掏出了1 500万美元以保证3 000多名员工的工资和津贴，这样持续了三个月，直到工厂重新建成的时候。亚伦·弗依斯坦说："我对工人们负有责任……我对公司同样负有责任。把3 000多人推到大街上并给劳伦斯市和马萨诸塞州以致命的打击，这是没有良心的行为。或许，在理论上，我们公司对华尔街来说价值降低了，但是我要告诉你们，它会变得更有价值。"

公司在重建的过程中，人力资源部门动用联邦和州的救济金给许多已经离岗的工人进行额外的培训，特别是计算机方面的培训。弗依斯坦的姿态使其成为新闻界的名人，并被授予多项国内外的殊荣。新建的工厂是环境友好型的，据说，工人的劳动生产率也有了显著的提高。

然而，摩登公司再次陷入了困境。因重建工厂而带来的更多债务进一步扩大了企业的财政危机。最终，公司在2001年11月申请了破产保护。

2003年10月，公司成功地复活。亚伦·弗依斯坦再次接任公司的CEO，董事会由六位新董事组成。近来，美国军方的订单极大地推动了摩登公司的发展。

1. 你怎么看待弗依斯坦在遭遇火灾后去帮助工人和社区的举措？

2. 如果没有弗依斯坦的帮助，你认为员工应当自己去面对火灾的后果吗？

3. 弗依斯坦还可以为他的工人们做更多的事吗？

4. 你认为绝大多数的公司在这种情况下会怎么做呢？

道德困境实例

案例4.2　禁止做的事情[7]

1999年，知名的学生团体"学生劳动与经济平等组织"（SOLE）举行了一次抗议活动，之后，密歇根州立大学制定了一部《供应商行为守则》，详细规定了大学所有的卖方需要遵守的重要的行为标准：

密歇根州立大学《供应商行为守则》（摘录）：

总则

密歇根州立大学长期以来承诺要在行为上健全合理、符合道德、担负社会责任。学校会把它的采购政策和它的核心价值观念及其行动结合在一起，并致力于认可和推动基本的人权、合理的员工劳动标准，以及为工人和一般公众提供安全的、健康的和可持续的环境……此外，大学应当做出各种合理的努力，只与那些行为符合本守则中主要标准的供应商签署合约。

主要标准

- 不歧视
- 平权行动（Affirmative Action）*
- 结社与集体谈判的自由
- 劳动标准：工资、时间、假期、童工
- 健康与安全

---

* 在制定各项政策的时候充分考虑到种族、民族、性别等各种因素以促进机会平等。——译者注

- 强迫劳动
- 骚扰与虐待

优先标准

- 生活工资
- 国际人权
- 环境保护
- 国外法律

守约程序

学校与供应商的伙伴关系。学校与供应商理想的关系从本质上来说是伙伴关系，应寻求双方都能认可的重要目标。承认双方的相互独立性，当供应商在执行守则规定的过程中受到指责或质疑的时候，最符合学校利益的回应方式则是：找到解决问题的办法……

2004年11月30日，SOLE向一位特殊的学校供应商——可口可乐公司提交了抗议。在2004会计年度里，校方与可口可乐公司签订了12份总值接近1 300万美元的直接合同或间接合同。SOLE对可口可乐公司的抗议如下：

- 在印度处置生物固体废弃物。抗议声称，瓶装厂的废弃物中含有镉元素和其他一些污染物，它们被当作肥料分给了当地的农民。
- 使用印度的地下水。抗议声称，由于可口可乐公司使用了深度钻井的方式取水，从而导致地下的含水层被吸干；水质开始下降；当地居民使用的水井已经枯竭；由于缺乏足够的灌溉用水，瓶装厂附近的粮食已经歉收。
- 在印度，公司的产品中含有杀虫剂。学生们已经发现，可口可乐公司在印度的产品中被检测出含有杀虫剂，其含量超过当地的和国际的标准。
- 在哥伦比亚的劳工问题。数据显示，哥伦比亚装瓶工人联盟（SIALTRAINAL）的人数正在急剧下降（在过去的十年里大约从2 300人跌至650人）；SOLE声称，当地频繁地发生准军事组织恐吓和迫害联盟领导人及其成员的事件，其中包括绑架和谋杀。SOLE同时也对瓶装厂工人的工作条件表示担忧。

　　《供应商行为守则》争议评审委员会于2005年6月召开会议受理并审议了抗议，同时建议可口可乐公司在2005年9月30日之前同意通过独立的第三方审查来调查该事件。双方在2005年12月31日之前要选出彼此满意的独立审查人员。审查工作必须在2006年3月完成，2006年4月30日之前，校方应得到可以接受的调查结果，并希望可口可乐公司能在2006年5月31日之前提出行为纠正方案。由于在校方和可口可乐公司签署的12份合同中，有一份将在2005年6月30日到期，而另有七份合同将在2005年7月和11月之间陆续到期，所以，截至2006年8月，在SOLE抗议的调查结果还没有出来之前，可口可乐公司被校方正式列入考察期。委员会同时提出建议，在此期间，校方不要再和公司订立新的合同或续签已经到期的合同。校方只会同意在每一条指定的最后限期的时限上做出短期的、有条件的松动，而这要取决于可口可乐公司是否能证明自己已在执行《供应商行为守则》的问题上做出了令人满意的进步。

　　可口可乐公司的处境开始进一步恶化。截至2005年12月，在世界范围内至少有12家机构由于该公司在亚洲和南美洲的侵犯人权事件与其脱离关系。由于可口可乐公司直到12月8日还在拒绝服从独立调查，纽约大学当天就开始在校园中清理其所有的可乐产品。

　　2005年12月30日，密歇根州立大学宣布，从2006年1月1日开始在它的三个校区内中止销售可乐产品，包括自动售货机、宿舍区、自助餐厅以及学生食堂。可口可乐公司的发言人凯利·彼乔胡斯告诉《底特律时报》(Detroit News)："密歇根州立大学是一所重要的高校，我们尊重它们在这件事情上的处理方式。我们还在努力地与校方就一些问题进行磋商以使它们能够相信我们的企业行为。"

　　1. 在案例中，哪些道德标准被违反了？
　　2. 校方在它们的《供应商行为守则》中提出的高标准要求是不合理的吗？
　　3. 如果SOLE没有发起强大的学生活动，你认为校方也应当制订《供应商行为守则》吗？
　　4. 可口可乐公司若想保住与密歇根州立大学的合同，应该做何回应？

企业社会责任背后的驱动力

新环线通信公司（NewCircle Communications）的约瑟夫·基弗（Joseph F. Keefe）断言，企业社会责任（CSR）现象的背后有五种主要的趋势在驱动[5]：

1. **透明度**：我们生活在一个以信息为主导的经济体中，企业的行为已经变得越来越透明。公司无法再藏污纳垢——无论它们做什么（好的或坏的），都会在世界范围内几乎第一时间被知晓。

2. **知识**：向以信息为基础的经济体过渡这一趋势同样也意味着消费者和投资者所掌握的信息会空前地多。他们的识别能力会变得更强，所能施加的影响力也会变得更大。如今，消费者在服装店里之所以选择某个品牌而不是另一个品牌，所看重的可能是各个公司的环保记录以及它们是否与海外的血汗工厂有瓜葛。

3. **可持续性**：随着全球人口的急剧增长，地球的自然系统正处于危机之中，且每况愈下。仅仅在最近的30年里，人类就消耗了地球资源（地球的"天然财富"）的1/3……我们正在快速地临近或者说已经超出了许多自然系统（淡水、海洋鱼类、森林、草原）可持续再生的极限，它们已经无法跟上人口增长的预期步伐……所以，来自各方的利益相关者群体正在给企业不断地施加压力，不断地要求企业证明自己的方案和战略在环境上是健全合理的，对环境的可持续发展是有贡献的。

4. **全球化**：美国历史上最伟大的改革时期出台了《童工法》、《最低工资法》、《八小时工作日法》、《劳工赔偿法》、《失业保险法》、《反托拉斯与证券管制法》、《社会保障法》、《医疗保障法》、《社区再投资法》、《空气净化法》、《水净化法》、《环境保护法》等。所有的这些改革都是政府在干预经济方面所做出的努力，其目的是改善市场资本主义中最无节制的地方。全球化意味着资本主义发展的新阶段，不过，在这一时期还没有适当的公共机构可以通过平衡私营企业利益和更大范围内公共利益的方式来维护社会。

5. **公共部门的失败**：许多（也许不是大多数）发展中国家被功能失调的政治体制统治着，这些体制从不合适的和杂乱无章的到野蛮的和腐败的不等。然而，受这些（千疮百孔的）公共部门之苦的并不只有发展中国家。在美国和其他一些发达国家，公民要求政府变得比过去更小，他们已对这些公共部门失去了信心，认为在社会问题与日俱增的情况下，它们已不再是最好的或最适宜的解决问题的场所了。

即使有这些主要的趋势在驱动着 CSR，但许多企业还是发现，要使学术概念上的 CSR 转化为经营政策上的 CSR 十分困难。具有讽刺意味的是，这种困难不是道德行动本身造成的；许多企业之所以向利益相关者发起那些行动，只是为了证明自己新的企业良心显然不是在操控或策划媒体对企业政策的广泛关注，而这些新的企业良心却又很容易被那些仅仅为了迎合消费者口味的"令人感觉良好"的举措打消掉。

此外，许多 CSR 举措是无法立即给企业带来物质回报的。疑心重重的消费者可能会打算"等待或观望"，看看这些举措是真实的还是企业为了在一时艰难的经济环境中赢得消费者而临时做出的谋划。对于那些一旦进展受阻便从这类试探性举措中"逃之夭夭"的企业来说，这种延缓回应的方式无疑是对企业承诺的一种考验。

那些选择用 CSR 举措试探市场的企业反而容易弄巧成拙、惨淡收场[6]：

● 员工会感觉到，他们为之效力的企业是一家虚伪而冷漠的企业；

● 公众会认为这仅仅是一种做做表面文章的举动——这种企业更在意的是宣传而不是社区；

● 企业会发现 CSR 没多大好处，从而认为无须发展这一概念。

> **进度检测问题**
>
> 9. 列出驱动 CSR 的五种主要趋势。
> 10. 哪种趋势在你看来是最重要的？为什么？
> 11. 解释企业为什么正在努力地采取 CSR 举措。
> 12. 为什么消费者会对 CSR 举措疑心重重？

三重底线

对于那些怀疑这些驱动力的企业来说，可以想想可口可乐公司由于在亚洲和南美洲的企业行为而给自己在美国本土带来的新麻烦。

为了追求经营效率，企业会密切地监控其"底线"——从产品或服务的销售收入中扣除所有的成本之后，企业还能剩下多少钱。如今，为了证明自已对 CSR 有多重视，许多企业都采用年度报告的方式来反映其"三重底线的立场"。在报告中，除了公布其首要的底线——财务业绩之外，企业同时也会交代其在社会与环境作为方面的新进展。"三重底线"（the triple bottom line）这一短语是约翰·艾尔金顿（John Elkington）在其 1998 年的著作《叉食同类：21 世纪企业的三重底线》（*Cannibals with Forks: The Triple Bottom Line of 21st Century Business*）中提出来的，他是知名的企业咨询机构可持续发展力公司（SustainAbility）的合伙创始人。迹象表明，这一概念目前已成为企业界风靡一时的主流观点。如今，你或许能用一种时下流行的首字母缩写"3BL"来证明自己正处在这种新潮流的"最前沿"。（关于对 3BL 更为详尽的评论，请参阅附录 5 中由韦恩·诺曼和克里斯·麦克唐纳在 2003 年所发表的论文。）

从某种程度上说，3BL 有点像"皇帝的新装"。尽管支持企业去追求财务目标之外的社会与环境目标的理念并不是件难事，然而，没有实际的证据可供你评估企业在社会与环境作为方面的成效。如果你赞同那句古老的格言："如果你不能评估它，就无法管理它"，那么，兑现任何 3BL 目标都会变得十分困难。韦恩和麦克唐纳提供了下列情境[8]：

设想某家企业公布了：

(a) 20% 的主管是女性；

(b) 7% 的高级管理人员是"看得见的"监管人；

(c) 把利润的 1.2% 捐给了慈善机构；

(d) 小时工的年度人事变更率是 4%；

(e) 由于排放有毒物，今年已被罚款两次。

现在，如果我们脱离文本来看——例如，不管这家企业有多大，它在何处经营，在它的行业领域内，平均水平是多少——就很难评价这些数据的好坏程度。当然，从社会绩效或道德绩效的视角来看，我们通常会有个大致的概念，即哪个指标高一点或哪个指标低一点一般会比较好。但是，这个大致的概念太过简易，它并不是那种可以被代入收支平衡表然后算出最终净值的数据。

那么，当你不能评估它的时候，你真的还可以找到它的"底线"吗？很明显，许多企业会以完全投机取巧的方式去使用专业术语，即在整个使用过程中前后矛盾。也许,当你正致力于改正先前的错误行为时,那些与 3BL 相关的"令人感觉良好"的专业术语会帮助你得出令人信服的理由。思考一下可口可乐公司在 2004 年公布的如下公民报告[9]:

> 公司一贯致力于以负责的、道德的方式去管理企业。长期以来,我们致力于改善工作环境,保护自然环境,巩固我们所在的社区。这些目的完全符合——实际上也在很大程度上关系到——我们要以高质量的饮品重整市场的重要目标。

如果把上述承诺与案例 4.2 中由密歇根州立大学的学生提出的控诉相比较,我们就会发现,企业社会责任会遇到怎样的挑战。对企业社会责任做出公开的承诺是很容易的,但要真正兑现那些让消费者满意的承诺却是异常困难的。

站在流行的 CSR 一边

相似的"三重"视角也可以以机会主义的方式运用。在这种方法中,许多按自己的意图使用概念的企业已经"站在了流行的 CSR 一边"。基于此,我们可以区分出三种不同类型的 CSR:道德的、利他性的、战略性的。

道德的 CSR 代表了最为单纯或最为正统的一类企业社会责任。在这类 CSR 中,企业所追求的是一种界定明确的社会良心,包括设法尽到它们对股东的财务责任,对当地社区和整个社会的法律责任,以及对所有的利益相关者"做正确事情"的道德责任。

> 道德的 CSR:企业所追求的是对社会良心的一种明确的界定,用来管理它们对股东的财务责任,对当地社区和整个社会的法律责任,以及对所有利益相关者"做正确事情"的道德责任。

这一类企业通常已经把这些信念融入它们核心的经营哲学。像美体工坊(The Body Shop)、本与杰瑞(Ben & Jerry's Home-made)、缅因汤姆(Tom's of Maine)这样的企业,它们创建时的信念就是:企业与消费者之间的关系不必是敌对的,企业应当尊重与所在社区的社会契约关系,尊重它们所服务的公民。

利他性的 CSR 采取的是一种慈善的方式,它以支持特定举措的方式

> **利他性的 CSR**：企业以慈善的方式所采取的一项特殊举措，为的是"回馈"企业所在的社区或特定的国内外项目。

"回馈"企业所在的社区或特定的国内外项目。从道德上的条件来看，这种回馈所用的资金应完全来自股东，但是，这不太可能像麦当劳公司那样，即股东在下一届年度大会上提请把公司用于支持其"麦当劳叔叔之家"的捐赠资金返还给社会。

更为重要的是，这种回馈的处置权在企业手上，因此，对于那些自己本不会同意，却在不知情的情况下支持了回馈理由的个体股东来说，企业往往会使他们陷入尴尬的境地，就像反堕胎运动和枪械管制运动那样。批评者已经指出，从道德的观点看，这种类型的企业社会责任是不道德的，因为如果股东没有机会去投票选择那些以企业社会责任为名义而发起的行动，这就意味着他们的股东权利被剥夺了。

利他性的 CSR 的相关合理性根据建立在这样的基础上：在认可慈善行动时是不用考虑企业的综合盈利能力的。根据伦理学中的功利主义方法，企业不过是在为最大多数人的最大利益服务。

利他性的 CSR 举措通常发生在危机来临或出现了普遍需要的情况下。思考下列事件：

● 20 世纪 80 年代，为了应对艾滋病的扩散带来的日益蔓延的社会忧虑，理查德·布朗森（Richard Branson）的维珍集团向市场上投放了"配偶型"避孕套，他们认为，人们对产品的需要远大于企业对利润的需要。

● 美国西南航空公司通过资金捐赠和员工志愿者劳动的方式支持"麦当劳叔叔之家"。他们之所以这么做，是因为在他们看来，向当地社区进行回馈是企业使命中应有的部分。

● 2004 年 11 月，亚洲遭遇海啸灾害，破坏巨大。壳牌公司主动给救援运输工具提供燃料，并提供了用于救济援助的储水罐。此外，公司还提供了几百万美元的灾害救助金。壳牌公司的员工也做出了大量的捐赠。

> **战略性的 CSR**：企业针对某些项目规划所开展的慈善活动，为的是给企业带来积极的社会关注和良好的名声。

战略性的 CSR 所冒的风险最大，因为它很可能被看作企业的一部分自我服务行为。在这类 CSR 中，慈善性的举动是以给企业带来好名声或信誉为目标的。如果这样做，企业就会一举两得：一方面，企业可以宣称自己在"做正确的事情",另一方面,好名声会带来更多的销量,从而企业可以履行对股东的受托责任。

对于断言"利他性的 CSR 不道德"的那些批评者来说,比较而言,战略性的 CSR 或许在道德上是值得推崇的,因为这些举措会使股东受益,而企业同时也可以实现对股东的受托责任。然而问题是,如果这种双赢的互利不存在,这类企业社会责任的举措还会得到认可吗?

这里的危险在于人们如何看待这些举措。例如,思考福特汽车公司采取的两项举措:

● 福特公司在一项广告宣传上花了数百万美元,目的是唤起人们的安全意识:需要为体重超过 40 磅、身高低于 4.9 英尺(大多数年龄在 4 到 8 岁之间)的儿童提供加高座椅,并且,作为宣传活动的一部分,公司赠送了近 100 万个座椅。

● 在与凡世通轮胎公司(Firestone Tires)展开公共关系论战期间,双方就谁该为福特发现者(Ford Explorer)"翻车"事故负责的问题争执不休,时任福特 CEO 的雅克·纳赛尔(Jacques Nasser)做出了一项公开承诺:拿出 30 亿美元免费为福特发现者换掉 1 300 万个凡世通 AT 越野轮胎。因为他把这些轮胎看作"我们的顾客不能接受的风险"。

如果就上述两项举措的动机进行归纳,那么,我们可以认为,加高座椅的宣传活动走的是一条长期路线,它可以使人们认为福特公司对乘客安全的关心和对司机安全的关心一样多。换轮胎事件也可以用同样的方式来解释,但是,如果凡世通公司断言是福特发现者存在设计缺陷,那么换轮胎事件就不能再被看作一种转移视线的策略了吗?

■ 进度检测问题

13. 解释"三重底线"这一术语。

14. 解释"道德的企业社会责任"这一术语。

15. 解释"利他性的企业社会责任"这一术语。

16. 解释"战略性的企业社会责任"这一术语。

如果"行善得福"在道德上没有错的话,为什么人们不去做呢?在这里,问题的关键必定是消费者的洞察力。如果企业就 CSR 举措做出了承诺,就必须是真正的承诺,而不能是短期的尝试。你可能会在消费者的短期记忆中侥幸逃脱,但绝大多数的消费者会要求你兑现承诺,要求你就自己所广泛宣传的那些举措提供进展报告。

但是,对于那些在履行 CSR 方面名声更好的企业来说,情况又如何呢?例如,让我们想想本与杰瑞公司和美体工坊这两个企业,在 CSR 作为管理界的行话流行之前,两家公司就已经把企业社会良心的概念当作其核心经营哲学的一部分了。正因为如此,它们的良好意图为其带来了美誉:投资者钦佩它们的财务业绩,消费者乐于去它们的商店购物。但是,如果它们的产品质量达不到消费者的期望,它们的生意还会长期兴隆吗?如果消费者不喜欢它们的产品,还会继续光顾吗?这样一来,"行善得福"将只会离你越来越远。

在这种情况下,不能因为企业放弃了对利益相关者的道德责任就指责这些企业及其 CSR 举措,这是不公平的。有时候,即使你在争取最大限度的企业名声时已竭尽全力,但结果可能只是把消费者领进了门。如果产品和服务达不到他们的要求,他们会转身就走。消费者是不会满足于二流的服务或产品的,除非只是为了慈善。所以,你的产品或服务必须达到并最好能超越消费者的预期,并且,如果你能长期这么做(假设你有一个相当称职的管理团队),利益相关者的要求应该就能得到很好的满足。

前沿聚焦

"进货差错"——克莱尔做出了决定

克莱尔决定按照约翰先生的指示,将过期的药品上架。但是,她决定把这些过期的药品放在货架的后方,而在前面放上还在有效期内的药品。她想,即使那些过期药品因为廉价销售而被卖光,那至少也是在没过期的药品被卖光之后。

当天,这种抗过敏的药物卖得最好,到了中午的时候,没有过期的药已经快卖光了。现在,克莱尔必须做出选择:是听从约翰先生的指示,希望没有人会注意到药品的失效期呢?还是冒着不安的顾客会要求去见经理的风险而拿走这些药并就缺货一事做出道歉呢?

几分钟之后，克莱尔想出了一个办法——发放延期卡片(rain checks)*！这天接下的时间里她做的就是登记工作（约翰先生只让她做一些文书工作），如果有人选择了那些过期药物，她就以当日价格发给他们一张延期卡片并致以真诚的歉意。

到打烊的时候，克莱尔已经发出了 6 张延期卡片。克莱尔可以把那些过期药物清出货架了——谁不希望经过一次一日促销之后，东西能卖光呢？好消息是，到第二天下午的时候，新药就会到了。

1. 克莱尔做了正确的事吗？
2. 如果克莱尔不那么做，优品药业公司会有什么后果？
3. 如果约翰先生知道了这件事，你认为他会怎么做呢？

关键术语

利他性的企业社会责任　　企业公民　　企业良心　　企业社会责任(CSR)　　道德的企业社会责任　　工具化方法　　社会契约模式　　战略性的企业社会责任

👉 讨论练习

DDT 杀虫剂[12]

1939 年，一名在嘉基公司 (J. R. Geigy) 工作的药剂师保罗·穆勒 (Paul Muller) 正在研制毛料防蛀的方法。最终他研制出了一种被称作二氯二苯三氯乙烷的白色晶状体粉末，这种药剂对昆虫的杀伤力极大。这就是众所周知的DDT，它是最早的现代综合型杀虫剂，穆勒因此被授予了 1948 年的诺贝尔化学奖。1942 年，嘉基公司向它在纽约的办事处配送了一些药剂。嘉基公司在美国办事处的药剂师维克多·弗洛依里奇 (Victor Froelicher) 将描述该药剂的成分及其惊人特性的资料翻译成了英文，并向美国农业部提交了药剂的样本。

---

* 商家因某商品的备货已卖光而发给顾客的一种卡片，顾客可以凭此卡片在日后以当日价格购买该商品。——译者注

美国军方当时已向农业部指派了寻找防治虫媒疾病方法的任务。在某些部队中,大约有80%的士兵感染上了疟疾。通过数千次的药剂测试,农业部设在佛罗里达州奥兰多市的研究机构发现,DDT最有效。随后,DDT被用于美国在欧洲和亚洲的军事力量,以防治斑疹伤寒、疟疾和其他对联合作战部队具有潜在威胁的各种疾病。DDT极为有效,甚至被认为可以缩短战争时间。

当时,在亚洲、加勒比地区、欧洲以及美国南部地区,疟疾肆虐。每年有数百万人死于该病。由于DDT的药性在战争年代得到了有效的证明,它开始作为杀虫剂被广泛地运用于世界各地。DDT能够大面积有效地防治虫害,由于它不易快速分解,所以通常无须重复使用,并且,因为它不具备水溶性,所以即使在下雨的时候也不会将其冲洗掉。农民和房主用DDT来保护农作物和灭杀那些恼人的昆虫以及传播疾病的害虫。国家则用它来保护自己的人民。在1931—1932年间,仅南非的夸祖鲁纳塔尔一省就有超过22 000人死于疟疾。而到了1973年,整个国家由于感染疟疾而死亡的人数只有331例。到了1977年,南非仅有一人因患疟疾而丧生。

药剂制造商们前所未有地大量生产DDT。最大的DDT生产商之一蒙特罗斯化工股份有限公司(Montrose Chemical Corporation)于1942年开始投产。然而,阴影也开始慢慢出现。1962年,雷切尔·卡逊(Rachel Carson)出版了《寂静的春天》(Silent Spring)一书,书中披露,大量使用DDT与鸟类、鱼类的死亡有关联。由于DDT在环境中的耐存性,它会对鱼类造成直接的毒害作用,并对鸟类具有间接的毒害。它容易积累在脂肪组织当中,并且,越是在食物链的上方,就越容易聚集。许多猛禽无法再繁衍后代了,由于蛋壳过薄,它们所产的卵无法在孵化期存活下去。随后,DDT开始出现在人类的母乳中。也有材料指责DDT容易致癌,但对这一问题专家们的意见并不一致。

对DDT负面影响的忧虑在不断增加,直到1972年末,美国的环境保护部门才开始禁止使用DDT,这离《寂静的春天》的出版已过去了十年之久。然而,美国以外的国家仍在生产和销售DDT。蒙特罗斯化工股份有限公司仍在向非洲、印度和其他国家出口DDT,一直持续到1982年。古巴

第四章 企业社会责任

在1970年,波兰在1976年,加拿大和智利在1985年,韩国、列支敦士登和瑞士在1986年,相继开始禁用DDT。该产品还被欧盟、墨西哥、巴拿马、斯里兰卡、瑞典、多哥及其他许多国家禁用。在DDT被禁用30年之后,如今,仍然能在美国的大湖区发现它的化学残留物。

讨论题

1. 蒙特罗斯化工股份有限公司在生产并向公众出售DDT的过程中,违背了哪些道德标准?
2. 蒙特罗斯化工股份有限公司本应当采取其他做法吗?
3. 美国环境保护部门出于DDT的危害在国内禁用该产品之后,生产并向其他国家销售DDT是道德的吗?
4. 环境保护部门在禁用DDT这件事上做出了正确的选择吗?
5. 在发现了DDT的危害之后,应当取消穆勒的诺贝尔奖吗?
6. DDT拯救生命的功效值得以牺牲环境为代价吗?

复习问答

1. 就你所选的某企业的CSR政策做出评价。你能分清这些政策是道德的、利他性的、战略性的,还是三者的结合吗?举一个例子来说明。

2. 某企业的CSR政策会影响你去选择它的产品或服务吗?为什么?

3. 本与杰瑞公司和美体工坊都已经被大公司收购——联合利华在2000年以3.26亿美元收购了本与杰瑞公司,欧莱雅在2006年3月以11.4亿美元收购了美体工坊。你认为这会影响它们的CSR政策吗?如何影响?为什么?

4. 想想你当前所在的企业(或者你曾经工作过的某个企业)。它们可以做出哪些更有社会责任的举措?你会如何建议企业去做这方面的改变呢?

复习测验

环球石油公司的麻烦

在过去的五年里,作为企业能源发展战略规划的一部分,环球石油公司为了掌控未来的石油储备能力,在一些非洲国家进行了战略性的资本投资,尽管这些国家正处于政治体制动荡不定、部族关系高度敏感的历史阶段。在每一项投资中，环球石油公司都把大量工作的重心（以及公众宣传）放在了让企业成为地区"伙伴"或"好邻居"的任务上，并对当地的基础设施建设、学校及医疗设施建设给予了大量的捐助。

经过15年的逐级升迁，乔恩·班尼特（Jon Bennett）终于登上了环球石油公司非洲地区企业社会责任总监的位置。身为CSR总监，班尼特的职责可以用一句话来概括：让环球石油公司每个项目所在地的当地人都感到满意。由于公司制定的战略性项目为数不多，支持这些项目的CSR经费却又十分充足，因此，这一目标的实现并非难事。考虑到班尼特为推动环球石油公司所有社区项目所做出的贡献，他自然而然地受到了当地媒体的追捧。然而，在最近的9个月里，一个特殊的地区开始越来越频繁地出现在班尼特的每日事件报告中。

最先允许环球石油公司进入其领地的是欧顿居民，公司在该地区建立的一些社区项目也为当地居民的社会福利带来了一些改观——包括提供了某些预防性的医疗保健服务，改善了供水条件，为儿童建了几所学校，此外，还为那些越来越多地从传统农耕工作转向收入更高的油驳船工作的男劳力提供了固定的工作。然而，所有那些对环球石油公司来说可以带来利润的好处却对欧顿居民造成了许多负面的影响：环球石油公司的几次油轮漏油事故已经严重破坏了当地的沿海水质，意外事故的报道不断增加，对那些有意与当地新闻记者就环球石油公司的商业活动进行讨论的员工进行恐吓的报道也在不断增加。当地媒体对环球石油公司各类"好邻居"项目频繁的正面报道不断地暗示着理想和现实之间的差距。

欧顿居民开始在炼油厂门外集会抗议，小规模地破坏财物，以此来表达自己的不满。渐渐地，他们的举动引起了媒体的关注，最终还引起了一个环境与人权组织的关注，该组织开始把欧顿居民的遭遇向世界各地的成员散布。更多的关注带动了局势的发展。集会抗议开始愈发喧嚣，破坏的财物也更加贵重。很显然，群众的情绪在升温。

两星期之后，该人权组织的一位领导人在欧顿地区的一个偏远地方遭到了严重的殴打。此人的伤势一直没有好转并在一个星期后死去。媒体做出的回应相当迅速且极为消极，并根据不同的视角指控（没有任何证据）环球石油公司直接或间接地涉及这一事件。

第四章　企业社会责任

顷刻之间，乔恩·班尼特在当地的名声一路下滑。"好邻居"突然变成了恶霸。环境与人权组织迅速造势开始联合抵制公司的产品及其所有客户和供应商。班尼特在环球石油公司总部的老板急需他的交代与行动——尽快！

班尼特做了他一贯最擅长的事——运用他的媒体关系。为了应对明显的紧急局势，他发起了一项新的举措——"为了欧顿居民的行动计划"——在这项计划中，他保证，作为环球石油公司的管理人员，他会清理掉所有的油轮漏油，处置对当地员工的所有恐吓，并进一步增加环球石油公司在该地区的社区项目。总之，他承诺会解决欧顿居民对环球石油公司的所有申诉，但是，尽管公司信誓旦旦，保证中却并没有特别地交代完成的期限。为了节省时间并给他的举措带来最大的公众效应，班尼特在环球石油公司地区总部召开的新闻发布会上宣布了他的新举措。然而，没有一个欧顿居民在新闻发布会之前获悉这项新举措，也没有一个欧顿居民被邀请去参加会议。

环境与人权组织的活动家们立即宣告了胜利，并把注意力转移到世界上其他地区干坏事的企业身上去了。班尼特继续着他的工作。但在第二天早上，炼油厂门前的集会抗议规模变得比以往更大、声音更加嘈杂……

1. 在案例中，环球石油公司犯了什么样的道德错误？

2. 班尼特犯了什么样的道德错误？

3. 在道德的 CSR、利他性的 CSR 以及战略性的 CSR 中，环球石油公司的社区项目属于哪一种？解释你的答案。

4. 除了这种方法之外，环球石油公司还能以什么方式处理这些事情？

第五章 公司治理

> 当一个冒充内行的骗子领导一家企业的时候，他报的利润就会被随意地扭曲。
>
> ——沃伦·巴菲特

教学目标

1. 解释公司治理。
2. 解释首席执行官、首席财务官、首席运营官的角色。
3. 理解董事会的角色和职责。
4. 理解下列各委员会的职责：审计委员会，薪酬委员会，公司治理委员会
5. 理解下列两种治理方式的差异："服从或解释"和"服从与否"。
6. 为某一企业制定适宜的公司治理模式。

前沿聚焦

"罪证"

马科是当地一家大型法律事务所的律师助理。事务所刚刚接洽到了一个非常重要的新客户——化学集团公司，这是当地最大的一家企业。

马科在事务所里的职业前景看来会有一次重大的飞跃，因为他被分派给了律师事务所中一位高级合伙人大卫·科林斯做助手，而科林斯正在着手准备为化学集团公司的一起诉讼案做辩护，起诉是由该公司的一批股东提起的。

起诉声称，化学集团公司的高管层知道公司第二季度的财务业绩会远远低于华尔街的预期，他们也知道这一消息很可能会导致公司股票价格的急剧下滑。这些股东认为，由于公司的股票价格极有可能会低于董事会授予高管层的股票认购权价格，从而使那些认购权变得一文不值，所以，为了不让这一切发生，企业的高管层一边"篡改"公司真实的财务数据，一边抛出自己的公司股票，而且，他们一直改到可以出清手上所有的股票认购权为止。

马科对这个案子的重要性有着清醒的认识，与科林斯一起共事的前景也使他感到非常兴奋。他的第一项任务就是检查公司高管层进行股票交易的所有记录，以确切地知道他们行使股票认购权和抛出股票的时间。深入而细致的检查工作预计要花去几天的时间。

到了第三天的时候，马科偶然发现了一封科林斯写给化学集团公司CEO的电子邮件的副本。因为这封信与公司的股票交易没什么关系，所以马科估计这封电子邮件是归错了档，于是打算把它放在另一堆文件中以便日后重新归档。然而，当他这么做的时候，邮件中一个被加了黑并加了下划线的单词抓住了他的眼球——"有问题的"。在读完信件全文之后，他了解到，科林斯正在建议化学集团公司的CEO"要确保所有对案子来说'有问题'的电子邮件和书面材料被立即销毁。"

1. 哪个委员会可以向化学集团公司的高管层授予股票认购权？参阅97页上的图5—1寻求更多的信息。

2. 那封电子邮件暗示了化学集团公司的CEO其实对公司将要发生的

第五章 公司治理

> 事情有着清醒的认识。你认为公司的董事会能意识到高管层的这些举动吗？在化学集团公司中，哪个委员会对监督公司的道德实践负有责任？
>
> 3. 马科如今该怎么做？

公司治理

由于媒体的广泛报道，近来的企业丑闻已引起很高的公众关注，如果我们仔细地想想每一件丑闻，一些疑虑就会油然而生：

- 谁在决策？
- 那些高级管理人员是如何摆脱这些丑闻的？
- 企业难道不应当具备一个审查和协调系统去防范这类行为吗？
- 什么时候企业的 CEO 突然变得对任何人都不用负责任了？

在寻找这些问题答案的过程中，我们会涉及这样一个问题：谁是企业中真正的权威？也就是说，谁最后说话管用？换句话说，管理一家企业和管理我们的社会用的是同一种方式吗？如果不是，这些不道德的企业行为应当就是一种证明吗？

公司治理是引导和控制企业的某种过程。但是，当我们问及"谁"在控制着公司，以及为了"谁"在控制公司的时候，情况就会变得比较复杂。大企业的前身往往都是单一的法律实体，企业的所有者和经理人一般是同一个人。随着企业的发展壮大，富裕的所有者就开始雇用职业经理人代表自己去管理企业，这样就会出现一些有趣的问题：

> 公司治理：指导和控制企业的经营管理体系。

- 企业的所有者会相信经理人是为了所有者的最大利益去管理企业吗？
- 经理人如何对自己的行为负责？
- 作为不在场的所有者，你怎样才能保持对这些经理人的监控呢？

随着单一的企业实体的发展，企业可以从个体股东那里吸纳资金来发展企业的经营。这些个体股东的介入会降低企业原始股东的所有权份额，这样就会产生一个经理人需要为之负责的新的集团公司。随着企业规模的不断扩大，当一些养老基金和其他的机构投资者开始大量购买企业的股票时，个体股东的潜在影响力就会日渐消失，于是，经理人就需要对那些更有实力的"所有者"负责。

除了要对企业所有者的利益负责之外，经理人还要担负起对公众利益——更确切地说，对利益相关者——的责任，也就是企业的消费者、供应商、所在的州和地方性实体，以及企业所在的社区。

因此，公司治理关系到企业应该在多大程度上承担对所有这些人的义务。理想地说，应该有一些适当的运作机制去监督企业的行为，并且当企业无法达到预期成效的时候，这些机制能够引导正确的行动。[1]

公司治理是董事会用来监督经理人管理企业的方式，是董事会成员如何依次对股东和企业负责的问题。这牵涉企业对员工、股东、消费者以及银行的行为。良好的公司治理在支撑金融市场的诚信与效率方面扮演着重要的角色。不良的公司治理会削弱企业的发展潜力，而最差的公司治理可能会导致企业的财务困难甚至引发欺诈行为。如果企业能够得到很好的治理，它们通常就会胜过其他的企业，并会吸引投资者为企业的未来发展买单。

公司治理看起来像什么？

企业的所有者（图5—1的顶端）会以购买企业股票的方式向企业提供股本或风险资本。他们通常都是些零散的群体，包括个体性的大众股东、私人大股东、私人的和公共的机构投资者、员工、经理人以及其他一些企业。

董事会是受雇负责监督公司治理状况的一群人，由年度股东大会上投票选出。董事会的实际权力可以在不同的机构之间相互转化，可以从一个密切监督企业管理的权力单位转化成一个专门审批CEO和高管层决策的"标志性"实体。

从理论上讲由企业的所有者选出，以代表他们的利益并有效地管理企业。被选出的董事都有特定的服务年限。董事会一般由内部董事和外部董事组成——内部董事把持着企业中的管理职位，外部董事则不是。不过，外部董事这一术语常常会误导人们，因为某些外部董事——如债权人、供应商、客户、专业顾问——可以与企业有着直接的联系。

审计委员会由董事会成员出任，外加独立董事或"外部"董事。审计委员会的首要职责包括监管企业的财务报告过程，监督企业的内部控制（例如管理人员有多大的开支权限），监督会计方针和会计程序的选择，以及在制作企业财

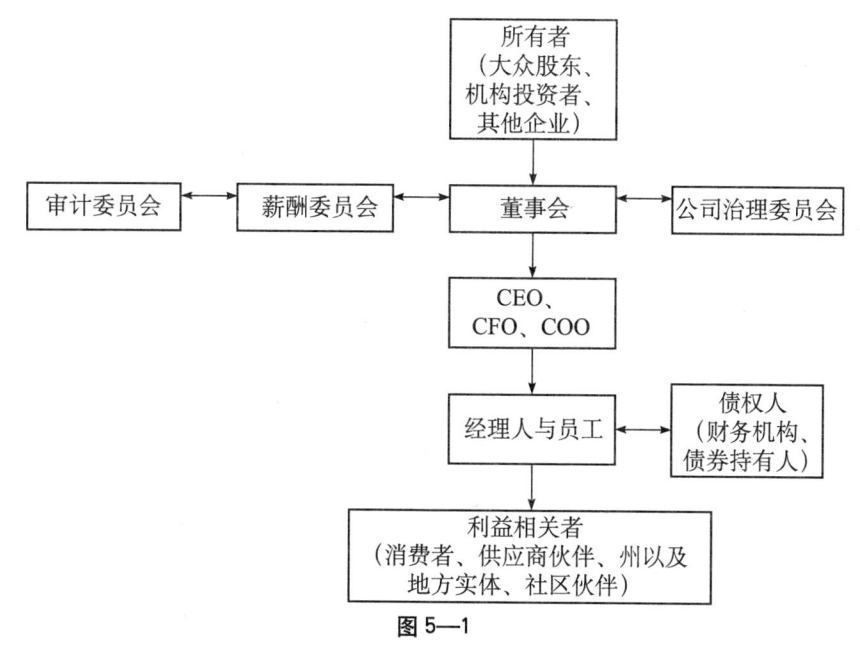

```
                    ┌──────────────┐
                    │   所有者      │
                    │ (大众股东、   │
                    │ 机构投资者、  │
                    │ 其他企业)    │
                    └──────┬───────┘
                           │
┌────────┐   ┌────────┐  ┌─▼──────┐   ┌──────────────┐
│审计委员会│◄─►│薪酬委员会│◄─►│ 董事会 │◄─►│ 公司治理委员会 │
└────────┘   └────────┘  └─┬──────┘   └──────────────┘
                           │
                    ┌──────▼───────┐
                    │    CEO、      │
                    │  CFO、COO    │
                    └──────┬───────┘
                           │
                    ┌──────▼───────┐   ┌──────────┐
                    │  经理人与员工 │◄─►│ 债权人    │
                    │              │   │(财务机构、│
                    │              │   │债券持有人)│
                    └──────┬───────┘   └──────────┘
                           │
                    ┌──────▼──────────┐
                    │   利益相关者     │
                    │(消费者、供应商伙伴、州以及│
                    │  地方实体、社区伙伴)    │
                    └──────────────────┘
```

图 5—1

资料来源：Fred R, Kaen, A Blueprint for Corporate Governance，New York, AMACOM, 2003.

务报表的过程中监管外部审计人员的聘任与业绩。

薪酬委员会也是由董事会成员外加独立董事或"外部"董事组成的一种管理委员会。该委员会负责为 CEO 和其他的高级管理人员设定薪酬。这类薪酬一般包括基本工资、绩效奖金、股票认购权和其他的额外津贴。而企业员工的薪酬政策则由管理层进行监管。

公司治理委员会的出现更为公开地证明了企业对道德实践的承诺。该委员会（由董事会成员与专家出任）负责监督企业的道德业绩，监督对企业内部伦理守则的遵守情况以及对所有联邦政府和州政府的企业行为管理条例的遵守情况。

■ **进度检测问题**

1. 定义公司治理。
2. 说明 CEO、CFO、COO 的职责。
3. 说明董事会的职责。
4. 什么是"外部董事"？

公司治理的由来

随着近些年来企业丑闻的频频出现，对公司治理问题的争议已达到了新一轮媒体关注度的高峰，但实际上，对这一话题本身的关注已经持续升温不下十年了。

在1992年，为了回应公众对英国几家备受瞩目的企业中董事薪酬问题的疑虑，阿德里安·卡德伯里爵士（Sir Adrian Cadbury）在英国成立了一个委员会，其主旨是"财务方面的公司治理"。随后不久，国际商业信贷银行（Bank of Credit and Commerce International, BCCI）和出版业巨头罗伯特·马克斯韦尔爵士（Sir Robert Maxwell）涉嫌卷入财务丑闻，致使公众更加期待该委员会的报告。在报告的行动纲领中，卡德伯里概述了委员会在新近的公司治理议题上的立场[2]：

《最佳实践守则》（Code of Best Practice）是委员会推出的核心对策，其目的在于使企业行为达到必要的高标准要求……通过对该守则的遵从，上市公司既可以加强它们对业务经营的控制，也可以强化它们对公众的责任。照此行事，企业就可以在满足当下所期望的公司治理标准和维系重要的企业精神之间达成良好的平衡。

《卡德伯里报告》发布两年之后，公众的注意力开始转向南非，在那里，一位名叫金（Mervyn King）的前高等法院法官兼企业律师所组建的委员会在1994年出版了《金的公司治理报告》（King Report on Corporate Governance）。区别于卡德伯里的报告对企业内部治理的关注，金的报告"加入了一个有关企业实践与企业行为的守则，该守则超越了企业自身的视野，把企业对更大范围内的社区影响考虑在内"。[3]

被人们所熟知的《金的报告1》（1994）超越了卡德伯里报告中对财务责任与调控责任方面的关注，对公司治理的议题做了更为全面的审视，包括了企业在有效而适当的经营过程中涉及的所有利益相关者——股东、消费者、员工、供应商伙伴以及企业所在的社区。[4]

不过，即使在《金的报告1》已被广泛地看作提倡公司治理最高标准的情况下，委员会还是在八年之后推出了第二份报告，也就是《金的报告2》。

该报告正式承认,"利益相关者模式"需要向前推进,为了反对传统的、单一的盈利底线,需要考虑一种"三重底线"的模式。三重底线模式承认企业活动有经济方面、环境方面以及社会方面。《金的报告2》中的部分内容如下[5]:

> 在21世纪的世界范围内,成功的公司治理需要企业采取一种包容的、非排外的方式。企业在制度上的行为必须是开放的,而且要更加注重在可持续发展与非财务方面的业绩。董事会必须使所有的行动或失职行为都接受公正、责任、义务与透明度等方面的检验。董事会不仅要对企业负责,同时还要担负起对特定的利益相关者的责任。企业既要遵从公司治理原则,又要在自由企业的市场经济中做出成绩,为此,企业必须有效地协调两者之间的关系。不过,这对于每个企业来说都是不尽相同的。

"服从或解释"还是"服从与否"

卡德伯里报告主张一种"**服从或解释**"的公司治理方针,根据这一方针,企业可以在它们的公司文件(例如,企业的年度报告)中交代治理标准的执行情况或解释无法执行的原因。就此而言,该方针给企业提供了很大的弹性。但是,对无法执行的原因解释往往是含糊其辞的,而这类解释又可能被轻易地掩埋在年度报告的补充说明之中,因此,这不禁使人感到疑惑:"服从或解释"方针是否真的会对公司治理大有作为。

> "服从或解释":是指一套指导方针,要求企业要么服从一套经营标准,要么解释为什么做不到。

报告出台后发生的一连串的财务丑闻使"服从或解释"方针招致了批评。批评者认为,该方针显然对企业毫无威慑力。由此,他们主张转向一种更为严格的"**服从与否**"方针,对于那些不执行的企业给予高昂的财务处罚。2002年颁布的《萨班斯-奥克斯利法案》(见第六章)就被认为是采取了这种方针。

> "服从与否":是指一套指导方针,要求企业要么服从一套经营标准,要么接受高昂的财务处罚。

> ■ 进度检测问题
>
> 5. 哪两桩丑闻激起了公众对1992年《卡德伯里报告》的极大关注？
> 6. 解释卡德伯里鼓励企业追求的"良好的平衡"是什么？
> 7. 说明《金的报告1》和《金的报告2》之间的区别。
> 8. 说明"服从或解释"和"服从与否"之间的区别。

"获悉内情"还是"毫不知情"？

> 人们不能说在老牌的世通公司那里，权力在相互制衡和过度集中之间协调得不够充分。确切地说，令人沮丧的事实是，那里根本就不存在相互制衡。
>
> ——布瑞登（R. C. Breedon）[6]

也许，除了公司治理委员会之外，那些因为行为不端而受到指责的企业都具备如图5—1所示的公司治理模式。如果问一问这些企业的董事，或许他们都有相似的经历：企业高级管理人员的大量欺诈行为不是搞得他们"不知所措"，就是使他们一直"蒙在鼓里"。

对于那些为自己的养老金寻求可靠企业的投资者来说，这意味着什么呢？对于那些寄希望于高级管理人员能够给企业带来美好前景的员工来说，这又意味着什么呢？

如果所有的企业都具备适当的治理模式，失察的情况又从何而来呢？是模式本身出了问题，还是模式中的人出了问题呢？思考下面的两个实例，它们恰好直接说明了这些行政监督者有着多大的职权。

道德困境实例

案例 5.1 两个董事的故事

在过去的几年里，在企业丑闻（安然，世通，泰科等）充斥媒体的阴霾之下，美国两家最大且最知名的企业也发生了戏剧性的董事会事件，又一次给实践中的公司治理提供了不光彩的实例。波音公司似乎总是危机不断,直到企业的"救世主"因为自己在道德上的言行失察而离职之后,危机似乎才得以结束。迪士尼公司在"公正"与"强权"之间上演了一场经典的权力斗争,十分不满的董事们对一个执掌公司20年之久并拥有着绝对权力的CEO的行为怨声载道。[7]

迪士尼公司

从迪士尼公司的经验中得出的教训似乎是,只要像迈克尔·艾斯纳(Michael Eisner)那样精明而专横的人身居首位,世界上再好的治理规则有时也会变成一纸空文。要看艾斯纳的公司治理方式,最好的方法就是看看他和迪士尼公司董事会的关系[8]:

- "尽管迪士尼公司的内部章程规定董事会主席由董事会来选聘,但是,无论是薪酬委员会还是迪士尼公司的全体董事都没能在艾斯纳和迈克尔·奥维茨(Michael Ovitz)之间选谁担任主席一事达成一致。"[9]
- 到了奥维茨离职的时候,艾斯纳的股票认购权已使他成为企业的第二大个人股东,相比之下,甚至连罗伊和其他迪士尼家族的成员都显得黯然失色。只有巴斯家族在企业中的股份比他多。
- 就在艾斯纳的个人股权不断增长的同时,他孤立董事,让他们做出妥协,剥夺他们所有实际的监管职能,以此来加强自己的权力。
- "迪士尼公司声称,企业的另外12名董事是'独立的',这是说他们并不为企业效力。但是,对'独立性'作出如此狭隘的解释简直就等于白说。"
- "欧文·拉塞尔(Irwin Russell)是艾斯纳的私人律师,他负责为艾斯纳的利益进行劳资合同谈判。他在职业上有忠诚于艾斯纳的义务,但同时也有忠诚于公司股东的义务。然而,拉塞尔也是迪士尼公司薪酬委员会的主席。(令人难以置信的是,在艾斯纳劳资合同谈判期间,拉塞尔代表着艾斯纳,而迪士尼公司则由雷·沃森代表)。董事会里的每一个人似乎都认为拉塞尔天生就是一个正直无私的人,所以没有一个人对这种明显的利益冲突提出任何的质疑。"
- 董事罗伯特·斯丹恩(Robert Stern)是艾斯纳的私人建筑师。由于从迪士尼公司获得了大量的设计工作而蒙恩于艾斯纳，其中包括设计新的卡通建筑物。

● 瑞维塔·博额斯是西好莱坞久负盛名的早教中心的校长。艾斯纳的几个孩子以及迪士尼公司其他高级管理人员的孩子都在这所学校就读，因此，他们就向学校捐赠。

● 乔治敦大学（Georgetown University）的校长李奥·多诺万（Leo O'Donovan）是一名耶稣会的信徒。艾斯纳的儿子布瑞克（Breck）从乔治敦大学毕业之后，艾斯纳就任命多诺万为公司的董事。他同时还向乔治敦大学捐赠了100万美元，他的基金会也对学校的一项奖学金提供了资助。

● 除了自己在迪士尼公司的董事年金之外，乔治·米切尔（George Mitchell）还从公司挣了5万美元的律师咨询费。他的律师事务所代表迪士尼公司在各类官司中挣了数十万美元的法律费用。

● 机构投资者委员会（Council of Institutional Investors）敦促迪士尼公司的股东停止与艾斯纳于二月份签署新的劳资合同——却只得到了12%的赞成票。一年之后，艾斯纳行使了他在迪士尼公司的股票认购权，税前总值达5.65亿美元，再次使他赢得了美国最高薪酬CEO的称号。

● 面对众多批评，艾斯纳不以为然："绝大多数的CEO并不理解娱乐业这一行当。他们搞不懂我们的问题。如果他们把时间和精力都花在我们公司身上，那么他们在自己的公司里都干什么了？我没有把薪酬看作一笔财产。我更愿意看到幼儿园里的老师教会我的孩子说出我们公司的产品。"[10]

波音公司

就波音公司而言，即使有良好的治理政策和一个强大而独立的董事会，也无法阻止企业接二连三的惨败。哪怕董事会里塞满了像美前参谋长联席会议主席约翰·沙里卡什维利（John Shalikashvili）和3M公司的老板詹姆斯·迈克纳尼（James McNerney）这样著名的人物，哪怕这个董事会在治理专家和活跃的股东中享有良好的声誉，波音公司还是接二连三地犯下道德方面的错误：

● 2003年的夏天，有人揭发波音公司持有竞争对手洛克希德·马丁公司的 25 000 份企业内部文件。为此，洛克希德公司开除了窃取情报的两名职员。此二人后来遭到了起诉，美国司法部也展开了更大范围内的调查。为此，美国五角大楼取消了与波音公司签署的总值超过 10 亿美元的合同。

● 2003 年 11 月，波音公司的首席运营官迈克·希尔斯（Michael Sears）因行为不端而被解雇。他"违背了公司的政策，与政府官员达琳·德鲁扬（Darleen Druyun）私下商议她跳槽到波音公司一事，而那时的德鲁扬却还在负责从公司采购空中加油机的事务。"德鲁扬后来加入了波音公司，但最后与希尔斯一道被解雇了。

● 2003 年 12 月 1 日，菲尔·康迪（Phil Condit）辞去了波音公司的董事会主席和首席执行官的职务。他解释说："问责应从高层开始。"因为他的指定继任者迈克·希尔斯早先就被解雇了，所以公司请回了董事会前副主席，67 岁的哈里·斯通塞弗（Harry Stonecipher）重掌大局。在波音公司和麦道公司于 1997 年合并之前，斯通塞弗掌管着麦道公司。他被看作这样一个人，他"可以一边在公司里冷静地做着决策，一边闲扯着五角大楼里高级将领的轶事。"

● 2005 年 3 月，在波音公司的董事会得知了斯通塞弗和一位"不直接向他报告的"女职员的绯闻之后，斯通塞弗被迫辞职。证据显然是被公司的监管软件发现的，这是一种使用特殊关键字来"标记"电子邮件的软件。[11]

1. 艾斯纳是如何做到在迪士尼公司大权在握的？
2. 股东的最大利益就是让企业的 CEO 大权在握吗？解释你的答案。
3. 在案例中，波音公司的治理政策看上去似乎没什么作用——这是为什么？
4. 菲尔·康迪辞去了董事会主席与 CEO 的职务是在"做正确的事"吗？解释你的答案。

董事会主席和 CEO

本章开头的公司治理模式已经表明，董事会成员应当是由企业的股东选出的。然后，董事会再选出一个主席。不过，正如我们在案例中所看到的，就像艾斯纳如国王般治理迪士尼公司的方式那样，这种模式通常都会被忽视。

完全漠视这种模式的第一步就是让一个人同时兼任 CEO 和董事会主席的角色。在这种情况下，本该由董事会提供的监督职能就会失去效力，而企业的经营重点也会从长期视角（在董事会成员为期两年的合同年限内）切换到短期视角，这样一来，CEO 就只会把目光聚焦在下一季度的财务数据上。

热衷于把两种角色合二为一的理由之一是效率——把董事会的领导权和高级管理层的领导权交付于一人，潜在的冲突就会被最小化。同时，让了解企业内部运转的人来管理企业会给董事会带来好处——这比让一个需要"跟上进度"的外来人士管理企业要好。

反对把两种角色合二为一的理由是出于道德方面的考虑。如果企业的治理被集于一人，就排除了"相互制衡"的过程，而这一过程是设立董事会的首要原因。正如我们在迪士尼公司的案例中见到的那样，随着时间的推移，CEO 会慢慢地和董事会成为"朋友"。这样一来，董事会对 CEO 制定的政策就会少有批评，从而更乐意提供越来越多的薪水和福利——还有什么能比这更容易使 CEO 成为这个国家里薪酬最高的 CEO 呢？当一个例行公事的董事会认同 CEO 的每一项要求时，CEO 就会变得独断专行。这样，董事会的独立性就会大打折扣，而股东的权力就会被最小化。从而，CEO 就会去追求那些在短期内可以使企业股票保持高价位的政策（使股票价格达到最高，直到他可以兑现他的董事会朋友们在最新的合同中赋予他的股票认购权），而根本不会顾及企业的长期稳定性——毕竟，这或许是另一任 CEO 到时要管的事。

> ■ 进度检测问题
>
> 9. 热衷于把董事会主席与 CEO 两种角色合二为一的理由是什么？
> 10. 反对把董事会主席与 CEO 两种角色合二为一的理由是什么？
> 11. 解释在公司治理当中，长期视角和短期视角的差异。
> 12. CEO 和董事会成员成为朋友和业务上的熟人是不道德的吗？为什么？

有效的公司治理

对于有效的公司治理来说，企业必须具备适当的机制去监督组织的长期发展战略，同时还要监督那些对执行这类战略负有责任的相关人等的委任工作。对这些重要员工的委任工作不可避免地会涉及对他们的选拔、对他们持续的业绩评估及规定他们的薪酬。

要履行这些责任，仅仅有职务说明和用来规定不同委员会职责和权限的内部章程是不够的。要实现真正有效的公司治理，董事会应该遵循下列六个步骤[12]：

1. 营造一种信任和公正的氛围。为了成功地实现企业目标，董事会和高级管理人员之间应该在工作中相互合作，两者之间的关系不应是对抗的，董事会不应被看作 CEO 实现战略远景的障碍。

2. 培育一种公开不同意见的企业文化。应接受开诚布公的讨论和批评，而不应是艾斯纳在迪士尼公司任职期间的那种所谓例行公事般的态度。不同的意见可以确保提案的所有方面都能接受彻底的讨论和批评。

3. 调换角色。职务轮换可以避免角色定型，要有意识地努力在不同的角色之间进行转换，这样就可以确保所有的重要建议在提交董事会之前都能得到积极的讨论。

4. 保证个人问责制。例行公事会造成集体冷漠——如果你只是在随大流地进行投票，会有责任感吗？如果某项重要的战略性举措产生了不良后果，所有人都应当认为自己是有责任的——这就会杜绝"不知所措"或"毫不知情"等托辞。

5. 让董事会去物色具有领导才干的人。董事会成员应当在企业中积极地物色当前职位上的未来领导人，而不是到职位有空缺的时候再简单地坐等他们的出现。

6. 评估董事会的业绩。许多批评者把美国的董事会席位比作英国的终身贵族头衔——也就是说，只要你在职业生涯中已经有所作为或名声在外，你就会赢得"贵族"的头衔，此后也就无须再对你的贡献和业绩做任何进一步的评估了。但是，有效的公司治理却需要每一个与该过程有关的人都能做出更多的成绩。

诊断董事会的 22 个问题

沃特·塞尔门（Walter Salmon）拥有 30 年以上的董事职务经验。在 1993 年发表于《哈佛商业评论》的一篇论文中，塞尔门更进一步地提出了评估董事会质量的 22 个问题：

如果对这22个问题的回答都是肯定的,那么你们的董事会就是一个正面的典范:[13]

1. 每有一个内部董事,就有三个或更多的外部董事吗?

2. 内部董事只限于 CEO、COO、CFO 吗?

3. 董事会成员是否定期与不在董事之列的高级管理人员会晤?

4. 董事会的规模是否合理(8~15人)?

5. 非管理部门的审计委员会在负责企业审计事务的过程中有权指定合作伙伴吗?

6. 审计委员会是否会定期审查具有"高风险"的领域?

7. 薪酬顾问是否向薪酬委员会而不是公司的人力资源部门汇报?

8. 即使公司为 CEO 制定的薪酬方案不同于行业内的标准,薪酬委员会有足够的勇气根据长期的业绩为 CEO 制定薪酬方案吗?

9. 执行委员会的活动是否充分包括防止"双重"董事会出现的任务?

10. 外部董事每年都会审查高级管理人员的任免方案吗?

11. 外部董事每年都会对 CEO 的能力、弱点、目标、个人方案以及业绩进行正式的评估吗?

12. 由提名委员会而非 CEO 来负责寻找新的董事会成员并邀请候选人参与选举吗?

13. 外部董事有条件更改 CEO 拟订的董事会议程吗?

14. 企业是否提前向各董事呈报相关的常规资料以及对关键议题的分析资料,以帮助董事作会议准备?

15. 除了管理部门的长篇大论外,董事会留有足够的时间进行深入的讨论吗?

16. 外部董事是否定期召开没有管理层出席的会议?

17. 董事会是否从规划周期的一开始就积极地参与制定长期的经营战略?

18. 无论是在实践中还是在理论上,都是由董事会而不是现任的 CEO 来挑选新的 CEO 吗?

19. 董事的某些薪酬至少是与企业的业绩相挂钩的吗?

20. 董事的业绩会定期得到考核吗?

21. 是否限制了不称职的董事再度竞选?

22. 是否采取了正确的方式增进董事之间的相互信任?

> **道德困境实例**
>
> ## 案例5.2 理查德·格拉索
> ## 与纽约证券交易所
>
> 仅仅在一年以前，57岁的纽约证交所主席理查德·格拉索（Richard Grasso）还拥有华尔街上任何一个CEO都想要的一切：一个无条件拥戴他的董事会，因良好管理而获得的市场优势，尤其是，一笔丰厚的年薪。但是，当格拉索那令人吃惊的1.88亿美元的薪酬被披露后，无论是他那软弱的董事会，还是他有意退还4 800万美元的举动，都无力挽救他。在巨大的公众压力之下，格拉索于2002年9月17日下台了。[14]
>
> 从某种意义上说，格拉索是纽约证交所那隐晦的企业文化和"石器时代"的管理方式的牺牲品。如果纽约证交所的董事会不是那么顺从的话，格拉索的贪婪就不会如此毫无节制。结果，格拉索的薪酬高得如此荒唐，以至于他那些最忠实的委托人（拥有交易席位的交易员）都开始反对他。
>
> 如今，格拉索离开了纽约证交所。与昔日保持着强劲竞争地位的时候相比，纽约证交所将面临一个更加困难的时期。格拉索的临时接替者，花旗集团的前任董事会主席约翰·里德（John S. Reed）建立了一个独立的董事会。他着手把纽约证交所的新管理层与原来的管理层分开，并推选出了一个独立的CEO，同时还准备让格拉索返还相当数量的薪酬。如果相关改革有效的话，那将意味着要对格拉索极力维护的场内交易体系进行重要的改革——这意味着纽约证交所的一个新时代的到来。
>
> 格拉索随后提起了诉讼……指责里德违背了合同的规定，并要求纽约证交所按照合同规定付清属于他的5 000万美元薪酬。与此同时，格拉索以私人的名义起诉里德对其进行人格诽谤。格拉索的举动是对2003年5月24日纽约州检察长斯皮策（Eliot Spitzer）对其进行法律起诉的一个回应。该诉讼要求格拉索返还他在2002年任纽交所主席时所得的1.39亿美元薪酬中的1亿美元。斯皮策根据《非营利组织法》控告格拉索，指出像纽约证交所这样的非营利组织的薪酬方案必须是"合理的"。

格拉索于同年的7月20日向纽约南区的联邦法院提起了反诉。

格拉索指责纽约证交所"违背了合同的规定……里德用错误的、诋毁性的言论对其进行有敌意的贬低。交易所和里德必须对其可耻的行径及其对格拉索先生已经造成的伤害负责"。

法律专家认为，格拉索提起反诉的方式要比退还部分薪酬（据说格拉索将把这部分个人所得捐赠给慈善机构）的做法更好。"要想赢得诽谤控诉并非易事，"研究美国《宪法第一修正案》的专家、纽约戴维斯·耐特·特里梅律师事务所的高级合伙人考夫勒（Victor Kovner）说道，"因为格拉索是公众人物，所以任何因里德的言论诽谤而提出的索赔要求……都表明他们之间存在着真实的敌对关系，或者那些言论的真相存在着重大的疑点。"考夫勒认为，"最终将会证明，这会是"……无效的索赔要求。格拉索在指控中声称，里德告诉公众和新闻界他的薪酬是"不当的"，但"不当的"这一词只是表明了里德的个人观点而并不能代表事实。格拉索说："在我看来，带着个人观点的用词是不合法的。"他还说，当里德作出这些言论的时候，公众就开始大量地批评和质疑格拉索的薪酬问题了。[15]

1. 在案例中，哪些利益相关者受到了影响？

2. 在案例中，公司治理的失败之处在哪里？

3. 如果格拉索1.39亿美元的薪酬是从一个营利性的机构而不是从非营利组织中获得的，那么他的薪酬会更符合道德吗？解释你的答案。

4. 如果真像格拉索说的那样，他会把纽交所至今仍拖欠他的5 000万美元薪酬捐赠出去，那么，这一举动是更为道德的还是更不道德的？解释你的答案。

即使董事会通过了所有的考验并符合所有既定的标准，道德方面的不良行为仍然有可能发生在相关个人的身上。思考一下围绕着纽约证交所前主席格拉索的薪酬问题引发的媒体风暴。

公司治理清单的不足

对于有效的公司治理来说，只是长期对照着一份公司治理清单以供定期检查是不够的。仅有一定的治理机制本身无法保障公司治理的良好状态。就拿安然公司来说，它所有的治理政策都是合格的[16]：
- 董事会主席（肯尼斯·莱）和CEO（杰弗里·斯吉林）这两个角色是分开的——至少在斯吉林意外离职之前是这样。
- 各独立董事的履历毫无问题。
- 审计委员会中一直有非高级管理人员。

不过，一旦你从这一模式的表面向内深入，事实就会让你大失所望：
- 许多"独立"董事都与企业有着千丝万缕的联系，他们直接从企业的经营中获利。
- 当安然公司的财富不断增长的时候，这些"独立"董事所得到的实质性"好处"也会不断增长。
- 作为安然公司的董事和华尔街的"宠儿"，这些"独立"董事还要保住自己在其他企业的董事席位——如果提出了太多愚蠢的问题，他们就有可能丢掉饭碗并被看成是制造麻烦的人。

信托责任

尽管媒体对企业丑闻的报道有把注意力集中在相关个人身上的倾向——安然公司的莱和斯吉林，世通公司的艾伯斯，南方保健公司的斯克鲁士，阿德尔菲亚传播公司的理格斯——但我们不能忽视的一个事实是：公司治理关系到经理人要对企业所有者履行信托责任的问题。信托责任完全建立在相互信任的基础上，而信任也很难被检验或强制。只有当信任关系破裂的时候，强制手段才能作为一种选择。同时，企业必须依靠自己的监督能力和那些支持监管能力的程序和机制的发展。这种监督能力就是众所周知的相互制衡。

这类努力带来的好处是，"对良好的公司治理做出承诺……不仅可以使企业吸引更多的投资者和出资人，还可以使企业提高盈利能力。简而言之，促进良好的公司治理是值得做的事情"。[17]

- 一项由德意志银行对标准普尔指数中的500家企业进行的研究表明：在两年期以上，那些在公司治理方面强健有力或不断完善的企业中有19%要胜过那些治理贫乏或治理不断恶化的企业。
- 哈佛商学院与沃顿商学院的一项联合研究表明：如果一名投资者在美国企业的股东权利最强的时候购进股票，而在股东权利最弱的时候卖掉股票，那么该投资者每年就会获得8.5%的超常回报。

● 相同的研究发现：那些治理良好的美国企业销售增长的速度更快，其盈利能力也要高于同行。

● 在2002年的麦肯锡调查中，机构投资者表示要对治理良好的企业追加投资。东欧和非洲的平均投资比例是30%，亚洲和拉丁美洲是22%。

> **进度检测问题**
>
> 13. 何谓有效的公司治理的六步骤？
> 14. 从沃特·塞尔门的"评估董事会质量的22个问题"中选出你认为最关键的六个问题，并对你的选择做出解释。
> 15. 举出三个实例说明安然公司的治理政策是合格的。
> 16. 举出三个实例证明良好的公司治理对企业是有益的。

所以，如果企业的治理模式完全被一种不惜一切代价追求贪婪和成功的企业文化所左右，那么即使有良好的治理模式也无济于事。更不用说那些因为缺乏公司治理而被公开曝光的企业了，它们显然还要从中吸取教训。例如，泰科公司曾高调地承诺要在爱德华·布瑞恩（Edward Breen）的带领下"扫除弊端"，但是"他们拒绝换掉那家不去揭发前任首席执行官大肆滥用职权行为的审计事务所。他们也拒绝放弃公司在百慕大群岛上的注册地（为了避税而建立的离岸注册地），这样他们就可以远离那些股东诉讼从而逃避真实的企业问责了。"

此外，"在世通公司（现在的MCI），当米歇尔·坎普拉斯（Michael Capellas）受命去清理伯尼·艾博斯（Bernie Ebbers）留下的烂摊子时，破产法庭否决了建议给他的薪酬包，原因是'非常过分'"。[18]

没有一个公司治理体系能够完全制止欺诈行为和不称职行为。因此，对这些治理体系的考验在于，能在多大程度上防止那些过错？这些过错如何才能尽快地被发现？使参与者尽可能有效地担负起责任，风险才有可能被减小。关键的保障在于，要合理地组建董事会，要把董事会主席的职能、CEO的职能、审计委员会的职能以及谨慎的股东职能区分开来，财务的报告与审计系统要提供全面而及时的信息。[19]

第五章　公司治理

前沿聚焦

"罪证"——马科做出了决定

马科看完电子邮件之后随即冒出了一身冷汗。他知道，如果把这份电子邮件公之于众，那么化学集团公司的 CEO、科林斯以及所有涉及这个案子的人都将完蛋。现在马科到底该怎么办呢？假装没有看见电子邮件并销毁它？还是把它公之于众或者以匿名的方式将其寄给化学集团公司股东们的律师？

马科开始想象每一种行动将会产生的后果。他认定：因为受这个案子的牵连而去另谋一份律师助手的工作不会是一种好的选择。他也想到了安然的例子，想到了把两位高级管理人员（莱和斯吉林）送上法庭花费的时间是多么漫长，当企业倒闭的时候，最终没留下一分钱，那些股东也失去了自己毕生的积蓄。

"这样做真是不值！"马科想。"总之，有谁会听信一个助理新手的话？"最终，马科把那封电邮删除了。

1. 在这件事上，马科可以做出不同的选择吗？
2. 你认为接下来将会发生什么？
3. 对于马科、科林斯和化学集团公司来说，事情的结果会是怎样？

关键术语

审计委员会　董事会　薪酬委员会　"服从与否"　"服从或解释"　公司治理

☞ 讨论练习

南方保健公司[21]

南方保健是美国最大的提供门诊手术和康复服务的医疗保健公司。在全国范围内，公司拥有并经营着超过 1 800 家医疗场所，为康复市场中 70%的人提供着服务。南方保健由理查德·斯克鲁士创办于 1984 年。曾经是一名呼吸治疗师的他相信有效的一站式购物方式是可以被运用于保健行业的。

公司自1986年上市以来，一直超越着华尔街的预期，并将这一势头持续了15年之久。1992年，斯克鲁士开始疯狂地收购其他诊所，在1987年至1997年的十年间，南方保健的股票价格以每年31%的速度不断飙升。

斯克鲁士是一个具有超凡魅力的人物。南方保健的总部里专门设立了一个博物馆以展示其个人成就。他驾驶过自己的私人飞机，常与社会名流一起出入，还和某一乐队同台献过艺。1997年，在他的第三次婚礼上，斯克鲁士包机邀请了150名客人飞往牙买加。他的员工都把他看作理查德国王。

他的管理风格给许多商业分析人士留下了深刻的印象。1999年的《财富》杂志把他说成是一位出色地贯彻自己理念的人，并说他是一个严格的督促者。斯克鲁士磨炼着自己的技能，他让员工收集每一项他所能想象到的数据。每到星期五，他的办公桌上就堆满了每家诊所详细的业绩报告。如果其中的任何一家诊所出了问题，他就会穷追不舍……南方保健公司管理着伯明翰外部的每一件事：建筑、采购、广告，甚至全体员工。虽然这种自上而下的管理模式听起来像是不可思议的官僚做派，不过，斯克鲁士却使其有效地运作着。他所需的物资供应和许可授权在30天内就能到达。而那些未能达到预算目标的管理人员则会被解雇。斯克鲁士说，"我们会打电话告诉他们，排除万难！头脑清醒！"

然而，这幕场景的背后却隐藏着一种制度化的欺诈方式。到了2002年的第三季度，8亿美元的企业资产被夸大成了80亿美元。有证据表明，欺诈行为在公司上市之后不久就开始了，因为当时的斯克鲁士想要给华尔街留下深刻的印象。据说假如结果不是他所期望的，他就会要求手下的人"修改它"。之后，他们就会在后来被人们所熟知的"家庭会议"上调整各种数据，这一过程被他们称作"查漏补缺"。内部会计人员手上存有两套账簿——一套记载着真实的数据，另一套则是做给外界看的。

大量精心设计的舞弊手法使得南方保健公司能够长期地维持着谎言，甚至连外部审计人员也被愚弄了。其中一种手法就是所谓的合同调整（contractual adjustments）。有的时候，政府或保险公司不会给医疗单位报销病人全部的医疗费。这部分未收款项是要从医疗单位的总收入中扣除的。在典型的复式记账法中,收入的减少意味着负债的增加。但南方保健公司却并没有把这笔款项计入负债。而且,他们还将日常费用处理成资本支出,把团体医疗的账单分别开给个人。南方保健公司经常采用这些方法夸大企业的资产价值。虽然这类做法在南方保健公司里十分普遍,但因为所涉及的单笔金额都很小,所以很难达到外部审计人员需要进行审核的临界水平。同时,企业内部的会计人员也小心翼翼地确保这些调整被做得规则不一且分散在全国各地,从而让这些调整看上去像真的一样。

五名南方保健公司的会计人员已被判有欺诈罪。然而,还是有四人逃过了牢狱之灾。律师为他们辩护说他们只是在服从命令,他们不断地受到胁迫,而且他们在公司里的职位也相对较低。法官在判决中宣称,尽管其中有三人担任着公司的副总裁,但是,"无论他们的工作头衔是什么,这四个人却是实际意义上的数据输入员"。

南方保健公司的董事会于2003年3月31日解雇了斯克鲁士。2003年11月4日,斯克鲁士因证券欺诈罪、洗钱罪及其他一些罪状被起诉。但斯克鲁士从头到尾都坚持声称自己并没有意识到有非法的会计操作。他在被秘密录音的资料里说他其实很担心在"被改进过的"财务报告上签字。2002年出台的《萨班斯-奥克斯利法案》中规定,公司首脑必须对企业的财务报告提供担保。那年的8月,斯克鲁士签署了他已审核并许可过的2001年南方保健公司年度报告以及2002年的第二季度报告。2003年10月,他在哥伦比亚广播公司的《60分钟》节目中声称,他之所以签字同意,是因为他相信那五个首席财务官所准备的数据。2005年6月,亚拉巴马州的一个陪审团撤销了对斯克鲁士的所有指控。不过,美国证券交易委员会如今正在追究他的一起民事案件。

讨论题

1. 要CEO对企业的所有行为负责,这公平吗?考虑一下斯克鲁士并不是一名会计,而作为外部审计单位的安永公司也没有发现欺诈行为。如果斯克鲁士并没有涉及那些事,他还要为之负责吗?

2. 在这个案例中,内部员工站出来举报合适吗?举报人会受到打击报复吗？什么才是举报人合理的动机？要多少证据才能使你相信举报人是可靠的？

3. 以你的研究和阅读来看，是什么决定了南方保健公司的道德风气？你认为企业文化会对员工产生影响吗？

4. 南方保健公司似乎做了许多不该做的事情。一些高级管理人员涉嫌欺诈行为，显然也有更多的普通员工大量地参与了串谋。在这种情况下，你会如何处理案例中的道德问题？

5. 德里克·帕菲特曾讲述过一个被称作"无害的刽子手"的例子。他说，在过去的黑暗年代，一名刽子手用1 000伏的电压就可以置人于死地，而如今，在1 000个接线员中，每人按一下开关就带着1伏的电压。任何个人的作用对整体效果来说都是微不足道的，因此，每个人都会认为他的个人行为不会带来重大的危害。这种思维方式可以适用于南方保健公司的案例吗？如果有区别的话，这种推理方式错在哪里？

6. 南方保健公司在很长的一段时期里是公布企业利润的，斯克鲁士也是华尔街分析师们的宠儿。所以，若是可能的话，应从哪个方面进一步加强管理监督？与看守人的角色相比，你认为外部审计人员或董事会更应该像是侦探吗？

复习问答

1. 概述你目前所在企业（或你曾经呆过的企业）的公司治理结构。

2. 你认为应当是通过"服从和解释"的模式去强化公司治理，还是应通过"服从与否"的模式去强化公司治理？对你的回答进行解释。

3. 如果你是迪士尼公司的一名员工，那么，对于董事会主席兼CEO的艾斯纳掌控着如此大的权力一事，你会作何感想？

4. 如果你是波音公司的一名员工，就康迪的离任证明了"问责应从高层开始"一事，你会作何感想？他的离职会让你感到更加放心吗？对你的回答进行解释。

复习测验

来自环球互通公司的传言

人人都说环球互通公司是保险企业中的典范。公司的利润连续几年保持着强劲的增长势头。公司在行业中的声誉也极高。近期,公司被评为最值得为之效力的美国百家企业之一,以表彰它对员工工作环境的极大关注。环球互通公司为职员提供了大量的实惠:免费的自助午餐,工作现场的日托设施,以及在员工休息室里提供免费的星巴克咖啡。虽然身处一个在遭受了一连串的飓风侵袭之后仍要不断应对大量索赔的行业,环球互通公司却以其稳定的业绩跻身于全美一流的保险公司之列。[20]

但是,为什么公司的CEO、CFO、COO在同一天被解雇,而公司除了提及"品行"问题之外却没有任何说明?

1. 谁最有可能会介入这些有品行问题的高级管理人员的解职过程?

2. 列举几种会导致环球互通公司全体高管层被解雇的有关道德违规的实例。

3. 在没有任何详细说明的情况下,同时解雇他们是一个好办法吗?

4. 环球互通公司的利益相关者会对这一消息大致做出何种反应?对你的回答进行说明。

企业的道德

第六章 政府的角色

> 那些喜欢吃腊肠和遵守法律的人是不应该看着它们被造出来的。
> ——奥托·冯·俾斯麦

教学目标

1. 指出用于制止（如果没有预防的话）企业非法行为的五项主要的美国法律。
2. 了解《涉外反贪法》(FCPA) 的意图和重要意义。
3. 了解《国防工业倡议》(DII) 中的六个关键原则。
4. 了解《美国联邦判决指南企业篇》(FSGO) 中计算罚金的三步过程。
5. 详细说明《萨班斯–奥克斯利法案》的利弊得失。

前沿聚焦

"太多的麻烦"

苏珊是美国中西部地区一家大型审计事务所里的初级会计助理。自从安然公司欺诈事件和《萨班斯-奥克斯利法案》出台以来，公司的业务就一直应接不暇——事实上，由于公司业务过多，他们正打算将一些客户拒之门外。

对苏珊来说，庞大的业务量同时也意味着巨大的发展机遇。每完成一项审计就意味着她离管理自己的审计团队更近了一步，意味着最终可以领导自己的审计团队。尽管工作异常艰苦耗时，但苏珊却十分细心，每当她发现错误并及时更正的时候，就觉得异常兴奋。同时，如果她知道客户公布的财务报告是清晰而精确的，就会觉得她的每一次努力都是在为恢复金融市场的声誉尽着自己的绵薄之力。

一天早上，苏珊的上司汤普森带着一个厚厚的马尼拉文件夹走进了她的办公室。"喂，苏珊，你现在在做什么？"他问道。

"又是老样子，汤普森，"苏珊心里嘀咕着，"最好直入主题，我可没时间闲聊。"

"我们今天必须完成对琼斯公司的审计，有什么事吗？"苏珊答道。

"我需要你帮我一个小忙，"汤普森接着说道，"我们意外地发现了一个被遗漏的小客户。在这个节骨眼上，真不该出现这样的事。我们有那么多的大客户要去应付，我一时间调不出人手去处理这事，但是又不想让消息传出去说我们已经应付不了不断增长的业务而不得不开始把客户拒之门外——谁知道，下一个大客户会在什么时候跟着出现呢？"

"我不是很明白你的意思。"苏珊答道，带着一脸的疑惑。

"你知道，我并不想回绝这个家伙，但是我们也不想做他的案子——这个案子太小，赚不了什么钱。所以，你只要快速地浏览一下他的资料并给他开个价就可以了——这就是我要你帮的忙。尽量把价格开得高一点，好打发他到其他地方去——你可以做吗？"

1. 《萨班斯-奥克斯利法案》设立了一个监督委员会以监察所有的审计事务所。浏览第129页上对该法案的概述，查询有关该监督委员会的信息。该

第六章 政府的角色

> 监督委员会会赞成以这种方式去推托一个未来的客户吗?
> 2. 故意推托这一客户的原因就是忙于处理其他的客户,这一理由是正当的吗?
> 3. 苏珊现在该怎么做?

政府的角色

对于那些无法用强有力的伦理文化管好自己的企业来说,最后的防御底线就是法律措施和管制措施,也就是提供物质上的激励去推动企业的道德行为并对那些不道德的企业行为给予处罚。20世纪70年代以来,美国相继出台了五部关键的法律用以阻止(如果没有预防的话)企业的非法行为:

- 《涉外反贪法》(1977);
- 《国防工业倡议》(1986);
- 《美国联邦判决指南企业篇》(1991);
- 《萨班斯-奥克斯利法案》(2002);
- 《美国联邦判决指南企业篇修订案》(2004);

《涉外反贪法》(1977)

《涉外反贪法》(FCPA)的出台是为了有效地控制那些追求在海外发展的美国上市公司向国外政府官员和政客行贿或支付其他隐晦款项的做法。该项法律出台以前,这类非法行为只能通过"间接的"法律资源进行相应的处罚:

> FCPA:《涉外反贪法》(1977)。

1. 美国证券交易委员会(SEC)可以依据证券法对那些隐瞒该类款项的企业进行处罚。
2. 《银行保密法》也规定要完全公开流入或流出美国的资金。
3. 《邮件欺诈法》中规定可以征用美国的邮件系统或有线通讯系统去处理非法的欺诈案件。

通过颁布《涉外反贪法》,美国国会传递了一个明确的信号:在海外市场上的美国企业,要把竞争力建立在价格和产品质量的基础上,而不是"私下"向有关的国外官员和政治领导人行贿。为了加强该项法律的力度,《涉外反贪法》由美国的司法部和证券交易委员会联合执行。

该项法案整合了所有可用于禁止此类行为的间接性的法律举措，主要关注的是以下两个特殊的方面：

- **公开**。根据 SEC 的规定，该项法案要求企业完全公开与国外政府官员和政客之间所有的交易。
- **禁止**。该项法案结合了《银行保密法》和《邮件欺诈法》的相关条例，禁止转移涉嫌蓄意欺诈的海外资金。

> **公 开（FCPA）：**《涉外反贪法》中要求企业完全公开与国外官员和国外政客的一切交易行为。

> **禁 止（FCPA）：**《涉外反贪法》结合了《银行保密法》和《邮件欺诈法》中的相关条例，禁止转移涉嫌蓄意欺诈的海外资金。

会叫的狗不咬人

尽管 FCPA 作为一项重要的反贿赂法案成功地把其他三项间接性的法律融入其中，但该项法案还是被指责为没有"真正的牙齿"，因为该法案正式地承认了"**好处费**"（facilitation payments）这笔钱，而"好处费"从另一种意义上说也可以被看作贿赂。这笔费用之所以被认可，理由是因为它们可以用来提高或确保"**常规性政府行为**"的效率。

常规性政府行为的实例：

- 向个人颁发许可证、执照以及其他的官方文件以准许企业在该国做生意。
- 签发有关的官方文件，如签证和就业证明。
- 在涉及货物跨国运输方面的合同履行或合同检查时，提供治安保护、邮件收发以及进程检查方面的便利。
- 供电、供水以及电话服务；装卸货物；保护易变质的产品或货物。
- 其他类似性质的行为。

是否构成贿赂，关键要看那些国外政府官员

> **好处费（FCPA）：**一笔合法的费用，目的是加快或确保某项常规性政府行为的实施。

> **常规性政府行为（FCPA）：**所有常规性的管理程序或措施，但不包括国外官员授予新业务或后续业务的行为。

所采取的行动是不是为了授予新业务或后续业务而做出的决定。由于这类决定往往是绝大多数可疑款项的首要目的，因此不能被当成常规性政府行为。[1]

行动中的FCPA

奇基塔牌国际公司（Chiquita Brands International Inc）。[2]据2004年9月14日的《华尔街日报》报道，奇基塔牌国际公司向美国司法部和证券交易委员会披露，他们设在希腊的分部在当地的税务审计结算过程中使用了不正当的支付款项。公司同时披露了这笔钱的数目总计为1.8万余美元，这一数目和哥伦比亚公司的分公司在1996年和1997年向证券交易委员会披露的数目相似。

孟山都公司（Monsanto Corporation）。据2004年5月27日的《华尔街日报》报道，在一项对孟山都公司的调查中发现，该公司涉嫌贿赂印度尼西亚的一名政府官员，目的是撤销一项会影响公司经营的法令。后据政府查实，2002年，该公司的一名美籍高级管理人员的确授权和指使了一家印度尼西亚的咨询公司向印度尼西亚环境部的一名高级官员支付了5万美元的非法款项，目的是撤销一项会对公司经营产生不利影响的法令。尽管法令最终没有被撤销，但这件事却突出地说明了，即使企业的商业贿赂失败了，它仍有可能因触犯FCPA而被发现。

弄懂FCPA

表6—1勾画了在FCPA的规定中，明令禁止的非法行为和被认可的合法行为之间的分界线。

表6—1　　　　　　　　FCPA中的合法行为与非法行为

非法行为	合法行为
贿赂：	好处费：
● 为了影响或引诱国外政府官员做出违背他们法律义务的行为而支付的钱款或其他有价物。	● 为了加快或保证常规性政府行为的实施而给国外政府官员的好处费。常规性的政府行为有：获得许可证、执照或其他的官方文件；加快合法的报关过程；获得进出口的签证；提供治安保护、邮件收发以及电话服务。完全和授予新的业务或授予优先后续业务无关的所有行为都可以是常规性的政府行为。
● 某些向非政府官员提供的钱款、授权、许诺以及帮助也是被禁止的，只要支付人明知这些报偿最终会落到国外政府官员或政党、政客以及政治候选人的手中，而支付的意图又是FCPA所明令禁止的。	
● 对"明知"的界定非常宽泛，它发生在当某人知道某事必定发生或很有可能发生的情况下；甚至故意不去关注某事或蓄意地装聋作哑也属于"明知"的范畴。	

续前表

非法行为	合法行为
档案管理与会计规定: ● 为了精确而全面地反映交易事项和资产处置情况,必须细致合理地保存账册、记录以及账目。 ● 内部会计控制体系的设置要合理地确保交易的实施是经过管理层授权同意的。	**营销费用:** ● 因涉及企业产品或服务的促销和宣传(例如一家制药企业的宣传或巡展),或因涉及与国外政府所订立的某项特别合同的实施而向国外政府官员支付的款项。
	国外法律认可的合法费用: ● 向国外政府官员所支付的款项(极少)是"国外成文法中规定的合法款项"。
	政治性捐赠: ● 在美国,外籍人士是不得向政党和政治候选人提供政治性捐赠的,不过与在美国本土的情况有所不同的是,美国企业的海外机构有时可以代表企业提供政治性捐赠。这类捐赠不仅包括向政党或政治候选人开出的支票,也包括在筹款晚宴或类似事件中支付的钱款。但是,无论当地的成文法是如何规定的,这都是一类有可能会违背FCPA的支付款项。
	对海外慈善机构的捐赠: ● 美国企业可以向真实的慈善机构提供捐赠,但捐赠不能是为了规避FCPA,也不能违背当地的法律、规范以及管理条例。

美国司法部对企业或其他的商业机构每次违法的刑事罚款可达200万美元。管理人员、董事、股东、职员以及代理人每次违法可被处以25万美元的罚款以及5年的监禁。证券交易委员会对每次违法还可处以1万美元的民事罚款。对于企业而言,累计处罚可达2500万美元,对个人而言,累计处罚可达500万美元和20年监禁。

■ 进度检测问题

1. FCPA的首要意图是什么?
2. 在FCPA中,最高可对企业处以多少美元的罚款?
3. FCPA关注的是哪两个特殊的方面?
4. 列出四个有关常规性政府行为的实例。

《国防工业倡议》

《国防工业倡议》(DII) 的全称是《国防工业关于企业伦理与企业行为的倡议》(The Defense Industry Initiatives on Business Ethics and Conduct)。1986 年,几家国防企业针对独立的国防管理蓝带委员会 (Independent Blue Ribb on Commissionon Defense Management) 提出的一系列建议而共同批准了由六项重要原则构成的 DII。组建该委员会主要是为了应对越来越多的公众就一些重要的国防企业在履行商业合同过程中"违规采购"问题的大量关注。[3]

> DII:《国防工业倡议》(1986)。

明确六项原则是"为了促进健全的管理实践,确保企业照章办事,并重新恢复公众对国防工业的信心"。

1. 每个企业都要具备并遵守成文的企业伦理守则和行为守则。

2. 企业的守则要树立员工所期望的高标准的价值要求,员工可以通过这些标准判断自己的行为和企业的行为;企业要对员工进行职业责任方面的培训。

3. 企业要营造一个自由开放的氛围,要允许并鼓励员工及时举报那些违反企业守则的行为,且不必担心这类举报会带来报复。

4. 每个企业都有自我管理的义务,要监督自己去遵守《联邦采购法》,要采取措施自愿公开违反《联邦采购法》的行为,并对错误行为予以纠正。

5. 每个企业都有责任与行业中的其他企业共同遵守相关的行为标准,以维护国防工业的信誉。

6. 每个企业对这些原则的承诺都必须接受公共问责。

1986 年 6 月,24 个国防企业宣誓要运用各种政策、措施和规划去促进道德的企业行为。如今,DII 已有 48 个企业成员,实际上已经把 25 个最大的国防企业囊括其中。[4]

《美国联邦判决指南企业篇》(FSGO)(1991)

美国判决委员会依据美国《综合犯罪控制法》于 1984 年设立。该委员会负责为触犯联邦法律的犯人制定统一的量刑指南。该指南于 1987 年 11 月 1 日生效。当时,指南由七章组成,而且只适用于触犯联邦法律

> FSGO:《美国联邦判决指南企业篇》(1991 年颁布,2004 年修订)。

的个人犯罪行为。

1991年，指南里加入了第八章。第八章通常又被称作《美国联邦判决指南企业篇》。该篇适用于企业，并要求企业为员工和代理人的犯罪行为负责。

在要求企业防止并监测员工和代理人的犯罪行为方面，FSGO 和 DII 采取了一致的方法。

为了促进道德的企业行为并给不道德的企业行为加大成本，FSGO 给企业下了一个十分宽泛的定义，以至于评论认为"没有哪个企业能置身事外"。此外，FSGO 就所能涉及的商业罪名制定了一份详尽的细目，以至于没有哪个企业敢轻易地触犯联邦法律并受得起 FSGO 的处罚。

FSGO 的处罚包括罚金、试业察看、执行某项管理计划以迫使企业服从 FSGO 的标准。

罚金

如果企业依据 FSGO 被判有罪，罚金的计算将通过以下三步判定：

第一步，"基本罚金"的判定。一般来说，基本罚金大部分来自：

● 企业的非法所得。

● 企业的违法行为造成的损失，也就是企业蓄意、故意或执意造成的损失。

● 法官可以从 FSGO 的定罪细目中参照的数额。

定罪细目主要涉及犯罪的性质以及受害人遭受的损失两方面因素。例如，欺诈是一项 6 级罪；造成超过 500 万美元损失的欺诈行为可由 14 级罪增至 20 级罪。如果情节恶劣，还可以再增加两级至 22 级罪。换算成美元就是，6 级罪以下包括 6 级罪的基本罚金是 5 000 美元；38 级罪以上包括 38 级罪的基本罚金可以达到 7 250 万美元。

> 犯罪点数（FSGO）：对归责或归罪程度的一种计算方法，通常被作为乘数使用，最高可达到基础罚金的四倍。犯罪点数可以根据加刑因素或减刑因素进行调整。

第二步，犯罪点数。一旦基本罚金被确定下来，法官接下来就要推断一个与基本罚金相对应的犯罪程度，这就是所谓的犯罪点数。这个点数由对应的乘数构成，最大乘数是4。所以，情节最恶劣的犯罪行为的最大罚金就是基本罚金7 250美元的四倍，也就是2.9

亿美元。犯罪点数可以根据预定因素进行相应的增加（情节恶劣）或减少（情节较轻）。

加刑因素：
- 企业高级管理人员涉案或容忍犯罪行为。
- 企业蓄意妨碍司法公正。
- 企业有类似的犯罪前科。
- 当前罪行触犯了司法命令、禁令和缓刑条件。

减刑因素：
- 企业具备防范和监测违法行为的有效方案。
- 企业主动向有关政府部门自首，完全配合相关调查，并主动承担责任。

> 死刑（FSGO）：《美国联邦判决指南企业篇》中的概念，指所处罚金高到足以和企业资产一样多——基本上可以致使企业破产。这类处罚一般发生在企业的主营业务存在犯罪意图的条件下。

第三步，判定罚金总数。基本罚金乘以犯罪点数就得到了罚金总数。不过，在某些案件中，法官有权判处企业以"死刑"，在这种情况下，罚金总数会高到足以和企业的资产相当。这种情况发生在企业的主营业务存在犯罪意图的条件下。

试业察看

除了罚金以外，企业还可能被判处最长为五年的试业察看。试业察看过程中有如下要求：
- 要定期向法院报告企业的财务状况。
- 要不断地接受指定的监察人员和法院委派的专家对所有财务记录的突击检查。
- 要汇报对服从程序的执行进展。
- 要接受突击检查以确认服从程序是否安排就绪并运转正常。

服从程序

很显然，要使犯罪点数达到最小化，最好的方式就是确保企业具备相应的管理举措——某项服从程序有效地监测和预防犯罪行为。FSGO对有效的服从程序做了七点说明：

1. 管理层监控。企业必须设一名高级管理人员（企业伦理官）管理服从程序，并承担对服从程序的责任。

2. 企业政策。必须安排和设置相应的政策和程序以减少企业犯罪行为发生的可能性。

3. 标准和程序的沟通。相关的伦理政策必须与企业的每一类利益相关者进行有效地沟通。

4. 服从标准和程序。必须有证据表明，企业正通过适当的监督与举报机制（包括一个员工可以举报可疑犯罪行为而不必担心遭到报复的系统）积极地执行相关政策。

5. 授予真实的自主权。不应向任何个人授予会加大犯罪风险的过度的自主权。

6. 一贯的执行。企业必须以一贯的态度去接受对犯罪行为的处罚，而且还要接受因对犯罪行为处理不善而遭到的处罚。

7. 答复行动与纠错行动。无论犯罪行为是真实的还是只有嫌疑，企业都必须做出适当的答复和分析，并及时予以纠正。

如果上面提到的这些要求似乎像是一个巨大的管理负担，那么就来看看下面这个例子：为了获得有线电视的专营权而向一名城市官员行贿 25 000 美元。这是一项 18 级罪，基本罚金是 35 万美元。基于种种因素（例如，犯罪点数、乘数），罚金现在升至 140 万美元。但是，如果情节较轻的话（例如，企业具备某项服从程序，而且企业的高层无人涉案），那么罚金的数量就只会介于 17 500 美元和 70 000 美元之间，而不是 140 万美元。

如果这些还不能阻止你，那么就去考虑一下消极的公众影响会给企业带来的额外风险吧。结果可能是：销售会面临重大损失，卖方会对你进行额外的审查，甚至股票价格会暴跌。[5]

> ■ 进度检测问题
> 5. 在 FSGO 中，对罚金的计算有哪三个步骤？
> 6. 最大的处罚金额可以达到多少？
> 7. 试业察看的最长期限有多少？
> 8. 在 FSGO 中，所谓的"死刑"是什么意思？

《美国联邦判决指南企业篇修订案》(2004)

2004年5月,美国判决委员会向国会提议:为了对企业服从程序做出重要的调整,应当对1991年的指南进行修订。修订后的指南于2004年11月正式生效,其中有三项重要的调整:

- 要求企业基于任何程序都无法杜绝实际风险的假设对服从程序的有效性进行定期评估。并且,这类风险评估的结果要融入下一项服从程序。
- 指南的修订案里要求企业证明自己是在积极地促进道德行为,而不只是简单地服从法律义务。伦理文化的概念首次被认为是有效的服从程序中的基本要素。
- 指南的修订案中对问责制做了更为明确的界定。企业的管理人员要了解服从程序的各项内容,要接受与他们在企业中的角色和职责相关的正式培训。

道德困境实例

案例6.1 贿赂与否的差距[6]

1997年,35个国家在经合组织(OECE)的联合公约上签字同意向国外官员行贿是犯罪行为。然而,在2004年的下半年:

- 美国百时美施贵宝公司(Bristol-Myers Squibb)披露,美国证券交易委员会已对该企业的某些德国机构展开了调查,原因可能是违反了FCPA。
- 三名前朗讯公司的员工被指以总值2 100万美元的现金和礼品贿赂了沙特阿拉伯的前通讯部长。
- 据美国司法部和证交会的调查披露,哈里伯顿公司(Halliburton Corp.)为了给旗下的一家液化天然气工厂弄到有利的税收待遇而贿赂了尼日利亚的政府官员。
- 在得到了有关贿赂和不正当的会计操作方面的消息之后,美国证券交易委员会对瑞士ABB公司设在美国的分部做出了数额为1 640万美元的判罚。起诉书指出,在1998年至2003年间,该公司设在美国和其他国外的分支机构总共花费了11亿美元去贿赂尼日利亚、安哥拉、哈萨克斯坦等国的政府官员,但 ABB 公司对此却拒不认罪。……在一个案例中,美证交会断言,该公司设在安哥拉的负责人曾向当地一家国有石油企业的五名官员每人分发了装有 21 000 美元的纸袋。

对于那些在经营上受到越来越多的联邦审查和管理审查的美国企业来说,全球商业环境的某些真实情况却是,国外企业似乎在交易活动的每个阶段都依靠"馈赠"发挥作用:

● 据美国商务部披露,截止到 2004 年 4 月 30 日之前的 12 个月内,在价值 180 亿美元的 47 份合同的竞争过程中可能存在国外公司向国外官员行贿的情况。由于美国企业并没有参与这些腐败的交易,商务部估算,它们至少丢掉了其中价值 30 亿美元的 8 份合同。

● 2004 年,洛克希德马丁公司与泰坦公司(Titan Corp.)价值 24 亿美元的企业并购协议最终未能实现。在此之前,泰坦公司在企业文件中的描述是"可以断言存在不正当的金钱交易,或者顾问们向泰坦公司及其子公司支付了有价物。"

1. 那些会使美国企业明显失利于国外竞争对手的美式管制措施是道德的吗?为什么?

2. 如果国外企业可以行贿,那么美国企业就可以效仿吗?为什么?

3. 假如你能证明如果行贿可以为美国带来新的工作机会、新的建筑以及价值不菲的税收收入,那么你会转变立场吗?解释你的答案。

4. 赛场似乎绝不会是平整的——有些人总是在索贿,而那些把企业想得足够糟糕的人也总是乐于去行贿。如果这是事实,那么,究竟为什么还要费尽心机地去制定法律呢?

■ 进度检测问题

9. 解释有效的服从程序包含的七项内容。

10. 加刑因素有哪些,减刑因素有哪些?

11. 解释 2004 年 FSGO 修订案中要求的风险评估。

12. 在 2004 年 FSGO 修订案中的三项重要调整是什么?

《萨班斯－奥克斯利法案》(2002)

自 2001 年开始，金融市场与大众媒体上就一直充斥着一系列的企业财务丑闻，作为法律上的回应，《萨班斯-奥克斯利法案》(SOX) 7 于 2003 年 7 月 30 日正式生效。

SOX 出台之际正是投资者极为不安和焦虑的时候，因此，SOX 被某些人拥立为"20 世纪 30 年代以来 SEC 在管理会计事务所行为和金融市场行为的立法中最为重要的法律之一"。

> SOX：《萨班斯－奥克斯利法案》(2002)。

然而，支持 SOX 的人与批评 SOX 的人一样多。因此，SOX 也可以毫无疑问地被看作近些年来最有争议企业立法之一。

该法案由 11 个部分构成，70 个条款几乎涵盖了企业财务管理的所有方面。11 个部分中的每一部分都直接关系到发生在该法案出台之前的那些显眼的企业丑闻——尤其是安然公司的丑闻。

第 1 部分　公众企业会计监督委员会 (PCAOB)

随着那些先前被财经界誉为"潜力股"或"华尔街宠儿"的上市公司相继在财务上垮台，投资者的信心受到了最为消极的影响——尤其是所有这些公司的账目据说都是被那些信誉良好且评价很高的审计事务所精确审核过的。

作为独立的监督实体，PCAOB 的成立意在重建审计事务所应有的独立性。安然公司与安达信审计事务所在审计与咨询业务关系方面发生的血淋淋的利益冲突表明，审计事务所的独立性已经很成问题。此外，作为一个监督实体，PCAOB 不但要使企业继续遵守那些已长期建立的各项标准，还要对那些不能自觉遵守的企业加大监管力度和纪律约束。所有负责审计上市公司财务记录的公共会计事务所都要在委员会那里登记注册，并遵守由委员会制定的所有经营标准。

> PCAOB：公众企业会计监督委员会。

第 2 部分　审计人员的独立性

除了要成立 PCAOB 之外，SOX 还提出了几项重要的规定进一步加强审计人员的独立性，并意欲恢复公众对独立审计报告的信心：

1. 禁止公众会计事务所提供特殊的"免审计"服务，因为这种服务违背了审计人员的独立性要求。

2. 如果企业的高级管理人员（首席执行官、首席财务官、主管）在过去的12个月内曾受雇于某公众会计事务所，则这个事务所不得向该企业提供审计服务。

3. 高级审计人员每隔五年要轮换一个服务账户，初级审计人员每隔七年轮换一次。

4. 外部审计人员必须向客户的审计委员会汇报特别有争议的问题。

5. 除此之外，审计人员还必须公开他们与管理层之间所有的书面通信。

第3部分　企业的责任

● 审计委员会必须是独立的，要承担特殊的监管责任。

● CEO与CFO要向SEC担保企业季报与年报的真实性，其中包括要交代企业控制体系的有效性。

● 在养老基金管制期内，要加强对企业及其管理人员的行为约束——这是对安然公司情况的直接回应。安然公司的高级管理人员被控当员工手上的公司股票被冻结在养老金账户中时却在抛出他们自己的公司股票。

第4部分　提高财务的透明度

● 企业要加强对财务信息的披露，包括提供一份有关内部控制的有效性和财务报告程序的报告（外部审计人员要在该项报告上签署意见），要披露的信息还包括资产负债表外的交易——安然公司从分析师和投资者的眼皮底下把绝大部分的债务放在了资产负债表外的账户中，或者隐藏在财务报表内最小的补充说明之中。

第5部分　分析利益冲突

● 当证券分析师在研究报告中和公开露面时推荐各种有价证券的时候，SEC要采取措施去处理可能出现的利益冲突——在2001－2002年发生丑闻的那些企业中，每一家企业的股票都曾被分析师极力推荐为"成长"股。

第6部分　委员会的组成及其职权

● 向SEC提供额外的资金和职权以履行法案中所有被强调的新职责。

第7部分　研究及报告

- 要指示联邦政府的管理机构去引导有关会计事务所的合并和信用评级方面的研究，进行有关投资银行和财务顾问的特定角色方面的研究。

第8部分　企业欺诈行为及其刑事问责

- 要对篡改文件、欺诈股东以及用特定手法阻碍司法公正和进行证券欺诈的行为加大刑事处罚的力度。安达信销毁安然公司企业文件的行为就与这一主题直接相关。
- 提供欺诈行为罪证的企业员工要受到保护。对安然公司和世通公司的揭发都出自员工的个人行为（见第七章"举报行为"）。

第9部分　加强对白领犯罪的处罚

- 任何企图犯罪的白领在本法中都将被视为是罪犯。
- CEO和CFO要对企业周期性报告的真实性做出担保，要处罚那些对报告做出误导性或欺骗性担保的行为。

第10部分　企业的纳税申报表

- 根据美国参议院的要求，CEO应当签署企业的所得税申报表。

第11部分　企业欺诈行为及其问责

- 各管理机构和法院有额外的权限去处理各种不同的问题，包括判处罚金或监禁，处理有关篡改财务记录、阻碍官方程序、巨额行贿、报复举报人，以及其他涉及企业欺诈行为的相关事件。

道德困境实例

案例6.2　对企业的道德规范"一刀切"是一种不道德的方式吗？

狐狸在看守鸡窝？

2002年，美国政府在一种极度焦虑的气氛中颁布了《萨班斯-奥克斯利法案》。该法案是美国法律体系中最具影响（也是最有争议）的企业立法之一。从表面上看，该法案的初衷是温和的：增强经理人对股东的责任，从而平息由安然、世通及其他一些企业的丑闻所激起的对美国资本主义的信任危机。然而，该项法律的处置方式一点也不温和，它的潜在影响……将会是深远的。

所有这些新的监管要求带来的成本是高昂的。据一家顶级的财务高级管理人员协会（FEI）的调查发现，2004年，企业在财务审计方面的花费和以往相比平均多出了240万美元（这已远远超出了立法者的预想）……它凸显了一个显著的、始料未及的结果：该项法律成了会计人员和审计人员——在那些刺激该项法律出台的丑闻中，这一被认为存有大量欺诈行为的职业也是需要加以控制和监管的——的致富之源。

由于企业间的合并以及安达信的垮台，会计事务所在数量上已开始锐减，如今，那几家大的会计事务所多半被人们称作"最后的四家"而不再是"最大的四家"，因为进一步的减少已被认为不大可能了。

谁在照看那些小家伙？

尽管是那些大型上市企业的违法行为首先推动了《萨班斯-奥克斯利法案》的出台，但是，那些缺乏内部资源（或没有钱去支付外部审计服务）去执行该项法案的更小的企业也受到了特别沉重的打击。这并不是说更小的企业就不会面临自己的道德问题——只是它们所要承担的管理负荷看上去似乎和那些更大的企业一样多。

不是非常友好？

《萨班斯-奥克斯利法案》适用于所有在美国联邦证券法的规定下发售证券的企业，无论企业的总部是否设在美国。因此，除了那些美国企业以外，来自59个国家的将近1 300家企业都在该法案的管辖范围之内。

这类企业的反应是迅速的。一些原本打算在美国市场发行证券的国外企业开始另做打算，因为它们认为SOX会带来利益冲突。例如，2002年10月，德国保时捷公司宣布将从纽约证券交易所撤牌。公司在一篇文章中把SOX法案里的一段话看作他们做出这项决策的"重要原因"，同时还给出了CEO和CFO对公司财务报表的保证书以应对批评。文章讲述了保时捷公司准备、核实并批准其财务报告的全过程，并总结到："因为在制定决策的过程中存在着错综复杂的关系网络，因此，对管理委员会主席（例如保时捷的 CEO）和财务总监做出任何特殊的要求是没有道理的；这将与德国的法律相抵触。"[8]

1. 以加强企业伦理为名义而出台的 SOX 已带来了广泛的变革。然而，它真的是一项"公平"的立法吗？解释你的答案。

2. 因为美国企业出现了的道德问题，所以我们就有权要求那些美国之外的国际企业也做出道德方面的控制吗？

3. 对可疑的审计问题来说，提高审计要求会是一种道德的处理方式吗？说明你的要求是什么。

4. 如果市场上不仅仅只有四大会计事务所，那么，这会使你做出更为道德的决策吗？解释你的答案。

前沿聚焦

"太多的麻烦"——苏珊做了决定

苏珊正开始对《萨班斯-奥克斯利法案》有所了解，知道它是一部毁誉参半的法律。加大对企业财务报告的审查力度可以使投资者更加放心，无疑也会给事务所带来大量的业务。但如今，她必须得面对老板的这个"小忙"。初一想，她真的不能理解，他们为什么不能告诉那家伙，说他们只会为超过一定数额标准的客户提供服务，由于他的公司还达不到这一标准，所以就无法为其提供服务。但是，汤普森是那么过分地执著于事务所的名声，他总是相信下一个大客户不久就会光临。

苏珊花了一两个小时看了一下档案。汤普森估计得一点没错——这是一项简单的审计工作，事务所根本赚不了什么钱。如果他们不是那么忙，组织个初级的审计团队或许花个几天时间就能解决，但是汤普森却有更大的项目要抓。

苏珊想了一会儿，初步打算叫汤普森让她带几个人一同去做这项工作，但她转而又想，如果连汤普森托她帮的这个"小忙"都交不了差，或许她以后就没机会去参与一些更大的审计工作了。于是，她算出了服务费，并将它们乘以4，接着就把报价单交上去了。

不幸的是，这个报价太令人吃惊，以至于那个小客户投诉到了PCAOB那里。PCAOB来信要求苏珊的事务所对定价方案提供全面的说明……

1. 苏珊在这里本可以做出不同的选择吗？
2. 你认为接下来将会发生什么事？
3. 苏珊、汤普森以及他们的审计事务所将会面临何种结果？

■ 进度检测问题

13. 说明PCAOB的职责。
14. 在SOX中，哪部分条款要求CEO和CFO向SEC担保企业季报和年报的真实性？
15. 在SOX中，哪部分条款是用来保护那些提供企业欺诈行为罪证的员工的？
16. 对审计人员的独立性提出的五项关键要求是什么？

据估算，《萨班斯-奥克斯利法案》中的404部分（本章中第130页"第4部分"）已造成了数以亿计的审计费用——这都是为了加强美国企业的道德行为。该项法案的出台是及时的，涉及面是广泛的，尤其重要的是，这项意在恢复投资者信心的法律正好出现在一个贿赂盛行的时期，而在此期间，金融市场正被腐败和贪婪驱使着。

但是，这种快速反应附带的风险是：在急切地证明热诚与果断的同时，一些关键的议题却有被忽略的倾向。在这种情况下，是否真正能使道德规范法律化的问题是绝不会有答案的。

SOX整合了一系列手段与处罚措施去惩治违法者，试图用足够严厉的惩罚措施去打消某些人今后想要篡改或破坏规则的念头；它也试图用足够多的政策和程序使将来的违法企业不得不为赚钱而比安然、世通等企业付出更多的代价——因为现在有更多的人在看着你。

然而，SOX却无法帮助你去创造一种道德的企业文化，也无法帮助你找到一个既有效率又讲道德的董事会——你仍然要靠自己去做这些。你一定要记住的仅仅是：如果做不到那些，那么如今会有更多的人和更多的处罚正等着你。

关键术语

犯罪点数　　死刑　　《国防工业倡议》　　公开　　好处费　　《美国联邦判决指南企业篇》　　《涉外反贪法》　　禁止　　美国公众企业会计监督委员会　　常规性政府行为　　《萨班斯-奥克斯利法案》

☞ 讨论练习

斯坦福国际公司[10]

斯坦福国际是一家在纳斯达克上市的、多元化经营的美国跨国企业，如今，它就要向股东们公布第一季度的财务报告了。在过去的一年里，斯坦福国际一直被称作一支"成长"股。一些主要的机构投资者手上大量持有着公司的股票，公司股价也在一个高估"成长"的股票市场上快速地上涨着。

公司的高管层正在考虑一些与第一季度盈利发布有关的问题。除了要在SEC那里备案以及向股东汇报之外，公司还要做一份精简版的财务报告。季报不需要进行审计，只要提供有限的补充说明就可以了。除了财务报告之外，斯坦福国际的季度预报中还要有管理层对企业经营和财务状况进行的简要讨论和分析。《萨班斯-奥克斯利法案》中规定要CEO和CFO在财务报表上签字的保证书也首次被包括在内。

管理层会议

3月初，斯坦福国际的高管层对公司第一季度财务报告的预备案进行了如下讨论：

比尔·劳伦斯（CFO）：第一季度开头的业绩似乎并不太好。不过，我相信，如果做一些可供选择的调整的话，还是可以高于去年同期水平的。

吉米·富兰克林（COO）：你这么说是什么意思？

劳伦斯：让我来解释一下。去年我们第一季度的每股收益是52美分，这已经是我们在同期所能达到的最好成绩了。不过今年第一季度的每股收益可能只有47美分了。

大卫·莫里斯（CEO）：正是考虑到第一季度每股47美分的收益，我才决定采取一种不寻常的方式把这样一个问题拿到高层领导集体的会议上来讨论：什么样的会计操作才适合我们第一季度的财务报告？坦白地说，我认为我们必须报告出一个良好的第一季度。去年，我们的盈利创了历史新高，而我们第四季度的业绩也极好。

富兰克林：这个我知道。但是，不是因为我们把今年的许多收入放到了去年第四季度才出现这种状况的吗？例如，我们削减了广告，推迟了维护，把计划在今年确认的货运收入放在了去年末。依我看，这是在"拆东墙补西墙"。如今，我们不得不付出代价了。

莫里斯：我承认我们做得是有点过了，但事实是，股票市场对我们去年取得的优秀业绩反响非常好，我们的股票价格也真的开始攀升了。如果我们失去了股价上涨的大好形势，谁都负不起这个责任。我相信，如果我们这一季度的盈利哪怕只略低于去年的同期水平，我们的股价就会下跌——我们所在的股票市场是"神经兮兮的"。

劳伦斯：今年和去年有些不同：首先，从上个季度到这个季度，由于我们在全球范围内推迟了维护，我们不得不确认这些费用。同时，由于第一季度通常涵盖一年中任务最繁重的维护月，所以成本显然要高于另三个季度的平均值。往后，我们还要为我们的分公司南方纸业重新安排一个办事处，这也会发生成本。我们本计划去年就做这件事，但为了让去年的财务数字更好看，就把这件事拖到了今年的第一季度。

莫里斯：比尔，我知道确认成本和延迟收入是合理的会计操作，但是我们必须把所有这些成本都在第一季度里反映出来吗？毕竟这只是些临时性的报告——分析师们只会详细地审查我们的年度数据，而不会审查这些临时报告。我们还需要留意其他的成本吗？

劳伦斯：我们必须把这个月初主要的广告宣传成本反映出来——因为那些"不寻常"的电视广告、电台广告和报纸广告，我们的支出已经远远超出了月平均预算，所有的这些费用都要算在今年的3月，这无疑会对我们第一季度的数据形成冲击。

莫里斯：但是，所有广告带来的销售收入的增加要到下一个季度才能实现，我们就不能把这些广告费用分摊到下一个季度中去吗？

劳伦斯：很不幸，规定要求像这类广告费用应在发生时就被确认。

莫里斯：不错，这就是问题所在。股票市场的分析师们预测我们第一季度的每股盈利可以达到60美分。现在，就比尔的预案来看，我们还达不到这个业绩。但是，我认为，如果我们报告里的每股收益达不到60美分的话，公司的股价就会下跌——这会直接影响到我们能否赢得在克里夫兰的顶点项目和在意大利的Contrelli项目。记住，这两个项目对公司的股价都有好处，如果股票价格下跌，我们的股票就会失去市场。如果我们想实现年度经营目标，就必须得到这两个项目以及它们带来的可观盈利。

莫里斯：好吧，我并不想做任何打破规则的事，但是，第一季度的财务业绩应该怎么报？我们要如何去调整比尔所做的预案才能尽可能地接近60美分的目标？

讨论题

1. 斯坦福国际已经在"拆东墙补西墙"了。这在案例中是什么意思？他们是怎么做的？

2. 他们在去年底所做的财务调整是非法的吗？是不道德的吗？解释你的答案。

3. 股票市场对斯坦福国际去年底的财务业绩反响良好这一事实可以为他们调整数据的行为提供正当的理由吗？

4. 你认为只在报告中提供有限的财务数据（没有审计报告）就可以更轻易地用这一季度的财务调整去隐瞒上一季度的财务调整吗？

5. 股票市场的分析师们预测斯坦福国际第一季度的每股盈利是60美分，而公司预测的盈利却只有每股47美分。在这种情况下，怎么做才算是最道德的？解释你的答案。

6. 根据案例中的数据，在作为首席财务官要签署第一季度的SOX保证书时，你会安心吗？

复习问答

1. 在加强企业的道德实践方面，哪项立法最为有效：FCPA、DII、FSGO，还是 SOX？解释你的答案。

2. "FCPA 会遇到太多的例外情况，以至于它并不能有效地遏制不道德的企业实践。"你同意这种说法吗？解释你的答案。

3. 你认为要求 CEO 和 CFO 在企业账目上签署意见会增加投资者对这些账目的信心吗？为什么？

4. 当企业的违法行为在当时已随处可见的情况下，《萨班斯-奥克斯利法案》的出台是一个适当的回应吗？为什么？

复习测验

环球工业公司

环球工业公司急需一份大的合同来提升他们在美国不断下滑的企业收入。尽管名字听起来十分响亮，环球工业公司实际上却并没有多少国际项目，不过，他们的 COO 可能就要改变这一状况了。在近期的一次同学聚会上，他碰巧遇见了一个老同学。这个老同学现在已是联邦政府的一名高级官员，正在负责许多大型国防项目的招标工作。酒过三巡之后，老同学开始和他谈起了一些最新的项目。

作为一家为国防行业中的主要角色提供转包服务的企业，环球工业公司已承担了多项国防任务，因此，在这次的某中东军事基地大型扩建工程的项目上，COO 完全可以借助以往的经验去充分利用他的内部消息，从而让环球工业公司能进入到项目征求建议书（requests for proposal）的名单之中。

为了加强他们在竞标过程中的地位，环球工业公司的几名重要员工秘密走访了基地周围的城镇，并向当地的商人和政客赠送了现金及其他一些好处作为酬劳。他们还设法掌控了几家当地承包商提供的独家服务，从而使其他的竞标企业几乎不可能达到征求建议书的要求。同时，为了答谢老同学在提供内部信息方面伸出的援手，COO 也同样慷慨地向其女儿赠送了礼品。

不幸的是，即使新的军事合同会提供足够多的钱去帮助环球工业公司提升经营业绩，但合同要到下一个季度才能签约生效。环球工业公司高级管理层内

第六章 政府的角色

部经过一次秘密的讨论之后,决定对第四季度的经费开支做出调整以迎合分析家们期望的价格目标。高级管理层完全寄望于企业从军事合同中的收入可以填补下一财年里的调整数额。

然而,由于环球工业公司的年收入超过了14亿美元,所以公司的CEO和CFO要在财务报告上签字以保证财务数据的真实性。

度过了几个不眠之夜,在确信这份军事合同最终会帮助他们解决一切问题之后,CEO和CFO都签了字。

1. 指出案例中的道德违规行为。
2. 哪些法律可分别适用于每一种道德违规行为?
3. 每一种道德违规行为分别会受到何种处罚?
4. 如果环球工业公司能证明自己有适当的服从程序,会对处罚有何影响?

企业的道德

第七章 举报行为

> 『举报人』这个词似乎暗示你是一个喜欢搬弄是非的人，或是某种意义上不忠实的人……但是，我根本就不是一个不忠实的人。人会死去。而我只忠实于更高的道德责任的命令。
>
> ——杰弗里·维甘德博士，《局内人》

教学目标

1. 解释术语"举报人"。
2. 说明内部举报人与外部举报人之间的差别。
3. 认识到举报人各自不同的动机。
4. 认识到不顾举报人的感受可能会带来的后果。
5. 认识到如何建立内部政策去满足举报人的需求。

前沿聚焦

"赚大钱"

本是一家大型轮胎经营连锁店的销售团队的一名负责人。公司雄心勃勃，每个月都在开设新店。本非常要求上进，并看到了在企业中一步步往上走的大量机遇——尤其是，如果他能为自己赢得"销售之星"的美名的话。

就像任何一家零售企业一样，本的公司也为销售量所驱使。他们不断地让销售人员尝试新的销售推广活动和激励项目。本没有指望今天的销售早会会有什么不同，无非又是在当地搞一次大规模的媒体宣传活动去支持一项新的销售推广之类。

本的老板，约翰，从来都是直奔会议的主题：

"伙计们，我有一些重大的消息要告诉你们。我们现在不用通过简单的短期促销来刺激销售了，公司已经和本菲尔德轮胎公司签订了独家合同，并将成为他们新领航者生产线上生产的轮胎的独家代理商。合同规定，如果交易量很大，我们就可以享受巨大的折扣。换句话说，我们卖的轮胎越多，赚的钱也就越多——公司会挣大钱，你们的提成也会很丰厚，所以，让每个人都参与到轮胎销售中去吧。如果我们和本菲尔德的第一份合同完成得好，就可能会有下一个独家合同。对我们来说，这可是大好前途的开始。"

随后，约翰交代了销售提成的细节问题，接着又向本和其他一些销售团队的负责人灌输：如果他们能把本菲尔德的领航者轮胎推销出去的话，就会在接下来的几个月里挣到成千上万美元的提成。

本当然需要用钱，但是他开始顾虑去销售一种在市场上并不知名的轮胎是不是太冒进了。他决定和公司里最有经验的轮胎技工瑞克谈谈。瑞克在公司里的时间已经超过了25年——时间是那么的长，以至于许多年轻的家伙开玩笑地说他的血管里流的都是轮胎橡胶，或说他在亨利福特的T型车时代就开始当学徒了。

"瑞克，你觉得这些新的本菲尔德领航者轮胎怎么样？"本问道，"它们是真的对消费者有好处，还是只是我们的赚钱工具？"

第七章 举报行为

> 瑞克直截了当地回答道:"我看过这些轮胎的一些规格,看上去并不好。我觉得本菲尔德是在牺牲质量以求缩减成本。对照我们另一些供应商的轮胎规格来看,这些轮胎的质量只能是'二等品'——而且还是非常差的'二等品'。你别指望我会在自己的汽车上装这些轮胎——它们最多只能跑 15 000 英里。把这些轮胎当作我们的顶级类型来销售简直就是在冒大风险。"
>
> 1. 要是本决定把他对本菲尔德领航者轮胎质量问题的顾虑说出来,他就会成为一名举报人。第 145 页上说明了有关内部举报与外部举报之间的区别,如果本决定要把他的顾虑说出来,那么他应当选择哪种方式呢?
>
> 2. 第 145~146 页上概述了道德的举报行为需要满足的五个条件。瑞克在本菲尔德领航者轮胎的质量问题上向本提供了充分的信息吗?
>
> 3. 本现在该怎么做?

举报

继杰弗瑞·斯吉林离开安然公司之后,莎朗·沃特金斯(Sherron Watkins)在写给安然公司董事会主席兼 CEO 肯尼思·莱的一篇匿名备忘录中说道:

尊敬的莱先生,安然已经变成一个危险的地方了吗?像我们这些在过去几年里并没有发家致富的人,还能待下去吗?……我感到极度不安,因为我们可能会在一轮财务丑闻的风波中陷入崩溃。在我的履历中,为安然公司效力八年的工作经历将会变得一文不值,业界只会把我过去的成功看作精心设计的财务骗局。如今,斯吉林因为"私人的原因"离开了安然,但我认为他是工作得不如意,他看不到前途并知道这些问题已无法弥补,他宁愿现在就弃船,而不是在两年之后羞愧地离开……我们接受的审查太多了,并且已经有一两名对调配不满的员工大致了解了那些足以让我们陷入困境的"可疑"账目。

在第一篇匿名备忘录由于沃特金斯的责任而被泄露之后,她在写给莱和另一些人的后续备忘录中说道:

一个至关重要的会计基本原则是,如果你向一个路人解释什么叫"会计处理",能影响到他的投资决策吗?他买卖股票的决策会建立在对事实全面了解的基础上吗？如果是这样，你最好提供正确的会计处理，或改变会计原则，或同时做这两项……我担心那些补充说明无法充分地解释各类交易。

我坚信，公司的高级管理层必须对这些交易有一个清晰而准确的了解，而且这些交易必须由证券法和会计领域内公正的专家进行检查。我认为，莱有权做出判断：他认为被揭发的可能性有多大，以及公司会从揭发中受到怎样的损失。他可以在下列两种行为中做出选择：

1. 被揭发的可能性很小，所能估计到的损失会很大。那么我们就需要以一种迅速而安全的办法颠倒、展开并记下这些交易。

2. 被揭发的可能性很大，公司可能受到的损失也很大。那么我们就需要量化并制定遏制损害的计划，并公布它们。

斯吉林的离职令人震惊，随着他的离开，我坚信被揭发的可能性会非常大。有太多的人在寻找确凿的证据。

何谓举报？

某员工在发现了组织中有不良行为或违法行为的迹象时，就会面临一种道德方面的两难选择。一方面，员工不仅必须考虑他们在指出这些不良行为时的"正当性"，而且要考虑到这类行为将在多大程度上促进企业的善和公共的善。另一方面，员工在必须顾及"公共义务"的同时，还要权衡他们对雇主应尽的义务，即信任与忠诚。

所以，这里需要做出重要的抉择。首先，员工可以选择"熟视无睹"或"睁一只眼，闭一只眼"——这种选择与企业的组织文化直接相关。一种开放的、相互信任的企业文化会鼓励员工为了公司以及同事们更大的善而说出真相。一种闭塞的、霸道的企业文化会使员工认为，不要把注意力引向自己，简单的"保持沉默"会是更明智的选择。然而，如果员工受到自己价值体系的驱动，说出真相，就立刻成了一名**举报人**。

> 举报人：发现了企业的不良行为并选择向他人进行反映的员工。

接下来还有一个同样重要的选择。如果员工只是向经理人或监管人揭发不良行为，只是在组织内通过适当的渠道进行投诉，那么我们就把它称为**内部举报**。

如果员工选择在企业外向执法部门或媒体进行揭发，那么我们就把它称为**外部举报**。

举报的伦理要求

举报人可以被认为在向企业和公众施以宝贵的帮助。在违法行为未被媒体揭发之前就发现它们，可以潜在地帮助企业避免数百万美元的罚款，并使企业免遭声誉受损带来的损失。揭发对消费者会造成潜在伤害的企业不良行为（例如污染或生产安全问题）会给公众带来无法估量的利益。

从这个视角来看，就很容易理解当商业世界中缺乏正直的时候，为何媒体通常把举报人称赞为是荣誉的和正直的典范。

> **内部举报**：员工发现了企业的不良行为并选择将其披露给上级主管，随后，上级主管再根据既有的处理程序在企业内部治理不良行为。

> **外部举报**：员工发现了企业的不良行为并选择将其披露给执法部门或媒体的行为。

然而，尽管一般都认为举报人是勇敢的人，他们为了"做正确的事情"而使自己的职业与个人生活陷入危险的境地，不过另一些人却认为他们根本就不是勇敢的人——他们受金钱或一意孤行式的私心所驱使，他们是以"企业良心"的名义为幌子去挑战雇主的政策与措施的"麻烦制造者"。此外，举报人有时并不被看作行为可嘉的人，而是通常被指责为鬼鬼祟祟、搬弄是非的人，间谍或告发者，被指责为违背了信任和忠诚，辜负了他们的雇主。

■ **进度检测问题**

1. 何谓举报人？
2. 何谓内部举报人？
3. 何谓外部举报人？
4. 举报是一件有益的事情吗？

举报行为在什么情况下是道德的？

道德的举报行为必须符合以下五个条件[1]：

1. 当公司的某种产品或某项决策会对公众（如消费者或旁观者）造成相当

严重的危害，或触犯了现有的法律时，员工就应当举报企业。

2. 当员工的确受到了严重的恐吓，就应当进行告发并说明自己的道德理由。

3. 当员工的直属领导坐视不管的时候，员工应当尽力通过内部程序和控制系统向董事会反映情况。

4. 员工必须出具书面材料以证明自己是一个理由充分且公正无私的观察者，他对事态的看法必须是准确的，并有证据表明公司的行为、产品以及政策会严重地危及公众或产品使用者。

5. 员工必须有令人信服的理由表明，一旦向公众揭发违法行为，其结果将引起对纠正不法行为来说十分必要的改变。成功的机会必须等价于举报带来的风险和危险。

举报行为在什么情况下是不道德的？

如果有证据表明员工的动机是为了经济上的收益或者引起媒体关注，或者员工是为了个人恩怨对企业进行报复，那么举报行为的合法性就必须受到质疑。

从企业举报行为的某些方面来看，为了获得经济上的收益而举报的可能性很大：

● 2005年11月30日，纽约市的贝丝以色列医院同意支付7 290万美元以解决一项对其在1992到2001年间篡改医疗费用报告的指控。

这个案子的起因是一场由该医院的前财务服务副主席纳杰姆丁·佩尔韦兹以举报人的身份于2001年向纽约市地方法院提起的诉讼。佩尔韦兹先生期望得到赔偿金的20%，大约1 500万美元。[2]

● 道格拉斯·杜兰德是TAP药品公司前任销售副总裁，他曾控告他的老板以及TAP的一个竞争对手捷利康公司在政府的医疗保健计划中索要数千万美元的高价。之后，杜兰德从美国政府那里得到了1.26亿美元的处置费。[3]

事实上，不大可能完全证实告发和揭露不良行为的动机究竟是来自个人的道德决策还是来自发横财的打算，但是，对于告发你的老板而可能带来的失去工作或受同事排挤的忧虑却是可以被减小的，因为在事情结束的时候往往会有金钱上的保障。所以，无论如何，这里的关键问题是，在你跨出这一步之前，你最好能保证事实是准确的，你所提供的证据是确凿的。

> ■ **进度检测问题**
>
> 5. 列出道德的举报行为所要满足的五个条件。
> 6. 在什么情况下，举报行为可能是不道德的？
> 7. 如果你因为个人恩怨告发公司里的另一名员工却没有任何物质回报，那么和只是为了钱相比，这样的行为是道德的还是不道德的呢？
> 8. 如果缺乏物质回报，你会考虑做一名举报人吗？为什么？

举报人之年

由于内部举报人的情况很少受到媒体的关注，所以无从考察这类行为的历史。然而，外部举报却是20世纪特有的一种现象。第一次使用"举报人"这一术语的例子发生在1963年。这一年，奥托·奥托皮卡（Otto Otopeka）被美国国务院解雇，起因是他把涉及安全风险的机密文件泄露给了美国参议院内部安全附属委员会（Senate Subcommittee on Internal Security）的首席顾问。20世纪70年代，美国前海军司令丹尼尔·埃尔斯伯格（Daniel Ellsberg）冒着终身监禁的风险，把五角大楼7 000多页的机密文件泄露给了新闻界，这些涉及政府在越战期间违法行为的文件直接引爆了水门事件；随后，一位匿名的内幕知情者（近来才得知此人叫马克·费尔特（Mark Felt），是尼克松在职期间FBI的一名助理主任）帮助《华盛顿邮报》的两名记者鲍勃·伍德沃德（Bob Woodward）和卡尔·伯恩斯坦（Carl Bernstein）对政府违法行为展开了进一步的追踪报道。

2002年，《时代》杂志授予三位"平凡却有着非凡勇气和见识"的女性以"年度人物"的称号，从而使公众对举报人的关注程度达到了顶峰：

莎朗·沃特金斯，安然公司副总裁，2001年夏天写了两封重要的电子邮件（本章开头的引文）告诫安然公司的董事会主席肯尼思·莱，说公司那些创造性的"财务处理"被揭露并导致公司垮台只是迟早的事。

科林·罗利（Coleen Rowley）是FBI的一名专职律师。因其在2002年5月公开了一份写给罗伯特·穆勒主管的备忘录而一度成为知名人物。备忘录中声称，由于她在明尼苏达州阿波利斯市的外地办事处供职期间主张对恐怖嫌疑分子扎卡利亚·穆萨维(Zacarias Moussaoui)进行调查而遭到打击并被解雇。穆萨维后来被证实是"9•11"恐怖袭击事件的同谋者之一。

辛西娅·库珀（Cynthia Cooper）带领的内部审计团队最先揭发了世通公司违法的会计操作。起初，他们估算由于违法操作带来的差错有38亿美元；最后的结果表明差错已经接近110亿美元。[6]

道德困境实例

案例7.1[4] 《局内人》

尽管人们习惯于把举报行为刻画成是好人反对坏人的举动，不过，在电影里，情况却往往不是这样。像《中国综合征》（The China Syndrome）、《西尔克伍德》（Silkwood）、《局内人》（Insider）这样的电影就证明了，那些向公众披露信息的举报人是要承担风险与困难的。

在电影《局内人》中，由拉塞尔·克劳饰演的杰弗里·维甘德博士决定向公众告发他的雇主布朗威廉姆森烟草公司。该公司在他们的香烟制品中擅自改变了尼古丁的含量。由阿尔·帕西诺饰演的洛威尔·贝格曼是美国哥伦比亚广播公司（CBS）《60分钟》节目的制片人，他不遗余力地帮助维甘德勇揭内幕。

电影抓住了举报人通常会遇到的几个关键问题：

● 起初，维甘德并不打算说出事情的真相——一部分原因是他和布朗威廉姆森烟草公司签署了保密协议，他害怕说出真相之后就会丢掉离职金和健康福利，从而给家庭带来不良后果，另一部分原因是他对维护已经签署的协议有着强烈的忠诚感。直到公司打算修改保密协议从而将其解雇（据说是因为"不善交流"）之后，才激怒了维甘德，使其认为根本没有必要去遵守保密协议，最终决定向公众告发。

● 布朗威廉姆森烟草公司的反应是迅速且咄咄逼人的。他们阻止维甘德在密西西比州出任反对烟草行业立法案的专家证人，从而封住其口，使其无法提供证据。接着，布朗威廉姆森烟草公司进一步详细地公开维甘德的背景以诋毁其声誉，最终发布了一篇厚厚的题为"维甘德不良行为的公众记录"的报告。后来《纽约时报》的一篇文章证实了公司的调查结果是何等的夸张。在电影中，贝格曼向《纽约时报》的一名新闻记者提供了相关的新闻素材，坚决驳斥布朗威廉姆森烟草公司对维甘德的指控。

- 维甘德的证言对布朗威廉姆森烟草公司具有致命的打击作用。他不仅指责公司的CEO汤姆森·森德弗在1994年的国会听证会上歪曲事实说尼古丁并不会使人上瘾，还说香烟只不过是"尼古丁的传输系统"。

- 尽管维甘德已被证实可以作为目击证人，但CBS起初还是不打算播放由CBS主播迈克·华莱士对其进行的访谈节目，以免布朗威廉姆森烟草公司以"侵权干预"（即第三方介入有契约关系的双方行为——也就是说，CBS要承担干预维甘德与布朗威廉姆森烟草公司签署的保密协议的责任）为由提起诉讼。CBS的母公司已打算把CBS出售给西屋公司，而且谈判已进入最后的关键阶段，这是CBS不愿陷入"侵权干预"危险的主要原因。事实上，CBS的担忧也不无根据。美国广播公司（ABC）就曾在他们的《每日一事》栏目中推出过类似有争议的节目，指责菲利浦·莫里斯烟草公司提高了香烟中的尼古丁含量。莫里斯联合另一家烟草公司——美国雷诺烟草公司向ABC提起诉讼，索赔100亿美元，致使ABC被迫公开道歉并向两家烟草公司支付了巨额诉讼费（超过1 500万美元）。

- 美国联邦政府向46个州的烟草公司提起诉讼，要求它们重新担负起由吸烟引起的疾病造成的医疗费用。1998年11月，布朗威廉姆森烟草公司紧接着又联合另三家烟草巨头——菲利浦·莫里斯烟草公司，雷诺烟草公司，罗瑞拉德烟草公司——签署了《烟草业和解协定》。和解协定涉及金额达2 060亿美元，其中包括禁止直接或间接地向儿童销售香烟；禁止或限制使用卡通、广告牌、产品植入以及活动赞助等方式变相销售香烟制品。

- 作为负责布朗威廉姆森烟草公司研发工作的副总裁，维甘德是公司的一名高级管理人员，因此，那个时候他算得上是最高级别的举报人了。但是他因为揭露真相而受到的嘉奖远不及他在布朗威廉姆森烟草公司任职期间30万美元的工资水平。就在维甘德的故事被人广泛传播的时候，他在肯塔基州的路易斯维尔谋到了一份年薪3万美元的执教工作，教授化学与日语——直到今天，他仍然骄傲而愉快地从事着这份职业。在媒体的长期追踪和布朗威廉姆森烟草公司的诋毁之下，他的婚姻最终破裂了。

● 六年后，维甘德在《高速企业》杂志的采访中以举报人为题分享了他的不幸："举报人一词似乎暗示你是一个喜欢搬弄是非的人，或是某种意义上不忠实的人……但是，我根本就不是一个不忠实的人。人会死去。而我只忠实于更高的道德责任的命令。"[5]

1. 维甘德博士起初并不愿意向公众揭发真相。是什么原因导致他改变了主意？

2. CBS 追踪报道这件事情是因为它是"正确的事情"，还是因为它是一个好的故事情节？

3. 既然 CBS 在把维甘德的经历公之于众的过程中扮演了极为重要的角色，你认为一旦事情被曝光之后，CBS 是否同样有责任去支持维甘德？

4. CBS 起初不打算播出维甘德访谈节目的决定是出于道德的考虑吗？

道德困境实例

案例 7.2　冷峻的现实

媒体对维甘德、沃特金斯、罗琳以及库珀的关注可能会使你认为"做正确的事情"以及揭露雇主的违法行为一定会得到公众的支持，因为这表明你是一个正直的、有道德的人，而且说明在你眼中人类同伴的需要高于自己的需要。不过，在现实中，绝大多数的举报人却面临着相反的处境。他们往往被冠以"叛徒"的称号，以往的同事回避他们，他们会在相关的行业中受到排挤并再也找不到工作。认真地思考下面两个人的处境，他们同样做出了艰难的道德抉择，然而使他们更为著名的却是他们的遭遇。

克里斯蒂娜·卡西[7]

克里斯蒂娜·卡西（Christine Casey）于 1994 年加入了玩具制造商美泰公司。1997 年，她受命负责开发一项更有效地在美泰各工厂之间分配生产的系统。未来的产量建立在销售预测的基础上,然而正是这些预测数字使卡西女士觉察到她的雇主存在道德方面的危机。她很快就发现,工厂的经理们认为官方的销售预测过高,所以他们只根据同行们之间的配额进行生产——通常用两套数字来隐藏自己的行为。对于美泰公司最具盈利能力的产品——芭比娃娃来说,夸大销售数字是一个关键问题。

1999年2月,卡西女士向美泰的一位董事奈得·曼苏尔说明了自己的忧虑,并建议采取一种新的销售预测方式妥善地处理1997—1999年间由美泰的CEO吉尔·巴拉德和财务分析师们制定的浮夸的数据。卡西女士相信,她的新方法可以在真实的销售额和生产量的基础上更加准确地预测利润。起初,曼苏尔的回应是友好的,但卡西在美泰的处境和声誉却开始快速地下滑。1999年8月,卡西女士受到了自进入美泰以来破天荒的一次消极的业绩评价。之后,她被剥夺了绝大多数职权,并被安排到紧挨着一堆包装箱的小隔间里。

1999年10月,卡西在一封写给美泰前首席财务官哈利·皮尔斯的信中表达了自己的忧虑:"不实的盈利预测已经使公司在与股东的诉讼中受到损害。"然而,公司对她的担忧置若罔闻,之后,美泰打算支付一笔钱让卡西放弃其合法权利,但卡西回绝了,并于1999年11月辞职。

在卡西女士于2000年11月起诉美泰之后,公司聘请了约翰·奎因,一位有着良好胜诉纪录的顶级公司律师。2002年9月,法官做出了判决,支持美泰而反对卡西女士,认为她没有资格受到《举报人法》的保护,理由是她只是在向高级管理层提出建设性的意见而非提出明确的申诉。卡西女士的上诉仍在进行当中。

美泰前CEO吉尔·巴拉德于2000年2月带着5 000万美元的离职金离开了公司。公司用1.22亿美元解决了股东的起诉,但并没有承认对其虚报销售预测的违法行为的任何指控。

大卫·韦尔奇[8]

大卫·韦尔奇(David Welch)原供职于弗吉尼亚弗洛伊德银行的外部审计事务所,于1999年成为该行的首席财务官。弗洛伊德银行是卡狄诺银行的一员，它的历史不足50年，业绩增长缓慢而稳定，拥有六家当地的分行。工作两年后，韦尔奇开始留意到银行在经营过程中的财务违规行为——尤其是：

1. 银行的管理人员一直在夸大卡狄诺银行的收入。
2. CEO里奥在从事内部交易（在得到内部信息的基础上交易股票）。
3. 为了操控未来季度中的盈利，银行在不同的账户中控制着现金储备。
4. 银行允许撇账（勾销坏账），这违反了他们的内部控制政策。

韦尔奇在公司内部提出了他的顾虑，但公司并没有理会他，并在2002年10月将其解雇。两个月之后，他提请要求《萨班斯-奥克斯利法案》给予举报人保护。在法院受理案件的过程中，法官认定"韦尔奇的举报行为使其受到了有敌意的、带有歧视性的伤害"，判定公司应支付拖欠他的38 327美元的工资以及26 505美元的额外赔偿，并明确指出在韦尔奇复职之前都有权申领被拖欠的工资。卡狄诺银行坚持认为法官"根本没搞清楚这个案子"并提起上诉。

卡狄诺银行公司收集了有利于上诉的法律文件，其中包括一份银行调查员报告，据称发现韦尔奇在工作中存在着大量的错误，以至于卡狄诺银行公司开始"怀疑他在担任CFO期间的工作质量"。此外，有几名卡狄诺的员工扬言一旦韦尔奇复职的话他们就会辞去工作。

迄今为止，韦尔奇在这场官司中已经花费了大约12.5万美元的律师费，起诉卡狄诺银行的诉讼费大约有50万美元。弗洛伊德银行的CEO摩尔坚持认为韦尔奇的行为完全是受金钱的驱使，并声称在银行没有被证明为清白之前将拒绝结案。在这段时间里，尽管有法律规定恢复其"因卡狄诺银行公司的非法歧视而剥夺的本该有的资历、身份以及福利"，但是韦尔奇一直未被雇用，他相信："我最坏的忧虑还是出现了。我在这个行业中是找不到工作了。"

1. 谁冒的风险更大：是卡西还是韦尔奇？
2. 比较美泰公司的行为和弗洛伊德银行的行为，谁更不道德？
3. 你认为卡西和韦尔奇会后悔向公众揭露了真相吗？为什么？或为什

> 么不？
> 4.你认为他们的行为会给上述两家公司带来变化吗？

回应的义务

无论你是把举报人看作为了让不道德的行为公之于众而勇于面对艰难的英雄，还是相反，认为他们违背了忠于雇主的誓言，事实表明，员工越来越要求对他们在职场中发现的任何有问题的行为做出回应。从而，对雇主来说，要么忽视他们，陷入公开的窘境并遭受致命的财务处罚，要么创造一种内部的体系，在事态没有升级为外部举报事件之前就倾听并回应举报人。显然，在这样的条件下，回应举报人意味着要解决他们的顾虑，而不是像许多雇主那样解雇他们。

2002年以前，对举报人的法律保护仅仅以这样的立法形式出现：只鼓励那些感觉不得不说出真相的员工们的道德行为，却并没有为抵制报复行为提供任何保障。早在1863年，政府为了防止大发战争财而出台了《虚假申报法案》，该法案表明政府愿意拿出50%的补偿金分给揭发虚假申报的人——这无疑是一笔可能带来丰厚利益的交易，但也没有对抵制报复行为提供特别的保护。

1989年出台的《举报人保护法案》最终解决了对那些举报不道德行为的员工进行报复的行为。法律规定了处理举报人申诉的具体履行期限，并且保证举报人的姓名不对外公布，除非公布其姓名有助于防止犯罪行为或保障公共安全。法律同时也规定要提高对举报人进行安置性赔付的比例，即使案件仍在申诉流程中也不例外。

该法案只适用于美国籍员工。直到2002年《萨班斯-奥克斯利法案》（也被称为《公司与刑事欺诈责任法案》，通常缩写为SOX）的出台，国会才开始全面地对举报行为进行保护，不仅禁止对举报人的报复行为，同时也鼓励员工的举报行为：

> 法律规定公众企业不仅要制定企业伦理守则，还要设置内部的管理机构以接受、审议和征集员工对欺诈和（或）不道德行为的举报。该项法律的威力在于它规定了一套强制执行方案，包括管理上的、民事上的以及刑

事上的各种强制执行机制，对企业和个人都提出了相应的要求。……有趣的是，SOX 并不保护那些向新闻媒体投诉的员工。在 SOX 中，这类举动不被看作举报行为。

对于那些在举报案件中受到损害的员工，有权获得损害赔偿，包括：

1. 恢复员工因带有敌意的行为而被剥夺的原有的资历和身份。

2. 偿付拖欠的工资。

3. 股权。

4. 与员工有关的所有补偿性损害赔偿。

5. "特殊损害赔偿"包括诉讼费、合理的律师费及成本、鉴定费，以及"与员工有关的所有必需的救济金"。

SOX 没有规定惩罚性赔偿金。

> ■ **进度检测问题**
>
> 9. 如果员工的举报行为建立在谣言的基础上，是道德的吗？
>
> 10. 如果员工提供的举报信息最终被发现是错误的，他需要对发生的损失负责吗？解释你的答案。
>
> 11. 在 SOX 中，明确规定了作为政府举报人可得的损害赔偿金额，然而对于企业员工来说可获得的损害赔偿金额却未做出明确的规定，如果这样的话，我们能看到的企业员工的举报案例是否会越来越少？
>
> 12. 在 SOX 中，向媒体申诉不算作举报行为。这是道德的吗？

一旦举报人受到这种新的法律环境的保护，雇主就应当明智地采取下列措施：

1. 要有一个明确的程序去记录这些申诉是如何被解决的——确定一个联系人，要有一个明确的权威去回复各类申诉，坚决保守秘密，不对员工进行报复。

2. 开通一条员工**举报热线**受理这类申述，同样要坚决保守秘密，不得对员工进行报复。

3. 对所有的申诉及时进行全面的调查。

4. 要对所有的调查出具详细的报告，要详细地记录所有相关的企业管理人员采取的所有措施。

举报热线：一种专线电话，员工可以在不透露自己身份的情况下通过它留下口讯以警示有嫌疑的企业不良行为。

第七章　举报行为

尤其是，无论这些举报最终能否被证实，都必须尽力地去调查并落实这些举报。开通举报热线，必须建立在员工与雇主相互信任的基础上——相信可以以匿名的方式提供信息而不必担心报复行为，即使举报人的身份在调查过程中最终暴露也应如此。

企业大可信誓旦旦，然而，如果对举报的调查没能得出一个全面的结论，热线就有可能不会再响了。如果对举报的调查让人感觉是三心二意的，甚至以掩饰的手段含糊其辞，热线就肯定不会再响了。

前沿聚焦

"赚大钱"——本做出了决定

那天夜里，本难以入睡。他相信瑞克是最有经验的轮胎技工，但是他从来没有见过瑞克对一种轮胎持这样的否定态度——就好像他指责这种公司打算大卖的轮胎能得到什么似的。

公司以前就卖过二手的轮胎——见鬼，他们甚至把"用过"的轮胎卖给那些想省几个钱的客户。这究竟有什么区别呢？再加上，瑞克根本不必为约翰加在营销团队负责人头上的销售任务而担心——你每个星期都要完成一定的配额——如果公司要推销本菲尔德领航者轮胎的话，那么约翰肯定希望他能成打地把它们卖出去。

但是，如果瑞克说的是真的呢？如果本菲尔德的确是为了节约成本而在牺牲质量呢？这样一来，他们肯定就会碰到像凡世通轮胎公司那样的灾难。本应该如何处置这一消息呢？如果瑞克是那么忧心忡忡，为什么他自己不说出来？公司不是告知每一个员工在对任何企业行为产生疑虑的时候都可以使用员工举报热线吗？为什么要让本来说出这一切？他需要这份工作。就像店里的其他小伙子一样，他还有许多账单要结——事实上，要结的账单已经积得很多了，这笔销售提成来得正是时候。

本在做出决定之前犹豫不决了几个小时。瑞克的担心或许是对的，但仅仅是他一个人这么认为。公司里肯定还有其他人也看过这种轮胎的规格书，如果他们都能容忍，为什么本就不能呢？他没必要把宝仅仅押在瑞克的判断上。如果公司是如此地信赖本菲尔德领航者轮胎，那么本就应该比公司里的其他人卖得更多。

两周后,一辆小型货车发生了一次致命的交通意外,车上有一对夫妇和他们年幼的孩子。而这辆小型货车所装的轮胎就是一周前在本的店里售出的本菲尔德领航者轮胎……

1. 你认为接下来会发生什么事?
2. 对于本、瑞克以及他们的轮胎店来说,会有什么后果?
3. 本应该大胆地说出事情的真相吗?

■ 进度检测问题

13. 当经理或上级接到员工反映的可疑行为时,他们应当如何回应?
14. 对于那些勇于站出来说话的员工,企业应当打消他们的顾虑吗?
15. 你认为开通一条匿名的员工举报热线会鼓励更多的员工站出来说话吗?
16. 你的公司里有举报热线吗?如果有,你是通过何种途径知道的?如果没有,你又是如何知道的?

作为最后一步的举报行为

尽管勇于揭发企业的错误行为是在"做正确的事情",却可能使个人的职业生涯与经济状况陷入危险的境地,不过,从中体现出的那份勇气与光荣无疑会给备受误解的举报行为增添一丝光彩。然而,事实上,当员工在别无选择的情况下将真相公之于众的时候,也说明企业已无力通过内部的方式去推动自己的长期发展,去改善它与所有利益相关者之间的长远关系。所以,充当一名举报人并把企业的经历公之于众的举措应当被看作员工迈出的最后一步,而不是第一步。永不停歇的媒体关注以及企业在名誉和长期经营能力上可能遭受到的无法挽回的损失足以威慑那些即使是最顽固的企业领导班子,从而促使他们去修正那些被他们以往的行为所破坏的规则。然而,遗憾的是,绝大多数高级管理层似乎热衷于第三种选择,就像对待沃特金斯的建议那样,他们既不采取内部的修正措施,也不希望外界的干预——而是隐瞒真相并聘请他们所能找到的最有名的律师去诋毁事实,或者就像在维甘德的例子中那样,雇主用严格的保密协议拴住他的员工，员工一旦进行举报就会面临经济方面的风险。毫无疑问，许多企业之所以这么做，无非是想促使员工"闭嘴"。

作为一个实例，可参看附录6中安德鲁公司的举报人政策。

关键术语

员工举报热线　　外部举报人　　内部举报人　　举报人

> 👉 **讨论练习**
>
> ### 举报行为与专业人士[11]
>
> 这个案例是一个真实的故事，说的是一名公职人员举报国家机关不法行为的事。文中的人名是化名，但故事却是真实的。
>
> 芭芭拉·列兹尼克于1982年进入美国交通部工作，是一名建筑师。1988年，工作六年之后，她向上级反映部里在采购和租赁过程中存在欺诈和贪污行为。列兹尼克称，有些公务人员在把合同授予某些企业和承包人的过程中收取回扣。她指出，这种行为使纳税人损失了数百万美元。
>
> 列兹尼克等了几个月以求回复，却杳无音讯。最终，她再次接触了上级领导并表明她打算向外界权威机构举报这些问题。在一个月之内，交通部调查了列兹尼克在两年半中的长途通话记录。他们在数以千计的电话记录中找到了一通13美分的违规电话，并将案情送交了市一级的地方检察官。一个月之后，交通部又开始调查列兹尼克的病假使用记录。一项核查发现，由于她在工作中腿部受伤，部里为她安排了心理治疗，但她却有一次没去。列兹尼克说，她之所以错过了那次治疗是因为汽车在半道上刹车失灵了，并且，她当时曾在修理店里打电话给上级领导说明了情况。紧接着，列兹尼克不仅被解雇了，而且还受到了起诉。
>
> 芭芭拉·列兹尼克决定依据国家的《举报人法》提起诉讼。该项法律禁止对诚实地举报官方违法行为的公职人员进行报复。州最高法院做出判决："只要举报人确信存在不法行为，并能依据自己所接受的培训和经验证明他们的判断是有根据的，举报行为就是诚实的。"
>
> 由于举报违法行为而遭到报复和歧视的公职人员可以起诉政府机构，

并要求获得实际损失赔偿金、惩罚性赔偿金、恢复原职、工资损失以及诉讼费和律师费,错误地解雇或闲置举报人的上级领导将被处以1 000美元的罚款。在这类案件中,起诉政府机构的举报人要承担举证责任。

在列兹尼克采取法律行动之后不久,地方检察官向列兹尼克建议:如果她中止诉讼,法院也会中止对她的刑事诉讼。但是列兹尼克拒绝这样做。最后,对列兹尼克的指控被驳回了。

1991年,列兹尼克打赢了这场官司。法院判给她350万美元的个人损害赔偿金,1 000万美元的惩罚性赔偿金,以及16万美元的律师费。美国政府不服判决,向上诉法庭和最高法院上诉,但每次都以败诉告终。在做出原判的四年之后,美国政府总共欠偿列兹尼克2 040万美元,这是因为赔偿金的每日利息大约就有4 800美元。

但是,列兹尼克一直没能拿到政府拖欠她的赔偿金。这是由于《举报人法》要求立法机关首先从它的财政预算中列支拨款,但立法机关很不情愿这样做,因为绝大多数的立法委员认为赔偿金太高了。从许多立法委员的立场来看,政府的财政预算是用于满足公众需要的,现在要从中列支这么一大笔钱用于别处,是不符合公众利益的。然而,那些支持赔付和反对赔付的立法委员最终还是达成了一项协议,只赔付列兹尼克350万美元的个人损害赔偿金。列兹尼克拒绝了,她认为,作为一项原则,立法机关应该全额赔付2 040万美元。

列兹尼克已经有四年没有工作了。尽管她也收到过一两份低级的文书工作邀请函,却再也找不到她当初在交通部的类似工作了。她回绝了那两份文书工作,她知道在得到政府的赔付之前,这些工作对她来说只能是临时的。一旦拿到了赔偿金,她就可以再次谋求一份合适的工作或者选择退休。

从第一场官司开始以来,列兹尼克一共欠下了460万美元的律师服务费。同时,她还向放贷人借了100万美元。如今,她还住在拖车里,经常需要朋友提供食物和金钱的帮助。

讨论题

1. 你认为芭芭拉·列兹尼克有权要求国家全额赔付2 040万美元的赔

偿金吗？如何用你对"公众利益"的理解去评价政府最终决定的正当性？如果你处在列兹尼克的位置上，会接受这个最终决定吗？确保在你的答复中运用道德推理。

2. 还是从《举报人法》出发，现在假设列兹尼克是一名注册会计师（CPA），在交通部的财务部门工作，并且她所发现的欺诈行为涉及财务报表项目。你会建议列兹尼克去告发财务方面的违法行为吗？如果她是一名注册管理会计师（CMA）或注册内部审计师（CIA）呢？在做出决定的过程中，要考虑哪些相关的道德因素和职业因素？你会建议采取何种行动呢？

复习问答

1. 假设你在一家肉类加工企业工作。你有确凿的证据表明公司里的货运司机在偷窃肉类制品。为了确保货物重量和发货单上的称重无误，他们用冰块代替部分切肉。公司里有12名司机，据你所知，他们全都参与其中。公司里的举报热线尽人皆知，你会怎么做？

2. 如果你的公司还没有举报政策，你会怎么做？

3. 后来你发现其中有一名司机并没有参与其中，但最终也因为消息的败露而被解雇了。你会怎么做？

4. 是否应该让那名被冤枉的司机恢复工作？为什么？

复习测验

联合森林制业[10]

联合森林制业在密歇根上半岛的偏远地区有三家主要的纸浆厂。由于经济萧条，公司的财务状况正处在困难时期，这给三家纸浆厂所在的三个小型社区带来了实际的困难。此外，当地政府出于环境因素的考虑，对该地区的五家纸制品企业宣布了新的废水排放控制规定，并要求联合森林制业带头做出表率。

负责公司财务分析工作的蒂娜起草了一份题为"危在旦夕：上半岛地区的纸制品企业"的报告。负责公司报告的弗兰克和他的数据采集小组收集了蒂娜在报告中使用过的绝大部分的数据。不过，从弗兰克的小组所收集的数据来看，情况远没有人们想象的那么糟糕。新规定的首要内容是建造一个人工的污水贮备池用来处理废水。数据显示，这项新的措施只会使公司的经营成本提高8%~10%，而且，从他们的市场预测来看，当地消费者对纸制品的需求至少会使公司的收益增加10%，从而可以相应地抵消这项新的成本。数据采集工作完成后，弗兰克的小组举办了一个庆祝晚宴，在宴会上，他们热烈地讨论了公司如何通过遵守这些新的标准而在该地区的行业中处于领先地位——这对于他们的员工来说是值得高兴的事，不过，也就这么一次。

联合森林制业的 CEO 勒图尔勒计划在下周的代表委员会召开之前提交蒂娜报告的调查结果。同时，公司的营销部门已经做好相应的准备，只要联合森林制业服从新规定的消息一公布，他们就打算开展推广活动。

在听证会召开前的星期四早上，弗兰克来到了蒂娜的办公室，打算敲定最终的报告调查结果。蒂娜正在开会，她的助手苏珊正在准备董事会上所需要的报告副本。当天下午就要召开董事会议，在下周听证会召开之前审议最终的报告内容。弗兰克决定等蒂娜回到办公室。当苏珊匆忙回到办公桌前接电话的时候，弗兰克开始翻阅报告的定稿。但是，当读到第四页的时候，他倒抽了一口凉气，并跑去找他的老板吉姆·麦金托什。

"吉姆，我们的报告里出了大问题——所有的数据都搞错了！"弗兰克大声地说着，没有敲门就冲进了麦金托什的办公室。幸好吉姆的办公室里就他一个人，但是由于弗兰克的举动，他的脸上明显流露着不悦的表情——尽管弗兰克在随后的几天里又重申了这件事，但他对吉姆并没有动怒而感到奇怪。

吉姆镇定自若，他叫弗兰克关上办公室的门从头说起。弗兰克就他在蒂娜的报告中看到的那一页上的数据与吉姆进行了详细的核查。五分钟之后，弗兰克了解了事情的真相。报告中的错误数据根本就不是因为打印上的失误。数据被有意地改动了——大量的数据被改动了，意在说明联合森林制业的发展前景有多么的暗淡，这完全是故意的。

弗兰克注视着麦金托什，麦金托什也知道弗兰克弄明白了是怎么一回事。"弗兰克，看在上帝的份上，清醒一下面对现实吧！你会葬送你生命中所有重要的事情：你的职业、你的友谊和你的公司。"

"很抱歉，吉姆，"弗兰克轻声地说，"我和你共事多年，很了解你，但是你不能让这份报告递交上去。我们都知道这些数据是伪造的，公司的 CEO 可

第七章 举报行为

是要在下周的代表委员听证会上担保这些数据的准确性的。我们去找勒图尔勒——现在就去！"

"好吧，弗兰克，你的固执会给很多人带来麻烦，"吉姆说着，被气得脸色发青，"在这儿等着！我去找勒图尔勒，我们来看看他是怎么说的！"吉姆离开了办公室，砰的一声带上了门。

一会儿工夫，门突然开了，吉姆和勒图尔勒走进了办公室。勒图尔勒大约有60岁了，在公司里是一位受人尊敬的人。他在联合森林制业工作了很长时间，在纸制业享有卓著的声誉。"出了什么事，弗兰克？"勒图尔勒的声音打破了沉寂，"吉姆告诉我你对我们打算递交给委员会的报告有一些担忧？"

"是的，勒图尔勒先生，我想我们（公司）存在着重大问题。报告中显示，如果我们被强行要求建造那个人工污水贮备池的话，公司会面临严重的财务困难。事实上，报告是在说一旦规定被通过，公司将很有可能陷入破产的境地。但是这些成本被过分地夸大了。我们的经营成本没有理由会提高30%。我亲自审核过我们小组收集的数据，成本只会增加 8%~10%。另一些成本也是被夸大出来的，报告中说在我们的产品需求预测中显示出了进一步的衰退迹象，但我们不是在为了 10% 的需求增长而做准备吗？先生，您可是要在下周的代表委员会上担保这些数据的准确性的啊！"

"稍安勿躁，孩子，"勒图尔勒用平静的声音打断了弗兰克，"我们必须得以不同的数据应付不同的意图。当我们向股东汇报的时候，所提供的数据不是在公司内部文件的基础上大致修改后得来的吗？我们之所以这么做有两个原因：其一，我们的股东并不完全具备阅读这些报告的财务知识；其二，我们不能让自己的独家信息变得人尽皆知。就这件事情来说，我们必须使政府里的那帮蠢材知道这项规定会对我们造成多大的伤害。同时，他们也会知道我们正在用最有效的数据为自己辩解——这是常事。"

"但是，这不仅仅只是不同数据的问题，"弗兰克激动地说，"这些数据全是伪造的。并且，这些数据根本就没有考虑到公司可能给维纳维施河带来的污染。几年前，是我们的竞争对手清理了我们排放的污水。下游的城镇和村落仍然在饮用这些受污染的水。如果一旦追查起来，我们就会吃大官司。到那时，我们该怎么办？如果事情完全败露，我们会进监狱的！"

"车到山前必有路，"麦金托什插话道，"请你记住这里的关键所在。这些当地的社区完全得依靠联合森林制业才能维持经济生活。如果工厂不在了,城镇也就不在了。弗兰克,你会威胁到你的同事们,你会让他们丢掉工作。的确,这项规定不会使我们破产,但是它无疑会减少公司的利润。如果利润减少,公司就得不到追加投资。去年,由于公司合并的原因,我们在提高利润底线的问题上面临着巨大的压力。总公司正在商议,打算削减我们所需要的所有新的生产设备。"

"这就是底线,"勒图尔勒轻声说,"你是我们当中的重要一员——你的小组在汇总所有初始数据方面做了大量的工作。你在联合森林制业有着巨大的发展前景,我们不愿看到你因为一些小的意见分歧而离开。不过,在这个问题上,我需要大家口径一致。此外,吉姆告诉我这也不关你的事——你的小组要做的事就是收集数据。如果你没在蒂娜的办公室里看到报告的副本,我们根本不会让你参与其中。现在,放你一天的假,回家去陪陪爱人和孩子,驾着你新的高速游艇出去玩玩吧。彻底地想清楚了之后,我们担保你会理解我们如此行事的长期好处。再说,当地的污染问题是一个我们无法解决的长期困难,不是那些异想天开的华盛顿立法机关想的那么简单。况且,我记得这个问题很早以前就有了,所以,短短几年之内肯定不会出什么事的。"

  1. 弗兰克现在该怎么做?
  2. 思考利益相关者模式,勒图尔勒的虚假数据会影响到谁?
  3. 如果弗兰克将真实数据公之于众,你认为所有参与这件事的人可能会有什么后果?
  4. 联合森林制业的高级管理层显然认为财务困境可以为他们的行为辩解。这是一种有效的辩解吗?为什么?
  5. 勒图尔勒和他的管理层是否可以用更为道德的方式来处理这件事?
  6. 勒图尔勒和麦金托什把弗兰克看作搅局的人。这是一种公正的评价吗?

第八章　伦理与技术

> 老大哥在看着你呢！
> ——乔治·奥韦尔，《1984年》，第一部分第一章

教学目标

1. 理解近些年来科技进步给道德带来的错综复杂且又难以预料的各种后果。
2. 解释员工对工作中隐私问题的看法。
3. 解释雇主对工作中隐私问题的看法。
4. 区分强认同和弱认同之间的差别。
5. 弄明白什么叫替代责任。
6. 分辨出在互联网交流领域中什么是最高级别的诉讼类型。

前沿聚焦

"计算机世界公司里的难题"

斯蒂文刚刚被计算机世界公司录用为电脑维修技师,这是一家大型的电脑零售商店。作为一名刚从当地技术学院毕业的新手,斯蒂文热切地希望在工作中很好地发挥他的专长,在计算机世界公司里打出一片天地。"谁知道呢,"他暗自思忖,"或许只要一两年的工夫,我就可以管理整个部门了!"拉里是斯蒂文的搭档,他在公司里已经干了五年,也是一名电脑维修技师。拉里人很好,并答应向斯蒂文"传授经验"。

某日,他们迎来了当天的第一位顾客约翰逊先生,一位对电脑技术不甚精通的人。拉里接通了电脑之后就认为是硬盘坏了,需要换一个。他告诉约翰逊先生:"好消息是你的电脑仍在保修期内,所以我们会给你换个新的,没问题的——把电脑放在我们这儿,明天早上就可以来拿了。"拉里对电脑问题的快速诊断以及对约翰逊先生的明确承诺给斯蒂文留下了深刻的印象。但是,约翰逊先生似乎并不太高兴。"我的旧硬盘怎么办?"他问:"旧硬盘里有很多私人信息——你装了新硬盘之后,旧硬盘我能取回吗?"

"很遗憾,这可能不行",拉里说:"我们必须把在保修期内的零部件返还给厂家,这是公司的规定,不过不必担心,厂家的技术人员会在循环使用硬盘之前清空里面所有的数据——在这个问题上,我们会很小心的。"

约翰逊先生连声道谢并决定把电脑留在店里,随后就离开了。拉里麻利地换上了新的硬盘,并把旧硬盘扔进了工作台下的一个盒子里,斯蒂文注意到,盒子上贴着"跳蚤市场"的标签。

"你在干什么?"斯蒂文问道:"我们不是应该把这个还在保修期内的硬盘返还给厂家吗?""你疯了吗?"拉里笑道:"这只是对客户的说法——而所有的厂家需要的只是一个产品序列号和相关文件。那是一个相当不错的硬盘,所有的问题只是出在文件冲突上。我已经修好了——既然硬盘还在保修期内,他就可以免费得到一个新硬盘,而我们也可以做成一笔不错的生意,这周末我就可以在跳蚤市场上把这个还没怎么用过旧硬盘给卖了。"

> "但是约翰逊先生在硬盘上的个人信息怎么办呢？"斯蒂文问道："你不打算清空它？"
>
> "等我有时间再说吧"，拉里笑着说。
>
> 1. 在本章的178~179页上列有计算机伦理研究所（Computer Ethics Institute）制定的《计算机伦理的十项要求》。在这个案例中，拉里总共违反了多少项要求？
>
> 2. 看上去，拉里对于在跳蚤市场上出售那个"还没怎么用过"的硬盘的前景显得极为乐观，但是，如果硬盘上的信息没有被清除，会有什么后果呢？在这里，计算机世界公司责任何在？阅读175页上有关"替代责任"的部分寻求更多的细节。
>
> 3. 如今，斯蒂文该怎么做？

伦理与技术

技术上的进步通常会带来许多改良过的新功能，然而，在此之前，我们却没有机会对这些改良可能带来的相关问题进行全面的考虑。看看过去的20年里技术手段在工作环境中发生的巨大变化吧——特别是台式电脑操作技术的改进、互联网的运用以及电子邮件与即时通信的推广。在这些技术进步到来的同时，它们也向人们承诺会"便于存取"、"便于使用"，承诺会带来"工作效率的提高"这一永恒的主题。

这样的评价不无道理。让我们看看下述情形：

● 如今，企业可以通过互联网、**内联网**和**外联网**向员工和顾客提供大量的信息。以往需要通过硬拷贝方式——手册、旅游指南、商品宣传单、政策读本——进行传递的信息如今可以被挂在网站上，世界上任何一个地方的员工或顾客只要花几分钟就能得到。并且，更新这些信息在几小时内就能完成，而不像以前那样需要几个星期。

● 捷蓝航空公司（JetBlue Airlines）如今不用再为票务预订部门建立话务中心了，这避免了昂贵的日

外联网：企业在互联网上的专有网络，客户和卖方伙伴可以根据特有的口令进行安全的访问。

内联网：用于获取信息的企业内部网站，只有企业员工才能访问。

常费用,从而在很大程度上起到了节省成本的作用。通过使用有效的呼叫路由技术(call-routing technology)、台式电脑和专用的电话线路,捷蓝航空公司可以在盐湖城地区雇用 700 名兼职员工形成票务预订部门。这些员工可以在他们舒适的家里、餐厅或卧室里工作——没有昂贵的办公大楼,这样既不用操心物业管理,也省去了保养费用;更具弹性和满意度的员工可以在任何时候进入工作,无须通勤和满足办公室着装要求,这对他们来说也更加方便。

如今,这些技术已经成为我们日常工作环境中的一部分,但是,许多美好的承诺却由于个人隐私的损失蒙上了一层阴影,尤其在下面的两个关键方面:

1. 作为一名顾客,企业如今有技术力量把你的个人数据快速地发送到世界上的任一角落以充分利用更廉价的劳动力。

2. 作为一名员工,你的老板如今可以监视你所发的每一封电子邮件以及你所登录过的网站,以确保你真的在履行"提高工作效率"的承诺。

你知道你的私人信息在哪儿吗?

随着光纤电缆网络在全球范围内的构架,随着全球受过教育的、会说英语的劳动力的普及,美国企业在海外航运工作上的劳动力成本变得更低,竞争力正在日渐增强。从技术上讲,凡是能被数字化的东西都可以通过光纤电缆网络进行发送。

伴随着某些地区(主要是印度)话务中心的建立,第一次技术进步的浪潮随之而来。这些话务中心可以答复信用卡公司的服务电话或为电脑系统提供技术支持等。如今,拥有得体的美国名字的年轻人能够用带有明显地方口音的英语,态度和蔼地接听你的电话,就好像你正在给位于美国中西部地区的办公区打电话一样。不过,这只是个开始[1]:

我在和拉奥通话的几周后,收到了一封来自霍普金斯大学校长比尔·布罗迪发来的电子邮件,我曾为这本书而刚刚采访过他:

亲爱的汤姆,我正在霍普金斯大学的继续教育医学研讨会上给放射科治疗师们做报告(我以前曾经是一名放射科医生)……我发现了一个非常重要的情况,我想你对此会很感兴趣。我刚刚了解到,在美国许多中小规模的医院中,放射科的医生们会把读识电脑断层扫描(CAT)的工作外包给印度和澳大利亚的医生!!!这些事情绝大多数发生在夜里(也许是周末），那时医院的放射科没有足够的人手提供医疗服务。一些放射科小组利用远程放射学技术把从医院那里得来的扫描图发送到家里（我猜想也有可能是发送到范尔或科德角），这样他们就可以全天候地解释扫描图并提供诊断。很明显地，规模更小的医院正在把CAT扫描图发送给国外的放射科医生。有利条件在于我们这里是晚上的时候印度和澳大利亚正好是白天——所以，下班后的医疗工作更容易通过在全球范围内发送扫描图而被完成。由于电脑断层扫描图（以及核磁共振扫描图）已经全部数字化并可以通过标准的传输协议在网络上获得，因此，在世界上的任何一个地方都可以毫无障碍地看到扫描图……我想那些身处地球另一端（印度和澳大利亚）的放射科医生……也必定在美国接受过培训并获得了相应的许可授权和资质证明……那些被美国放射科医生所雇用的提供下班后识图工作的国外放射科小组通常被称作"夜鹰"。

这些新的技术力量带来的伦理义务才刚刚被人们认识到。应当提醒顾客话务中心建在何处吗？应当提醒顾客自称为"瑞恩"的接线员实际上是来自孟买的拉杰什人吗？如果你被指定给一名放射科医生治疗，你有权知道你的CAT扫描图正在世界的另一端被另一位放射科医生查看吗？支持者认为，向病人分派ID账号而不是提供全名或个人信息可以保障病人的隐私，但是，一旦信息以数字化的格式上传到网络，又如何保障没有其他人进入该网络呢？

■ **进度检测问题**

1. 如果你发现半道上出现的世界上的某个人正从你的医生那里看你的医疗检查报告，你会作何感想？

2. 如果你知道缩减成本会使美国的一些放射科医生丢掉工作，你会改变看法吗？如果通过这种方式看扫描图的原因在于缺少有资质的医生，你会改变看法吗？

3. 你的医生有义务告知你的检查报告正在何处被查看吗？为什么？

4. 以数字化的格式存贮私人信息可以简化信息的存档与转换，可以为企业节省那些有可能会转嫁到顾客身上的成本。在这个新的数字世界中，用ID账号取代实名的方法可以满足个人维护其隐私权的要求吗？

提高工作效率的承诺

过去的 20 年里，个人电脑、电子邮件、即时通信以及互联网的运用已经使我们的工作环境变得快认不出来了，但是，这些变化也同时带来了新的道德困境。只要点击一下鼠标，你就可以浏览 CNN 的新闻，可以通过电子邮件发笑话给朋友，可以为下周的行程查看天气预报，和打算通电话的朋友联系，发布那些只是在休息室里偶然听来的"绯闻"，等等。但问题是，你应该这么做吗？就这一问题，我们可以找到两种不同的观点：雇主的观点与员工的观点。

雇主的立场

作为企业的一名员工，你在工作时间内的效率代表着你的工作"绩效"，这是你进入公司后签订的"绩效奖金"合同中的部分要求。因此，你在正常的工作时间里的所作所为要听从公司的安排。除了午餐时间和规定的休息时间，你的所有活动都应该是与工作有关的，任何对员工行为的监视都不应当被看作侵犯隐私。如果你想干点私事，不要在工作时间做。

企业有责任为了利益相关者尽可能地有效经营，要这样做就必须确保企业的资源没有被滥用或窃取，严格保护企业的相关数据和机密信息。

员工的立场

作为企业的一名员工，我承认我的"工作"时间代表着工作效率，它是我所接受的议定薪酬——小时工资或年薪——的基础。然而，这样的协议不应当侵犯我作为个体的公民权利——我是一名员工，不是一个仆人。正因为如此，我应当被告知任何电子监控的存在以及它们存在的意图。一小部分员工破坏企业规定的行为不应当被当作剥夺每个个人公民权利的正当理由。不能仅仅因为我边上的一个家伙在上班时间上了一天的网就意味着所有人都会这么做。电子监控意味着我们在工作中不被信任——如果你不信任我们，为什么一开始又要雇用我们呢？

想为这两种对立的立场找到一种满意的解决方式是很困难的，原因主要有两个：首先，由于可利用的技术手段在不断发展，我们越来越难精确地判定工作在哪里结束，而你的个人生活又从哪里开始。其次，谈判或妥协的意愿随着

第八章 伦理与技术

当前的就业形势起伏不定。

> **道德困境实例**
>
> ### 案例 8.1[2]　不予公开
>
> 我的名字叫莎莉·琼斯,是中西部地区一家名为查克·威尔森的小型会计事务所的办公室主任。生活是美好的——这是一家效益不错的企业,规模不大收益却还不错,并且,老板查克是一个可以为之效力的了不起的人。他在我们社区威望很高,是当地商会里有影响力的人;他为几家当地的非营利组织免费提供专业的服务;这些年,他建立了坚实的客户基础。不过,问题在于小查克。查克一直筹划着让小查克来接管公司,随着小查克通过了CPA考试,看上去时机已经成熟了。大量有关划船和钓鱼方面的杂志开始出现在查克的办公桌上,这使我相信,他比以往任何时候都认真地在思考退休问题。
>
> 我并不会因为查克的退休而感到不快,这本是他该做的。我在公司里的工作是有保障的。我为查克以及他的客户所做的工作干得不错。不过,小查克已经开始在企业中留下自己的印迹了。如果他正在为接管公司那天准备一些"在新的领导下"的标语,我也不会感到吃惊。小查克自认为是"处在新技术前沿"的人,并"准备付诸行动"去承接报税代理商布洛克税务公司和杰克逊休伊特公司的业务,这两家公司每年在个人所得税的报税业务上占有很大的比例。小查克因为在商业杂志上看到了一篇文章而感到非常兴奋,他认为通过和"大公司"做生意会给我们带来有利条件——他已经开始联系文章中被提到的那些企业了。
>
> 他的方案是把我们所有的客户个人所得税申报表寄送给一家印度公司,该公司保证那些已取得美国注册会计师资格的会计人员会在48小时之内把申报表准备好。用专业术语说,这叫外包。小查克说,这会使我们的劳动强度更小,但公司的盈利能力会增加,而不是花掉我们所有的时间与个人收入打交道。同时,我们也不用在本季度聘请额外的人,从而节省了成本。他甚至想到,那家公司给我们开出的价格并不高,我们可以比那些大公司开价要低,从而可以从它们手中抢点生意。他已经开始策划在当地的报纸和广播电台上进行大规模的广告宣传。

企业的道德

> 我很乐意去假定小查克这样做没有错，但我的担心是——他没有打算告诉任何人我们将如何去做；他也没打算提及税表的准备是由其他一些人（他从没碰到过的人）完成的，或者客户的个人信息将会以电邮的方式交给印度的公司负责填报。他说，只要回报快速、精确，而且比其他的公司更便宜，顾客就不会在乎这些。所有的广告都宣传"立即偿付"。我能理解他的意图，但是这种"不予公开"的方式却让我感到很不舒服。
>
> 1. 莎莉对小查克方案的担忧合理吗？为什么？
> 2. 小查克显然是出于省钱的考虑才做出这个方案的。他没有考虑到的问题是什么？
> 3. 你认为查克已经签字同意了这一方案吗？如果还没有，莎莉应当告诉他吗？解释原因。
> 4. 如果小查克公开所有的细节问题，这个方案会成功吗？

什么是"上班"时间？

远程通信：在办公室外（在家里或是其他任何地方）登录公司网络（通常要经由一个安全的网关，如 VPN，虚拟加密网络）进行办公的能力。

有关工作中隐私问题的争论以往仅仅集中于工作时间，也就是员工在"工作场所"——办公室、工厂、商店、医院、话务中心等——的工作时间。随着计算机技术以及**远程通信**技术的发展，你可以在家里（或任何地方）工作，只要登录公司的远程网络就可以了。"上班"的概念开始变得愈发模糊不清。

在有效的技术条件下，人们开始期望可以坐在家里查看电子邮件，或者直到大型会议召开前一天的夜里才完成 PPT。黑莓技术（也被许多使用者和他们的同伴亲切地称呼为"聪明的梅子"）的来临使得许多员工可以和他们的老板保持全天候的联系——也许不是一周 7 天、一天 24 小时，但只要他们不关闭新的信息提示功能就行。

在这种新的工作环境中，上班的概念变得更具弹性。如今，可获得性是通过可达性来决定的。如果我可以通过手机或电子邮件找到你，就可以向你请教问题或指派你工作。一天的工作时间或一周的工作天数现在是次要的了——这是一个充满竞争的世界，只有真正全身心投入的工作团队才能处于领先地位。

第八章 伦理与技术

相应地，员工开始期望在工作期间满足个人需要的方面也具有同样的弹性。如果我为了准备第二天一个重要会议所需的 PPT 工作到很晚，那么不应当允许我在工作时间里电话预约我的牙医吗？如果我忘记在母亲节送花给妈妈，那情况又会怎样呢？如果我在工作时间用电话预订了鲜花，那么我就是在逃避工作吗？我就会无法成为老板所期望的专注于工作的、高效的员工吗？

如果员工的这些权利被认可，那么为了使这些权利具有一定的有效性，随之而来的便是，员工应当接受所有这类技术的监督。不过，正如亚当·莫尔（Adam Moore）所指，就业形势会不可避免地造成两种直接相对的认同类型：弱认同和强认同。

强认同。如果员工接到正式的通告，公司会监视所有的电邮与网页——要么是在职期间，要么是雇佣期间——通告里交代得很清楚，员工能否与公司保持雇佣关系将取决于他们是否同意服从所有的监控，那么，我们就可以说员工接受了强认同。换句话说，这里只有两种选择：要么同意接受监控，要么"另谋他职"。你可以认为，员工至少已经被告知了相关政策，但是这种告知建立在这样的假设上：工作很难找，原则上说，员工也不会甘愿冒着临时失业的风险而主动辞职，尽管他可能正向另一家公司咨询。[3]

弱认同。如果就业形势处在天平的另一端——工作机会很多，员工不存在找工作的困难——那么对监视政策的认同度就可以被划归到弱认同。因为如果员工认为监视政策无法接受，那么他们就可以换个工作。

> 强认同：如果员工接到企业的正式通告说他们在雇佣期内所有的电子邮件和网络活动都将被监视，而且通告中明确指出与公司继续保持雇佣关系的条件之一就是服从监视政策，我们就可以说员工被给予了强认同。

> 弱认同：如果雇佣条件处在天平的另一端——也就是说，就业机会富余，员工换个工作不会有什么困难——那么员工对公司监视政策的认同度就会被划为是弱的，因为如果员工认为这些政策是无法接受的，他们就可以另谋出路。

■ 进度检测问题

5. 定义"远程通信"这一术语。

> 6. 概述雇主在上班期间有关隐私问题的立场。
> 7. 概述员工在上班期间有关隐私问题的立场。
> 8. 解释强认同和弱认同之间的差别。

有关告知和认同的抽象概念充其量只是理想化的。思考下列由"杰米"所描述的某英国话务中心的职业生活[4]:

早在1999年10月,我就开始在英国一家规模很大的话务中心工作。话务中心有大约1 000名员工,分成几个小组,小组之间通过销售量相互竞争。优胜的小组可以得到一箱葡萄酒或其他类似的东西。个人的提成方案也是以销售量来决定的。

我是一名"外呼电话销售代理"。这意味着我要给那些在家里的客户打电话去推销公司的服务项目。我知道绝大多数客户不喜欢在家里接电话,如果客户明显地不想通话,我就会结束通话,并在他们的户头上记下"不用再联系",尽管我们被特别地告知只有在特殊情况下才可以这么记录。

提成方案激励着我的一些同事(绝大多数是学生)为了提成而积极地销售——销售客户并不想要的产品。通常,这些人会在遇到不良后果的时候离开公司。

许多客户把电话销售代理想象成是满脸粉刺的白痴,一边翻阅着电话黄页,一边给人打电话。但是,公司的呼叫系统其实十分复杂。它有一个存放着所有客户资料的数据库,由计算机来向客户拨打电话(通过在他们户头上所设置的标记)。只要某人拿起了电话,计算机就会把线路转接给邻近的代理人。代理人不用直接控制电话呼叫,只要接线耳机的信号音一响,就会有客户在电话的另一端说"喂",就是如此。接下来,代理人就开始夸夸其谈。

挂掉一个电话再接进下一个电话之间的时间间隙大约有30秒(当我刚进公司的时候,我被告知的是90秒),由此不断地周而复始。

话务中心是一个让人感觉非常紧张的地方,绝大多数的代理人都很紧张,甚至比客户都紧张。

不断提高的销售目标开始随之而来,越来越多的产品被介绍进来。遗

第八章 伦理与技术

憾的是，与这些产品相配套的培训却很贫乏，是虚有其表、肤浅的PPT展示。我们了解产品的底细，但是我们无法回答所有的疑问，它并不会被那些更有见识的客户所接受。如果我对某个产品有想法，就很担心有的时候自己会胡说。

我认为，电话销售的通话时间不可以超过6分钟。

一天，他们决定开通一个内呼电话销售渠道。就是试图向打进电话的客户推销产品。我报名参加了该项业务，认为这可能会是一件稍微简单点的差事。谁想，令人吃惊的是，我们为了进入销售区内并接听不间断的客户投诉电话，足足花了三个星期才完成内呼销售培训。

我们被要求去接听各种各样的电话。为了记录各种订单与电话，我们必须使用不同的系统，许多系统非常难以使用——带有类似于DOS命令行的界面。

有一条指令用来查询客户的地址与一般情况；另一条指令则可以查询客户户头上的订单。不是点几下鼠标就能完事的，我们必须使用指令和指令代码在客户的户头上发放产品。然后，我们必须使用另一种不同的指令，如果想进入客户详细的配送地址的话。接下来，又得通过一条指令，我们才能确认订货的数据信息。再经过一条指令，订单才能被确认。

因此，客户可能已经在电话那头等得不耐烦了，她们会想：代理人打字速度真慢。这样代理人就可能会紧张，因为他们可能会找不到某种产品特殊的指令码，或者想不起来某个特殊的指令，或者出现输入错误——诸如此类的事情。

所有的这些操作必须在9分钟之内完成。

处理完客户的投诉，我们必须尽力使用自己学到的内呼销售技巧向他们推销特别的产品。这相当困难——就像你打电话去公司投诉一种产品，而他们的代理人却要试图向你推销更多的产品！

我开始询问我的经理这样做是不是有问题，却毫无结果。经理们一般都不会关心我们在做什么，除了告诉我们要尽力去卖掉新的产品，或者传达毫不相干的上级管理层的消息。他们管理技术的总体水平看上去还不如我高。

最终，我辞职了，通过审查后离开了办公场所。

> ■ 进度检测问题
>
> 9. 你会如何形容这家话务中心的工作氛围？
>
> 10. 吉米的通话被话务中心的主管全程监听着。这是道德的吗？为什么？
>
> 11. 你认为在这家话务中心工作的最坏的地方是什么？
>
> 12. 当吉米辞职的时候，他要接受安全部门的检查才能离开。这是道德的吗？为什么？

留下书面证据的危险

我们可以怨恨这些使雇主可以对我们在电脑上的一举一动进行监视的技术，但是通常那些在计算机上生成的文件造成的危害最大。

思考下列事例：

● 1997年，英国保险业巨头诺维奇联合保险公司（Norwich Union）因涉嫌通过电子邮件诽谤竞争者西方节俭保险协会（Western Provident Association, WPA）而被迫进行庭外和解。诺维奇公司的员工发送了虚假的电子邮件，声称WPA已经资不抵债。当法院传票发出的时候，诺维奇公司已经把电邮信息删除了。WPA经法院授权强迫诺维奇公司检索其系统备份找到了相关数据。诺维奇公司在高等法院当庭道歉并赔偿了45万美元才得以结案。[5]

● 1998年11月，雪佛龙公司因为在公司的网络中出现了"冒犯女性的"电子邮件而被起诉涉嫌性骚扰，公司赔付了220万美元，邮件内容有如"啤酒胜过女人的25个理由"。[6]

● 1999年10月，施乐公司解雇了40名员工，理由是他们在上班时间浏览色情网站。[7]

● 2001年9月11日，在纽约世贸中心双子塔遭到撞击后不到一个小时，英国交通部劳工局长的"特别顾问"乔·摩尔撰写了一封电子邮件，暗示"今天是埋葬坏消息的最好日子"。邮件被泄露给了媒体，媒介攻击她作为工党的一名"政党代言人"扮演着不受欢迎的角色。2002年2月，摩尔女士就英国铁道系统公布的负面安全数据做出了同样的暗示——她发送的电子邮件暗示，数据被公布的当天正好是女王的姐姐玛格丽特的忌日。这封电子邮件也被泄露给了媒体，随后摩尔女士于 2002 年 2 月 15 日引咎辞职。[8]

● 2003 年 10 月，微软公司的一位名叫米迦勒·汉斯克姆的员工因在个人网络日志上张贴了一张照片而被解雇。该图片显示了一批新的苹果 G5 型电脑正被送到微软设在雷德蒙德和华盛顿的总部——据推测这是为了某些详细的"审查"。[9]

● 2005 年 3 月，波音公司的 CEO 哈里·斯通塞弗（Harry Stonecipher）因被董事会发现一系列涉及"桃色"事件的电子邮件而引咎辞职，这些邮件揭露了他和公司运营副总裁的绯闻。[10]

由于互联网通信的迅捷性以及从电子邮件文本中收集潜在危害证据的可能性，因此很容易理解为什么企业开始如此关注他们员工的网络活动。

替代责任

如果公司的品牌和声誉受到的消极影响还不足以成为担心的理由，那么**"替代责任"**这一法律概念应当会引起所有雇主的关注。

> **替代责任：**一种法律概念，意思是说，即使当事人在事实上并未主动介入某事件，但他仍要对事件造成的损害和损失承担责任。

替代责任是一个法律概念，它意味着团体要对伤害或损害行为负责，即使事实上它并没有主动参与到事件中去。因替代责任而被指控的团体一般来说扮演着监管人的角色，监管着亲自对伤害或损害行为负责的下属。替代责任暗示了被指控的团体要对其下属的行为负责。

可以因为替代责任而指控企业的情况有很多种。承包商可以因替代责任而被指控，如果其下属承包商没有完成工作，或工作不当，或被发现有其他违反合同的犯罪行为。父母会因为替代责任而被指控，如果他们孩子的行为造成了损伤或损害。雇主也有可能遇到大量涉嫌替代责任的情况，包括员工之间的性骚扰，员工之间以及员工对客户的歧视行为，或者其他造成伤害的员工个人行为，甚至员工的违背雇主政策的行为。[11]

所以，作为雇主，员工的网络通信活动和员工用写有公司抬头的信笺进行通信交流行为一样，都可能导致你成为其行为的负责人。用新的专业术语来说，这叫**网络责任**，它把现有的法律义务概念带入了一个新的世界——计算机世界。

> 网络责任：身为一名雇主，你要对员工在互联网上的通信活动承担责任，其类型就好比他们用印有公司抬头的信纸进行通信一样。

这种新类型的责任范围可以在爱尔荣软件公司（Elron Software）列举的最主要的诉讼类别中找到[12]：

- 歧视行为；
- 骚扰行为；
- 淫秽与色情；
- 中伤与诽谤；
- 泄露信息；
- 垃圾电邮。

道德困境实例

案例8.2　最好笑的20个关于金发女郎的笑话

比尔·戴维斯的办公桌上放着会计部一名女职员的投诉信，他正为此事一筹莫展。作为米德兰药品公司的人力资源部主管，处理各类有关员工行为的投诉是他工作的一部分。多年来，公司花了许多钱用于培训员工有关员工操守的最大问题——性骚扰和性别歧视——比尔猜想，这可能是因为处理这类法律诉讼可能会花掉公司数十万美元，而不是数百或数千美元。然而，这份投诉却把比尔给难住了。

米德兰药品公司是一家中等规模的地方性企业，只有180名员工。公司设在城郊，这给他们的员工带来了很好的生活质量——免去了通勤的苦恼，不错的学校，可观的薪水，这与身处大城市的竞争者相比具有优势。公司的人事也很稳定——事实上，最近的一期员工简讯已经统计出，有一个家庭中的八个人都在为米德兰工作，下一期将刊载一个家庭中的三代成员都在为米德兰工作。这是一家不错的企业，比尔也很喜欢人力资源部主管的工作。

简·威廉姆斯是会计部的一名新员工。她来到公司工作部分是因为她丈夫在三个月前随公司迁到了这里。比尔从和简的部门经理的交谈中了解到，她是一名模范员工——守时、可靠，工作效率也非常高。在库房工作的斯蒂文·科林斯为了给大家带来一个愉快的周末，转发了一份他的朋友发给他的电子邮件。邮件的原标题是"最好笑的20个关于金发

第八章 伦理与技术

女郎的笑话"。科林斯改用了一个简单的标题"周末愉快",并通过公司的电邮通信录群发了邮件。当比尔打开邮件的时候,不得不承认那些笑话也使他开怀大笑。看完邮件后,他就继续去做他正在从事的季报工作了,并没有把这件事情放在心上。

简是一位金发女郎("一位天然的金发女郎",正如她在邮件中所指出的),她一点儿都不觉得那封邮件很好笑——事实上,她感觉自己受到了冒犯,于是对科林斯的行为提起了正式的投诉,声称那封电子邮件对她造成了"一种怀有敌意的工作环境"(这一重要的短语是我们的律师在有关性骚扰行为的培训中强调的)。比尔也得知,简正尽力在争取部门中的其他一些女性支持她进行投诉,理由是金发女郎笑话总是在说女性,所以这是对女性的歧视。

简在刚进入公司的时候,比尔曾经单独面试过她,她给比尔留下的印象不是那种会为了这样一件事而跟公司过不去的员工,因此,他猜想,简所说的"怀有敌意的工作环境"可能更多地只是她一时的情绪所致,而不会是威胁要跟公司打官司。然而,简的投诉是正式的,他必须有所回应。不幸的是,米德兰公司有关电邮通信的政策向来都是非正式的。以前根本就没有作为一个问题提出过。大伙一直都在发一些笑话或好笑的故事,而且米德兰公司一直在依靠员工的常识来保证,不去发任何带有冒犯和不敬嫌疑的东西。

IT部门的人就网络和数据审查采取了所有必要的预防措施,但是,作为一个家族企业,公司从来就没有考虑要监视员工电子邮件的问题。如今,比尔很忧虑,因为这个问题必须得做出处理。

1. 斯蒂文·科林斯发送那封电邮的行为是错误的吗?为什么?
2. 简提起正式投诉这一举动是过激行为吗?为什么?
3. 你认为米德兰公司的员工隐私政策会发生什么样的变化?
4. 比尔会做出何种选择?

如果我们了解到雇主要对员工行为的直接后果承担责任,那么,这可以成为监视员工的理由吗?可以借此控制所有可能会给企业带来风险的员工行为吗?或者说,员工在上班期间在何种程度上享有隐私权呢?

隐私权——老大哥就在现场

> 当你置身公共场合或出现在电视屏幕里的时候，让你的想法到处漫游是相当危险的。哪怕是最小的事情都会让你无藏身之处。一次神经的抽动、一个无意识的焦虑的眼神、一种喃喃自语的习惯——任何带有这些举动的行为都暗示着不正常，暗示着要隐藏些什么。无论如何，脸上挂着不恰当的表情，这本身就是一种可罚的罪过。甚至出现了一个新词来形容：表情罪……
>
> ——乔治·奥韦尔，《1984年》，第一部分第五章

"出于质量控制和培训意图的理由，通话将被监控。"在你打电话给某家公司并通过电话操作选择语音信箱的时候，你还会听到这种一般性的陈述——在你有望和真人取得通话连接之前，这经常是你最后听到的话。

乔治·奥韦尔在他的小说《1984年》中塑造了一个黑暗而荒凉的世界，"老大哥"监视着你所做的一切，控制着你所能得到的每一则消息。许多支持员工隐私权的人认为，我们已经进入到了小说里描绘的那种状态。如今，雇主们有技术力量监视你在电脑上的每一次击键，跟踪你访问的每一个网站，对你的每一次通话进行录音。替代责任被作为理由为这类行为进行辩护，因为这代表了股东的最大利益，但是，员工的最大利益何在呢？

以替代责任为理由以及技术力量的支持可能会把这种运动带入一种奥韦尔所描述的工作环境当中，但是，这会造成什么样的长期影响呢？员工的职业流动会使企业在招聘费用、培训费用上花费成千上万美元的成本，并同时损失工作效率。设置一种"被锁定"的工作环境可以保护你免于承担替代责任，但是，它也可以赶走那些不情愿当实验室里小白鼠的员工。

《计算机伦理的十项要求》[13]

（由计算机伦理研究所制定。）

1. 你不应当利用计算机去伤害他人。
2. 你不应当干预他人的电脑工作。
3. 你不应当窥探他人的电脑文件。
4. 你不应当利用电脑进行盗窃。
5. 你不应当利用电脑做伪证。

6. 你不应当复制或使用尚未购买的专有软件。

7. 你不应当在未经授权或尚未合理付酬的情况下使用他人的电脑资源。

8. 你不应当占有他人的智力成果。

9. 你应当考虑到自己设计的程序和操作系统会带来的社会影响。

10. 你应当在使用电脑的时候确保自己总是能考虑到并尊重你的人类同伴。

> ■ 进度检测问题
>
> 13. 在《计算机伦理的十项要求》中，哪项要求所传达的道德意图最为强烈？为什么？
>
> 14. 定义"替代责任"这一术语。
>
> 15. 在主要的诉讼种类中，列举四项和互联网通信有关的种类。
>
> 16. 定义"网络责任"这一术语。

老大哥一直待在这里

　　计算机伦理研究所提供了一些关于恰当使用电脑技术的简单指导方针，但是，所有这些技术是否需要一种新的技术友好型伦理呢？这个争论可能还要继续下去。但是，实时地处理这一问题，需要我们去考虑有多少这样的问题实际上是由前七章中所讨论的可变因素变化而来的。我们仍在讨论着同样的利益相关者，以及在激烈的市场竞争中指导企业的交易行为。变化的是这些交易如今赖以发生的平台，以及更为重要的，这些交易发生的速度。

　　适用于录音通话内容的规则能同样适用于电子邮件吗？还是应当有所不同？现实是，所有这些技术的来临给我们的职业生活带来了巨大的变化。我们都要在工作上花更多的时间，我们可以迅速地进入工作意味着私人生活与职业生活之间的界限变得越来越模糊。这应当意味着雇主以"紧急"为由闯入我们私人生活的能力将被我们在工作时间上的弹性所平衡——但是那真会发生在你工作的地方吗？如果你认为这种争论正在被媒体过分地夸大，那么考虑下列员工监视技术的概况吧[14]：

　　使用明显的侵入式工具监视工作地的员工。其中包括：

　　● 封包监听软件（pack sniffing software）能够识别、分析并获取网络上的所有通信，包括员工的电子邮件、聊天记录、文件共享以及网页浏览。员工使用工作场所网络进入非企业提供的个人邮箱账号是不受保护的。只要他们用工作地的网络或电话线进入私人邮箱账号，就可以受到监视。

● 按键记录器可以被用来捕捉每一次电脑击键。这一系统甚至可以记录下敲击后被删除的信息。

● 通话监听在美国的工作场所也很普遍。某些企业使用该系统自动监听通话内容以及通话时长。

● 视频监控也被广泛地安置在美国的工作场所。在许多情况下，视频监视也被用在员工卫生间、休息区以及更衣室。美国联邦法律规定，只有在对准可公开出入的区域时，视频监控才是合法的。如果在员工或顾客合法享有隐私权的区域设置视频监控，例如在卫生间的正厅里，那么，员工就可以根据侵权法提起诉讼。

● 当员工在工作场所活动的时候，"灵敏的"电子信息卡可以追踪他们的方位。通过使用定位追踪技术，雇主甚至可以监察员工在卫生间的水池前是否花了足够的时间洗手。新的员工电子信息卡甚至可以测定员工在任何一个特定的时间所面朝的方向。

● 越来越多的雇主在使用心理测试或性向测试（aptitudetesting）评估准员工。这类技术可以用来测试人的智商、人格特质、宗教信仰、性格以及各种技能。

前沿聚焦

"计算机世界公司里的难题"——斯蒂文做出了决定

斯蒂文想了很久，认真地考虑了他该如何去做。作为一名新员工，他真的不想被冠以"麻烦制造者"的称号，并且他在大多数时间里也乐于和拉里一起工作。何况这么做并没有什么坏处。约翰逊先生依据他的保修期合同获得一个新的硬盘，计算机世界公司得到了替换合同（使得拉里和他继续被雇用！），拉里"额外地"获得了一个没怎么用过的硬盘并可以在周末的跳蚤市场上把它卖掉。在计算机世界公司看来，这类硬盘已经被销毁——负责更换硬盘的员工会在硬盘上手动钻孔，然后把它们扔掉。厂家接下来该怎么处理它们？把它们拆散然后再作为废料循环使用？这好像是浪费了一个非常好的硬盘。

"拉里是个可靠的家伙,"斯蒂文想,"我确信他会在卖掉硬盘之前记得清空它们的。"

在了解这一切之前,斯蒂文和那些不知情的家伙没什么区别。拉里向他传授了所有的"生意秘诀",他们之间多了一种有利可图的额外的生意:翻修那些在保修期内的旧电脑部件,把它们列为"已损毁",然后在周末的跳蚤市场把它们卖掉。

不幸的是,两周后,约翰逊先生接到了一通电话,是在跳蚤市场买到那个旧硬盘的人打给他的。那人告诉他,尽管卖方声称硬盘已经被清空了,但是安装的时候,他发现约翰逊先生的个人信息还在硬盘中……

1. 斯蒂文本可以做出不同的选择吗?
2. 你认为接下来将会发生什么事?
3. 对于斯蒂文、拉里、约翰逊先生以及计算机世界公司来说,结果将会怎样?

关键术语

网络责任　　外联网　　内联网　　远程通信　　强认同　　弱认同　　替代责任

讨论练习

谷歌邮箱被绊了一下[15]

2004年春季,谷歌公司的业务发展蓬勃,越来越受到大众的欢迎。这时拉里(Larry)和谢尔盖(Sergey)打算推出一种不同的电子邮件服务吸引它的网络用户。借助谷歌强大的品牌效应,他们把新的邮件服务系统称为"Gmail"。……拉里与瑟尔盖想让Gmail造成一次大的轰动。就谷歌公司而言,那时没有理由要提供电子邮件服务,除非它能比已有的微软、雅虎、美国在线以及其他一些邮件服务商要好得多。他们得把Gmail设计得更灵敏、更方便、更廉价、更高级,否则谷歌的用户就不会留下深刻的印象，而且 Gmail 的设计者也达不到他们自己的高标准要求……拉里与瑟尔盖认为，凭借着强大的运算能力，谷歌完全可以处理电子邮件方面的相关问题。例如，查询和找回用户所需要的旧邮件尽管很困难，但并不是没有可能。美国在线为了控制系统成本会在 30 天后自动删除邮件。网络用户的数量在急剧增加，如果不通过延缓电脑速度或者购买微软、雅虎以及其他一些公司所提供的邮件存储的额外服务，很难找到一种方法去存储堆积如山的电子邮件。

为了在竞争中脱颖而出并给谷歌带来新的亮点，拉里、谢尔盖以及谷歌总部的 Gmail 团队不仅解决了所有这些问题，而且还大大地向前迈进了一步。为了让新的邮件服务系统一举成功，他们计划在谷歌自己的电脑网络上为每一个 Gmail 账户免费赠送千兆字节的容量。这比微软提供的免费存储容量要大 500 倍，比雅虎的要大 250 倍……1G 的空间容量是如此诱人，谷歌让 Gmail 的用户知道他们再也不用删除其他的电子邮件了。

最终，谷歌的魅力被成功地注入了 Gmail 邮件服务，计算机用户将能快速地查找电子邮件，再也不用像以前那样去考虑存贮邮件的问题了。Gmail 的搜索引擎快捷而精确，使用起来就和谷歌的搜索引擎一样方便，从而使得 Gmail 邮件服务在谷歌总部值得信赖的员工的试用中一举成功。

与谷歌公司的绝大多数新产品不同，Gmail 还在测试阶段就被投入盈利环节。随着广告宣传需求的不断增加，公司需要扩充可以出售的广告空间。对于拉里和谢尔盖来说，这意味着要通过在 Gmail 邮箱的右侧放置小型广告来挣钱，就像谷歌把这类广告放在查询结果的右侧一样。这些广告都是"语境相关的"，它们由电子邮件中的文字所触发。这是一种有效的经营模式，作为谷歌查询结果的一部分，它可以很好地为广告商和邮箱用户服务。通过在谷歌网络上给广告商更多的空间，Gmail 为公司带来了新的可观的利润，随着通信技术的流行，利润与日俱增。

透过谷歌五彩的棱镜去看世界，无论从哪个方面说，这似乎都是一个极好的理念。但是，拉里、谢尔盖或其他在谷歌公司里身居要职的工程师怎么也没想到，他们所尊敬的那些重要人物会不遗余力地反对，因为让谷歌的计算机读取邮件然后再根据邮件的内容安插广告牵涉到了隐私权的问

第八章 伦理与技术

题……

当谷歌打算把广告安插在电子邮件中的方案传开之后,政客们和隐私权保护组织开始攻击谷歌以及它的方案,从而掀起了一股媒体风暴。在美国的马萨诸塞州出现了反 Gmail 的立法提案。那些受到震动的隐私权倡导者极力要求公司立即撤回产品并开始广泛征集反谷歌公司的请愿。一位加利福尼亚的立法委员威胁公司,说如果谷歌公司不放弃 Gmail,她将敦促以立法的方式制止。参议院的司法委员会仅以一票反对的结果通过了她的提案。她强烈指责在电子邮件中插入广告的盈利方式,认为是一起严重的、未经授权的侵犯隐私权事件。谷歌公司还是第一次受到人们的猜疑。人们认为邮件的隐私以及谷歌公司根据邮件内容放置广告的想法似乎做得过分了……

由于谷歌公司认为这是无中生有的事,因此,拉里和谢尔盖认为无须对过激的批评做出辩解或回应。事实上,所有公开的宣扬无疑会提高谷歌搜索引擎及其子产品 Gmail 的知名度。很快,那些试用过 Gmail 邮箱并对其情有独钟的友好的专栏作家开始撰文指出为什么那些抗议是不合理的。保守传统一点的企业一般都会认真地考虑撤回 Gmail,至少是临时性的,以平息风波。但这次是谷歌公司,它所具备的影响力以及自信的领导地位,将使其无须退缩地安然度过。谷歌创立者的回应是:按既定方式操作。

"这一切听起来很吓人,但事实却不是那样的,"谢尔盖说,"那些广告只在你打开邮件的时候才会安置上去。我们不会盯着你的邮件并在其中找些东西。无论如何不会泄露任何邮件信息。我们必须保护邮件以及用户的隐私。任何网络服务都会扫描你的邮件,但扫描的目的是让你能看到邮件,或者是防止垃圾邮件。我们所做的一切只不过是在登广告,而且它是自动的。没有人会去看邮件内容,所以我并不认为这牵涉到隐私权问题。我用过 Gmail 一段时间,而且我也很喜欢那些广告。我们所刊登的广告不会是多余的,它们对用户很有帮助。"

当谷歌试运行 Gmail 的时候,人们通过点击广告买了许多东西。对拉里来说,这充分证明电脑用户、广告商以及谷歌在 Gmail 邮箱右侧的那些小广告中都受益匪浅。"即使一开始或许会感觉有一点唐突，但它们却很有用。"拉里说。

讨论题

1. 谷歌公司发布了一篇有关Gmail邮件服务的新闻公告，没有提及它们在电子邮件中安插广告的意图，或这些广告是如何被选取的。这是否道德？为什么？

2. 谢尔盖认为所有的电子邮件服务商扫描你的电子邮件内容是为了确保邮件是你的以及这不是一封垃圾邮件。这一理由可以用来支持他们扫描电子邮件内容是为了安插"语境相关"广告的决定吗？为什么？

3. 扫描过程由计算机来完成，没有人会读取电子邮件。这一事实可以使这样的行为减少对隐私权的侵犯吗？

4. 能获得比微软所提供的存储容量大500倍的1G免费存储空间就可以使在你的邮件中安插广告成为一桩公平的交易吗？解释你的答案。

5. 在你将要发送或接受的电子邮件中找出四个广告来。

6. 谷歌公司在发布Gmail邮箱的时候，可以避免有关隐私权问题的媒体风暴吗？解释你的答案。

复习问答

1. 应当允许你在工作时间上网冲浪吗？为什么？

2. 你在工作场所的通话内容被监听了吗？如果被监听了，你会作何感想？如果没有被监听，但监视政策已经有了，你会有什么样的感觉？

3. 如果有人在上班时间发给你一封让你觉得受到冒犯的电子邮件，你会怎么做？你会只是删掉它呢，还是对那人说些什么？

4. 如果你有机会在家工作或者远程办公，你会乐意吗？如果这一机会意味着你必须允许公司监听你的每一通电话并监控你每一次的电脑键击，你还会乐意吗？解释原因。

复习测验

删除诱惑

我是矩阵技术公司的客户服务部主管,这是一家软件制造商。最近,我们升级了客户外联网的服务,让我们的顾客可以直接从我们的网站上下载软件更新(包括所有的补丁与"漏洞修复")。起初,绝大多数客户的反应是积极的——新程序方便、快捷并且可靠——他们很喜欢。每个人都很喜欢,只有我们的大客户当地政府除外。新的服务对他们根本没什么作用,而他们对此事的理由着实让我为难。年初,我们的政府客户决定从他们所有的台式电脑中删除互联网接入路径,没有了互联网接入路径,也就无法进入我们的客服网站下载更新。当我问他们的技术部负责人是不是他在拖后腿的时候,他朝我大动肝火。很显然,他们在系统中安装了某种监控软件,发现他们的员工几乎花费 40% 的时间在网上冲浪——绝大多数在浏览新闻和娱乐网站,但有时也浏览一些不堪入目的网站!他们的举措迅速而有效。员工在某天早上发现他们无法再通过电脑桌面进入网站了。如今,我不得不提供一套方案把升级 CD 寄给他们的 24 个地区办公室。

1. 矩阵技术公司的客户如何才能处理好这种情况?
2. 这向矩阵技术公司客户的员工传递了什么样的信号?
3. 可以采取其他的选择吗?
4. 现在假设,矩阵技术公司可供下载的软件补丁可以为他们的客户极大地提高更新速度,公司还有道德义务介入其中吗?说明你的理由。

第三编
企业伦理的未来

在考察了企业培育内部伦理文化时面临的挑战之后，现在我们可以考虑一下当企业发展到国际化或全球化水平时，摆在他们面前的问题了。跨越国家的边界去管理企业通常也意味着要跨越文化的边界。在真正地坚持自身道德原则的时候，企业如何处理不同的文化差异呢？

第九章考察了企业在寻求"全球伦理"时面临的挑战。当企业乐于将自己的政策作为普遍的伦理标准时，与它们有业务往来的其他一些国家的企业和客户往往也会把自己的道德标准和伦理原则带入商业关系之中。当这些标准之间发生冲突的时候怎么办呢？

第十章考察了当企业面临所有这些挑战的时候，维系伦理文化的关键问题。文中，我们深入地探讨了企业和员工在处理这些问题时可以使用的方法和资源。不过，维系和巩固一种伦理守则带来的困难每天都会遇到。

企业的道德

第九章 伦理与全球化

> 世界越来越小,变得完全地相互依赖。
>
> ——温德尔·威尔基,美国共和党的总统候选人,1940年美国总统大选中被富兰克林·罗斯福击败

教学目标

1. 理解在全球商务中出现的伦理问题。
2. 解释全球环境中的伦理相对主义问题。
3. 理解发达国家的道德挑战。
4. 理解发展中国家的道德挑战。
5. 解释制定全球伦理守则的困难。
6. 理解《涉外反贪法》始料未及的后果。

前沿聚焦

"规定的事宜"

凯文是当地一家广告公司的撰稿人,该公司刚与史密斯全国零售连锁企业签署了一份利润丰厚的合同。他喜欢在较小的公司里工作,即使他有可能在一家更大的公司里赚更多的钱。至少,小公司里的每个人都相互了解并且比较团结。他喜欢公司的企业文化——他们只为好的客户提供高质量的工作,经常会把那些与企业价值观相冲突的广告宣传合同拒之门外。实际上,他们对当地一家威士忌酒厂的回绝在同行中已被传为一段佳话。

凯文有几个朋友在几家全国性的广告公司工作,他们把那里的企业文化完全描述成残酷的竞争。在那里每个人想的都只是自己,只要能结清支票,每个企业都是好企业。

对于他们公司来说,能和史密斯这样的公司做生意的确是一桩大买卖,他们为了做成这笔生意都非常卖力(他们这班人马很有可能创造公司历史上的最好时期)。如今,他们必须兑现他们在标书上所有的承诺。第一项便是7月4日新的销售推广活动。这次活动的主题是"美国制造",公司希望能把它做成某种意义上的爱国主义。史密斯公司已经拿出了几款价格非常低廉的"亏本价商品"以吸引客户光顾商店,他们信誓旦旦地保证这些商品全部是"美国制造"。

凯文负责为一系列的广告起草图文稿,打算把烧烤用具的颜色描绘成红白蓝相间的美国国旗。作为"准备工作"的一部分,凯文收到了产品使用说明书,以及需要配文的图片。

凯文在翻阅材料的时候,注意到他在史密斯公司的一个熟人错误地把一堆有关衣服装运的原始结算手续发给了他——手续上清楚地写着产品是一个名叫Jakarta的印度尼西亚公司生产的。

凯文好像听过这个公司的名字,于是,他在谷歌上搜索了该公司。令他沮丧的是,他在网上找到几篇指责Jakarta公司的文章——尤其说到该公司在恶劣的工作环境中使用童工。

1. 第197~198页上列出了企业与发展中国家做生意的10项方针。你认为史密斯公司做到了它们中的哪些呢?

> 2. 参阅第 201 页上的《联合国全球契约》。史密斯公司与 Jakarta 公司的生意行为触犯了多少项内容？
>
> 3. 凯文应作何选择？

伦理与全球化

迄今为止，我们主要关注的还是企业伦理在美国国内的方面——作为一个北美的企业，如何管好自己的公司，如何制定一套所有利益相关者都能理解的、清晰而明确的伦理守则。

一旦我们在跨国甚至全球的环境中做生意，企业伦理的概念就会发生巨大的变化。在不同的国家、不同的语言环境和文化环境中做生意，不可避免地迫使北美企业重新看待它们所承诺的伦理原则，促使它们在与业务所在国的客户洽谈生意时认可对方的原则和政策。

欠发达国家中的道德环境

在这一领域讨论任何有关企业伦理的问题都必须区分**发达国家**和**欠发达国家**的情况。如果我们还是沿袭传统的套路，那么发达国家中的企业无疑都知道游戏规则是怎样的。如果是在典型的英语世界做生意，那么每一名国际企业的推销员只要反复地阅读《接吻、鞠躬以及握手：如何在 60 个国家中做生意》(*Kiss, Bow, or Shake Hands: How to Do Business in Sixty Countries*)[1] 就可以了。

这些国家都在忙于参与全球化的过程——每个人都在追求相同的目标：以最小的成本带来最大的收益。即使特有的文化会带来某些挑战，这些挑战也是可以通过翻译和文化适应来克服的。当然，事情往往是说起来容易做起来难。多年来，"放之四海而皆准"的假设已经使许多企业陷入水深火热之中[2]：

● 可口可乐原来在中国大陆曾一度被称作 Ke-kou-ke-la。不幸的是，直到成千上万的标语印出来以后，可口可乐公司才发现，原来这个短语在中文

> 发达国家：在经济、社会、技术等各方面享受着高标准生活质量的国家。

> 欠发达国家：与发达国家相比，在经济、社会以及技术方面的基础设施有所欠缺的国家。

方言中的意思是"咬蜡制的蝌蚪"或"被塞满蜡的母马"。可乐公司随后调查了4万名中国人并找到了一个在语音上相匹配的短语"ko-kou-ko-le",这个短语可以近似地翻译成"幸福在口中"的意思（尽管这个故事是营销学上的一个"经典",不过它也被斥为无稽之谈）。

● 在中国台湾,百事可乐标语的翻译是"请喝百事可乐,令君生气勃勃"（Come aline with the Pepsi Generation）,首次出现的时候却被理解成"百事可乐会使你的祖先死而复生"。

● 当派克公司在墨西哥推销一种圆珠笔的时候,它的广告词原本是说："它不会在你的口袋里漏油而使你难堪。"然而,公司却错误地把西班牙语中的"受孕"（embarazar）理解成了"难堪"（embarrass）。这样一来,广告语就变成了："它不会在你的口袋里漏油从而使你怀孕。"

● 一家美国迈阿密州的T恤制造商在西班牙市场上销售的时候打算在T恤上印制标语以引起教皇的注意。但是,他们原本想在西班牙语的意思中所表达的"我看见了教皇（Pope）"的意思后来却变成了"我看见了马铃薯（Potato）"。

● 在意大利,一则为史威士通宁汽水（Schweppes Tonic Water）所做的广告中却把名字翻译成了史威士卫生间用水（Schweppes Toilet Water）。

● 巴卡第酒业曾给它调制的一种果味酒命名为"pavian"以暗示其中的法国情调,但"pavian"在德语中的意思却是"狒狒"（baboon）。

● 伊卡璐在向德国人推销一种名为"miststick"的卷发棒时,才发现"mist"在德语里是"粪肥"的意思。

● 嘉宝公司开始在非洲销售婴儿食品的时候,使用了和美国本土相同的包装盒——罐子外的标签上印着一个可爱的婴儿。但是稍后他们才了解到,在非洲,商品包装上的图片通常画的就是所要卖的东西,因为很多非洲人不识字。

● 美国最受欢迎的鸡肉食品加工巨头法兰克普度公司（Frank Perdue）喜欢这样宣传："只有硬汉才能做出这么嫩的鸡肉"。但是,在西班牙语里,这句话的意思却变成了："只有受到性刺激的男人才能做出令人喜爱的鸡肉。"

尽管这都是些趣闻轶事,但是它们带来的经济上的现实问题却要严重得

第九章 伦理与全球化

多。国际市场意味着利润的增长,而利润的增长同时会迎来喜笑颜开的股东和一路飙升的股票价格。此外,国际市场还能带来新的客户以及廉价的原材料和人力资源。

从企业伦理的立场来看,这种不断地、不惜一切代价地追求利润增长的行为会带来许多挑战。如果我们回顾一下第一章中的"功利主义"立场,那么海外市场中任何有问题的行为其实都可以被"为最大多数人的最大善服务"这样的借口搪塞过去。然而,正如我们在第一章中所讨论的那样,当你着眼于为最大多数人提供最大善的时候,个人的行为就无须负任何责任。

所以,如果你只是想简单地把"只要不犯法就行"这样的美国商业风格移植到任何你打算进入的市场中,后果会如何呢?能否采用同样的规则呢?或者你只追求不触犯任何当地的法律并遵循那句古老的格言:"只要是合法的,就必定是符合道德的"?美国公司在海外做生意的时候是应当以国内的道德要求来约束自己,还是自由地采取(或完全无视)当地的道德标准呢?这是一种特有的美国现象,还是法国、德国、俄罗斯和中国的企业在走出国门的时候也都会采取的企业伦理变通态度呢?

在详细地考察这些疑问之前,我们应当弄明白一些术语。**全球化**这一术语已被广泛地运用于商业、经济、社会以及政治环境。从我们的立场来看,我们把全球化视为国际贸易的扩展已经达到了这样一种程度:国内市场已经被地区性的贸易联盟(拉丁美洲、欧洲、非洲)所超越,最终形成的是一个全球性的市场。由于国家间的市场依赖度越来越高,经济比较发达的国家就会把由道德行为产生的一些问题带给发展中国家。

在这个日益全球化的商业世界中经营业务的企业被称为**跨国公司**或多国公司,这类企业往往满不在乎地把国家边界看作官僚主义的障碍,并以此作为经营战略的基础追求收益(有希望的利润)。经济学家们对跨国公司的这一定义却不以为然:有些人认为,要成为真正的跨国公司,企业的所有者就必须来自多个国

> 全球化:是指国际贸易的扩展已经达到了这样一种程度,即本国市场已被区域性的贸易联盟(如拉美、欧洲、非洲)取代,最终发展成为全球市场的一部分。

> 跨国公司:在供应和销售商品和服务的过程中跨越国界的企业。

家（就像英荷皇家壳牌公司的结构那样）；另一些人认为，只有当企业在多个国家提供产品和服务的时候，当它所采取的经营策略（营销、人事，生产）超越了国界的时候，它才能算是一个跨国企业。

由此可见，全球性的伦理困境已经显而易见：当你超越国界的时候会发生什么？如果说道德标准都是建立在文化、社会规范以及传统习俗基础上的，那么当你处在一个多国文化和社会相互作用的环境中时会有什么结果呢？

有些批评人士认为，绝大多数的跨国公司在追求万能美元的过程中放弃了所有的道德标准，它们之所以这么做基于以下两种理由：

- 即使它们不做那笔生意，别人也会去做。
- 它们的经营完全符合当地的法律和各种规章制度，而这些法律和规章制度带来的约束通常要比它们在本国遇到的小得多。

> ■ 进度检测问题
>
> 1. 解释"全球化"这一术语。
> 2. 何谓跨国企业？
> 3. "完全符合当地的法律和规章制度"在什么情况下是不道德的？
> 4. 解释"功利主义"这一术语。

对于欠发达国家来说，全球化的概念有一种完全不同的含义[3]：

在这些国家中，撒哈拉以南的非洲国家是最大的输家。但是，它们又并没有失去什么，这是因为它们正在被全球化压榨……它们正在遭受损失，因为它们被全球化遗弃了。它们并不能融入全球的经济体系。没有一个商业团体希望跟这些国家打交道，那里有太多的文盲，现代的基础设施（电子通信设施、可靠的电力设施）也不存在，社会动荡不安。这些国家既不是潜在的市场，也无法成为潜在的生产基地。

道德困境实例

案例9.1[4]　可疑的款项

海湾石油公司正在和环球石油公司商谈一项出售计划，打算以高出成本的巨额溢价把旗下的一家炼油厂卖给后者。不过，这笔交易中存在着不少麻烦：

1. 该炼油厂的加工能力每年大约是580万吨。
2. 炼油厂每年的许可产量是390万吨。
3. 任何公开申请增加产油量的要求都会招致新闻界、当地社区以及不同的公民团体和环境团体的强烈反对，它们从炼油厂开始建厂的时候起就一直百般阻挠。
4. 要想得到批准以释放炼油厂的最大产能就必须由七个不同的政府机构联合授权，它们分别涉及工业部、商务部、财政部、石油部，以及当地的几个政府部门。

海湾石油估计了一下让所有的政府机构在许可书上签字的可能性，并打算向当地的一家公共关系与财务咨询公司寻求帮助。这家公司的老板科尔霍恩据说和政府机构中那些所有可以签字的关键人物都有长年的"交情"。

海湾石油公司和科尔霍恩达成了协议，科尔霍恩的公司"在国家、地区以及当地的范围内向海湾石油公司提供公共关系咨询服务，以帮助其炼油厂获得每年580万吨产量的出产许可"，海湾石油公司一次性预付了200万美元的服务费。

8个月后，许可证被批了下来，炼油厂在其新雇主环球石油公司的管理下开始以最大产能出油。然而，海湾石油的外部审计人员给一笔总值200万美元、名目为"公共关系咨询"的款项做了记号，认为所有超过100万美元的财务交易都超出了控制权限，并要求公司的董事会就这笔交易出具正式的审核报告。

因为怀疑海湾石油的员工可能在签署合同的时候收受了"回扣"，董事会最初要求就200万美元的服务费提供账目明细。他们收到的是科尔霍恩在文件中所做的如下陈述：

"应贵方要求，我很乐意证实并没有在200万美元的服务费中拿出一部分返还给海湾石油的员工、附属公司以及代理人。这笔钱的预算开支如下：50%~55%给了报纸媒体以及另一些和石油部门有特殊关系的媒体，大约35%给了咨询人员和专家，剩下的部分用于我公司作为间接费用开支。"

> 科尔霍恩并没有给董事会出具任何书面材料以证明他在这个项目中所做的"工作"。不过，公司的董事会也没觉得有任何必要让他出具进一步的文书说明，因为当初在预付这笔一次性款项的时候，就没有任何的合同规范要求对这笔钱的用处提供说明。
>
> 1. 这是一桩道德的交易吗？为什么？
> 2. 科尔霍恩先生受海湾石油公司的委托为公司争取到了出产许可证。他所做的事是道德的吗？
> 3. 董事会所展开的调查能够表明他们对处理此事做出了足够的努力吗？
> 4. 海湾石油公司应采取什么样的政策措施以确保这类事件不再发生？

伦理相对主义：你的道德原则是通过你所在社会的传统、你的个人观点以及你所处的当下环境来界定的。

在这类环境中，伦理学中理想的"黑白"世界就开始让位于**伦理相对主义**的灰色地带。当客户的企业没有相应的政策时，你的政策和程序就会难以执行。此外，那些意在强化企业道德行为但又缺乏法律效力的政策，却往往是欠发达国家标准的经营方式。社会动乱与政治动荡可能会带来一个与合理的现实情况极不相称的官僚机构，这使得企业必须做出艰难的选择：是坚持它们西方的道德行为原则，还是服从当地市场以"行贿的方式"办事呢？

探寻全球伦理

全球化既有积极的一面，也有消极的一面。积极观的支持者认为，全球化给发展中国家人民的财富和生活水准带来了前所未有的改善，他们以其自然资源和低廉的生活成本吸引了大量的国外投资。对于那些在经济上更为发达的国家来说，获得这些资源可以降低生产成本，从而为它们的顾客带来更低的产品价格和更高的收入水平。

消极观的支持者认为，全球化仅仅是在把资本主义的黑暗面推上全球化的舞台——掠夺发展中国家的初级原材料，根本不顾及该国经济长期发展的可行

第九章 伦理与全球化

性；工人受到剥削；企业在限制较少的法律环境中占尽便宜。

那么，在坚持自己的道德标准并避免全球化的负面影响时，你如何利用全球化的积极一面呢？

正如我们在前面的章节中了解到的，任何一家企业，一旦承诺要建立并遵守一个清晰明确的伦理守则，都会面临大量的困难。只要公司的财务季报和预报稍有出入，它们的承诺就将接受考验。因而，要是把这些道德承诺搬到一个全球化的背景中去，就需要做出大量的规划，而不是简单地扩大各种政策和程序的覆盖面。这是因为，在某处适用并不意味着在世界上的其他地方也能以同样的方式发挥作用。道德政策需要更多的提炼和改进，而不是简单地将它们翻译成当地的语言。

批评者认为，全球扩张带来的不道德的诱惑实在太强了，跨国公司很难自制。面对提高收入、削减成本、实现盈利最大化以及增加市场份额等造成的不断增长的压力，企业会从当地市场较宽松的法律和制度环境（以及在某些批评者看来是最糟的违法行为）中最大限度地捞取好处。如果缺乏明确的地方性道德标准，它们就会放弃任何标准，而不是回过头去遵守本国的道德政策。

那么结果会怎样？制定**全球行为守则**是解决这一问题的现实的方法吗？

> **全球行为守则：** 一套具有普遍性的商业实践标准，可以同样地适用于所有的国家及当地风俗和社会规范。

尽管正如我们目前已经看到的，睦邻国家间通过合作形成了更大范围的贸易区域，它们可以利用规模上和地理上的优势在全球经济舞台上发挥更大的作用，但是这些贸易区域中的单个国家并没有消失，因此，这些单个社会中的规范与习俗仍有可能长期存在。

对于那些倡导全球伦理的人来说，这就意味着必须找到一种具有伸缩性的解决方式——既可以给那些在多个国家之间以全球商务为名义做生意的经理们提供标准的实践指南，又尊重所在国特有的习俗和规范。

里查德·狄乔治（Richard DeGeorge）为在上述情形下经营的企业提供下列 10 项指导方针[5]：

1. 杜绝蓄意的伤害行为。

2. 为东道国带来更多的好处而不是破坏。

3. 对东道国的发展做出贡献。

4. 尊重东道国员工的各项人权。

5. 尊重当地的文化，与之和平共处而不是与之敌对。

6. 按章纳税。

7. 配合当地政府营造并巩固公正的制度环境。

8. 对企业的多数控制（majority control）要包括企业在参与行动和行动关系上的道德责任。

9. 在东道国兴建有害工厂的跨国企业必须确保工厂的安全经营。

10. 跨国企业有责任为东道国重新设计危害物的处理技术，以确保这类技术能安全运作。

> ■ **进度检测问题**
>
> 5. 为什么说制定全球行为守则是不现实的？
>
> 6. 从狄乔治为在欠发达国家做生意的企业制定的指导方针中选出你认为最有道理的五项，并为你的选择说明理由。
>
> 7. 你能想到为什么跨国企业不会遵照这些指导方针吗？举出三个实例。
>
> 8. 你认为狄乔治的指导方针提供了一种有足够伸缩性的解决方式吗？

虽然狄乔治的指导方针体现了某种道德理想，但它们充其量只是提供了某种概念上的框架，往坏处说，这些理念忽略了某些极其严重的违法行为，而这些行为已经给跨国企业的道德实践蒙上了一层阴影。在追求利润和持续扩张的过程中，跨国公司的违法行为已昭然若揭：贿赂、污染、虚假广告、可疑的产品质量，以及最为臭名昭著的侵犯人权：它们所采用的"恶劣"的生产条件甚至都达不到母国最基本的健康与安全标准，在这些工厂工作的童工通常的工资所得是西方的消费者难以想象的。

情况变得越来越复杂，我们了解到许多全球性的企业已经发展到如此巨大的规模，以至于仅仅是通过企业的内部交易就可以对贸易标准施加巨大的影响。正如经济学家威廉·格雷德（William Greider）在《同一个世界，准备好了吗》

第九章 伦理与全球化

(*One World, Ready or Not*) 一书中所观察到的那样[6]：

跨国公司投资规模的增长以及生产要素在国际上的持续扩散，几乎已经破除了人们对国际贸易的传统观念。尽管有许多人对此已经有所了解，但经济学家和政治家仍在沿用连老百姓都能理解的术语来刻画全球贸易体系——也就是，在许多国家之间相互买卖商品。然而，随着世界贸易量的增长，国内市场的传统角色正不断地被某种新的体系所替代：当跨国公司的域外子公司之间进出口货物时，跨国公司内部也就产生了贸易市场。

随着这种消极的状况愈演愈烈，怎样才能用道德行为约束一个自己和自己做贸易的企业呢？是让母公司的道德规范左右企业的商业行为而完全不顾当地的习俗和传统，还是为了图方便而简单地采取"随大流"的方式去充分利用当地的市场条件呢？遗憾的是，实践证明，在这种新的环境下，仅仅简单地对照母公司的做法是会有问题的。

道德困境实例

案例9.2[7]　什么是全球商务？

2004年12月7日，IBM宣布将它整个的个人电脑事业部卖给中国的联想集团，从而创造出一个年收入大约在120亿美元的全球第三大世界级电脑企业。同时，IBM将继续持有联想集团18.9%的股权，并与联想集团在世界范围内的个人电脑销售、金融以及售后服务方面保持一种战略性的联盟。据称，新组建的公司总部将设在纽约，但主要的生产基地将设在北京和美国北卡罗来纳州的罗利市，研究中心设在中国、美国和日本，销售部门遍及世界各地。新的联想集团将是IBM个人电脑的优先供应商，而IBM也将是新联想在售后服务和金融服务方面的优先供应商。

你还是一如既往地跟着我吗？大约有一万人将从IBM进入联想。中国的联想集团成立于1984年，是中国第一家引入家用电脑概念的企业。自1997年以来，联想已经成为中国最主要的电脑品牌。我特别喜爱的一篇新闻稿中介绍了新企业的高级管理层：

"杨元庆——董事会主席（目前是联想集团的CEO）。史蒂夫·沃德

(Steve Ward)——首席执行官（目前是IBM的高级副总裁兼IBM个人系统事业部的总经理）。弗兰·奥沙利文（Fran O'Sullivan）——首席运营官（目前是IBM个人电脑事业部的总经理）。马雪征——首席财务官（目前是联想集团的首席财务官）。"

让我们来看看联想集团的横向价值创造：这家总部设在纽约、生产车间设在北京和罗利的中国电脑企业有一个中国籍的主席，美国籍的CEO和COO，中国籍的CFO，并在香港证券交易所挂牌上市。你会说它是一家美国公司，还是一家中国企业？联想集团看上去最像是哪个国家的呢？或者，它应当把自己看作一艘在海平面上漂流的船吗？

这篇宣告新公司成立的新闻稿中早就预料到了这个问题，稿件中问道："联想的总部会在哪里呢？"

"作为一家全球性的企业，新联想集团在地理位置上将是分散的，它的员工和有形资产将遍及世界各地。"这就是答案。

1. "新联想集团在地理位置上将是分散的，它的员工和有形资产将遍及世界各地。"何种文化会对新联想集团的伦理守则影响最大呢？解释你的答案。

2. 你认为联想在制定伦理守则的时候，会设计一部总的守则还是根据不同的文化分别设计守则？解释你的答案。

3. 为诸如此类的全球性企业制定一部伦理守则，会遇到什么困难？

4. 在这类情形中，你考虑过在全球水平上去处理企业伦理的问题吗？

实施全球伦理

尽管企业在本土可能会因为自己的行为而被追究相应的道德责任（例如，美国的《涉外反贪法》），然而，一旦跨出国门，要想巩固它们的道德行为就会变得极其困难。如果某些行为在本土是非法的，但在国外的某个国家却没有相应的法律可以禁止，那该怎么办呢？在企业的母国加大处罚力度就可以自然而然地预防所有未来的违法行为吗？如果违法行为的利润率高到足以把罚款简单地当作做生意的成本时，结果又会如何呢？

要想实施全球性的道德标准，需要所有的参与者就可接受的行为标准以及违背这些标准的相应后果达成一致。但是，如果世界上几百个国家中的许多国家在内政治理问题上都感到吃力，要想形成一种真正的全球性标准就不会是一两天的事了。

与此同时，像联合国与经合组织（OECD）这样的机构已经通过出台行动纲领的方式去触及全球性道德行为标准的问题了。跨国企业可以公开地支持和赞成这些行动纲领，这对它们的利益相关者来说会是一个强有力的信号，即无论它们在世界上的哪个地方做生意，它们都会对企业的道德行为做出承诺。

《联合国全球契约》

《联合国全球契约》（The UN Global Compact）源自联合国前秘书长安南1999年1月31日在世界经济论坛上的一次讲话，于2000年7月生效。

《联合国全球契约》要求它的成员组织在倡导良好的企业公民方面做出承诺，尤其要注重四个关键的相关领域：环境保护、反腐败、世界范围内的员工福利以及全球范围内的人权问题。

《联合国全球契约》不是一种管制手段——它不对企业的行为或活动加以"监督"、强制或评估。全球契约有赖于公众问责（public accountability），有赖于企业在谋利问题上的透明度和文明程度，有赖于劳工群体和民间团体以共同参与的实质行动去寻求全球契约所赖以建立的那些原则。

> 《联合国全球契约》：一项自愿支持10条关键原则的企业公民举措，主要包括以下四个关键领域：环境保护、反腐败、世界范围内的员工福利以及全球范围内的人权。

自从80多个国家中超过2 000家的企业自愿遵守这项企业公民倡议以来，全球契约已被广泛地看作世界上同类倡议中最大的一个。通过认可并积极发扬全球契约的宗旨，企业要对遵守这套核心价值做出公开承诺，这些核心价值包含了上述四个领域内的十项关键原则[8]：

人权

1. 企业应当以支持和尊重的态度去捍卫那些在国际上已得到公认的人权。
2. 企业应当确保自己不参与任何侵犯人权的事件。

劳动标准

3. 企业应当赞成集会自由，并有效地认可员工的集体谈判权利。

4. 企业应当消除各种形式的强迫劳动和义务劳动。

5. 企业应当杜绝使用童工。

6. 企业应当消除在就业和职业问题上的歧视。

环境

7. 企业应当对各种环境问题做出预先的防范措施。

8. 企业应当以实际行动担负起更大范围内的环境责任。

9. 企业应当鼓励各类环境友好型技术的研发及推广。

反腐败

10. 企业应当反对任何形式的腐败，包括敲诈与贿赂。

> ■ **进度检测问题**
>
> 9. 何谓《联合国全球契约》？
> 10. 《联合国全球契约》是在什么情况下产生的？为什么会产生？
> 11. 解释《联合国全球契约》的十项关键原则。
> 12. 签署了《联合国全球契约》的跨国企业能从中得到什么？

《经合组织跨国企业纲领》

《经合组织跨国企业纲领》：由30个经合组织成员国和9个非成员国联名签署的政府举措，用以提升在下列领域中的行为原则和行为标准：人权、信息披露、反腐败、税务、劳资关系、环境保护、竞争以及消费者权益保护。

《经合组织跨国企业纲领》(Organization for Economic Cooperation and Development Guidelines for Multinational Enterprises) 由1976年的《国际投资与跨国企业宣言》(Declaration on International Investments and Multinational Enterprises) 中的一部分扩充而来，它所针对的问题与《联合国全球契约》是相同的，所不同的是，纲领在处理问题的方式上更为政府化。

目前，已有30个经合组织的成员国以及9个非成员国（阿根廷、巴西、智利、爱沙尼亚、以色列、拉脱维亚、立陶宛、罗马尼亚以及斯洛文尼亚）赞成并同意遵守此项纲领。

拥护者认为，政府的支持无疑会增加那些倡议和纲领的可信度，不过，纲领并不具备刑事的或民事的法律效力，也并不被看作法律约束。纲领所提供的不过是些行为的原则和标准，这些原则和标准同《联合国全球契约》一样包含着同样的核心价值，只是涵盖了更大范围内的问题，其十章内容如下[9]：

1. **概念与原则**：提出了构建纲领的各种原则，如自愿原则、全球适用原则，为所有的企业提供行事的典范。

2. **总的指导方针**：首先是具体要求，包括涉及人权问题的条款，可持续发展、供应链责任、地方性力量的建立等条款，其次是更为一般的要求，包括企业应高度重视在业务所在国拟订相关政策。

3. **公开**：要求企业公开所有的重要事件，如它的业绩和所有权；鼓励对那些报告标准仍不断暴露出问题的领域进行交流，如社会、环境和风险报告。

4. **就业与劳资关系**：提出该领域相关企业行为的主要方面，主要牵涉到童工问题和强迫劳动问题、消除歧视问题，员工有提出善意抗议和建设性谈判的权利。

5. **环境**：鼓励企业在环境保护方面提高工作成效，包括在健康与安全方面的工作成效。这一章的重点包括对环境管理系统的要求，以及在对环境可能造成严重威胁的方面做出积极的预防措施。

6. **反贿赂**：包括公共性质的贿赂和私人性质的贿赂，以及被动腐败和主动腐败问题。

7. **消费者利益**：要求企业在跟消费者打交道的时候，要在交易、营销以及广告行为中遵守公正原则，要尊重消费者的隐私，采取所有合理的措施确保其商品或服务的安全与质量。

8. **科学与技术**：这章的意图在于，要求跨国企业在业务所在国积极地推广研发成果，从而对东道国的创新能力做出贡献。

9. **竞争**：强调营造一种开放式竞争的企业文化的重要性。

10. **纳税**：号召企业不仅要尊重税法的条文和精神，还要积极配合相关的税务部门。

> **■ 进度检测问题**
>
> 13. 何谓《经合组织跨国企业纲领》？
> 14. 它与《联合国全球契约》有何不同？
> 15. 它和《联合国全球契约》有何相似之处？
> 16. 你能否想到一种解决方式，使得跨国企业能够认可上文提到的契约或纲领，或者使两者都得到认可？解释你的答案。

如果企业承诺会以道德的方式行事，那么无论该企业在世界上哪一个地方经商，它都应当始终如一地信守承诺。遗憾的是，越来越多的迹象表明，越是在母国行为不端的企业，在缺乏管制的发展中国家的诱惑面前失足的可能性就越大。

"良好企业公民"的声誉可以给企业带来积极的媒体形象，同时，也可以为其赢得一些挑剔的消费者，他们往往会对所购产品的来源和制造过程极为关注。然而，当公司的季报数据没有华尔街预期的那么好时，当削减成本的需要意味着股价上涨和下跌之间的差异时，公司就会面临真正的考验。

正如在本章开头所引用的温德尔·威尔基的话一样，如今，世界已变得完全地相互依赖，这种相互依赖性已经延伸到业务和信息领域。你可以跟利用恶劣的工作条件制造产品的卖方做买卖从而节省资金，你可以让承包商处理公司的有毒废物而不管他们会如何处理，但是，这些行为将会是短命的节省与便利。

一旦这些行为引起媒体、调查机构或消费者保护组织的关注并被公之于众后，公司所谓的"良好企业公民"的声誉将一去不复返。

全球伦理概念留下的复杂性着实令人无奈。倡导全球行为守则的各方人士尽可以联合起来反对恶劣的工作条件，反对用难以想象的低廉价格雇用童工。但是，他们提出的处理方式却无法解决在家庭收入方面存在问题，当那些童工不再被允许工作的时候，带来的可能就是相关家庭在经济上的灾难。

可以认为，真正的全球公民应当在所有相关市场中维持道德行为，而不是（像批评家所言）为了获得成功在对方的弱点上占尽便宜。支持弗里德曼"工具化契约"观点的人可能会认为，企业在经商时只要不违反当地国家的法律要求，就无须对这些国家承担任何道德义务。但是，当我们考虑到公众

第九章 伦理与全球化

对耐克的血汗工厂以及凯茜·李·吉福德的童工丑闻强烈反对的时候,那么无论你是否承认这种道德义务,似乎都存在某种足够强劲的经济动机促使你去解决这些问题。

前沿聚焦

"规定的事宜"——凯文做出了决定

凯文非常认真地考虑了他的选择。如果媒体发现了这些血汗工厂,那么负面的宣传是否会波及他们公司呢?毕竟,他们只是负责提供广告创意并洽谈广告投放事宜。公司并没有订购那些产品,而且凯文如果没有收到那份发送错误的出货单的话,公司根本就不会知道这些产品是哪里制造的。

"即便如此,"凯文认为,"在恶劣的工作环境中制造产品是错误的,公司不能和那些支持侵犯人权的客户做生意。"

凯文立即把史密斯公司销售推广活动的新消息向他的老板,公司的创立者和总裁查尔斯·库柏做了汇报:

"库柏先生,史密斯公司的这次推广活动可能会给我们带来大麻烦。他们主要的销售产品根本就不是'美国制造'。这份文件显示,产品出自印度尼西亚的一家血汗工厂。我调查了一下制造产品的这家公司,他们曾因为数次侵犯人权事件而受过处罚。"

凯文深吸了一口气。"我知道,对公司来说,这是一笔大买卖,但是,库柏先生,我们要去做这笔买卖吗?我并不认为公司应该从事这类宣传活动。当我们在7月的第四周去野炊的时候,孩子们却在血汗工厂里工作,这显然是不对的,先生。"

查尔斯·库柏在答复之前思忖了片刻,说道:"你确定这个消息可靠吗,凯文?"

"是的,先生。这份出货单是夹在原始准备材料中由史密斯公司直接发给我的。"

"好吧,给我们在史密斯公司里的朋友打电话。恐怕他们需要寻找新的广告代理商了。"

> 1. 你认为查尔斯·库柏会跟史密斯公司里的相关人员说些什么？
> 2. 你认为史密斯公司会作何反应？
> 3. 凯文的公司和史密斯公司有继续保持关系的可能吗？

关键术语

发达国家　　伦理相对主义　　全球行为守则　　全球化　　欠发达国家　　跨国公司　　《经合组织跨国企业行动纲领》　　《联合国全球契约》　　功利主义

☞ 讨论练习

社会良知第一还是竞争力第一？[10]

飞机准时降落在孟买机场。奥莉薇亚·琼斯顺利通过安检后被带至一辆静候的豪华轿车前，车上配备了黑色软皮座椅，穿着制服的司机正等待出发。这是她第一次到印度，激动的程度可想而知。当琼斯在夜幕下的城市道路上巡游时，她不禁向司机问道，为什么孟买的司机晚上极少开车前灯呢？司机告诉她，因为多数司机都认为开车前灯比较费油。最后，她抵达酒店，这是一栋耸立于海港前的黑色大理石建筑，夜色中尽显奢华。

她此次4天行程的目的是在孟买城内及周边地区的棉纺厂挑选适合的针织棉样品，这些针织棉主要用于制作下一季的衬衫、长裤和内衣。因此，她受到主顾们的热情款待，这些主顾既包括印度工厂的工厂主，也包括印度工厂驻英国的代理商。前三天，她奔波于一间又一间的办公室，品尝着一杯又一杯的冰咖啡或柠檬茶，在一本又一本内容全面的皮面装订样本目录中悉心挑选。但在第四天，她提出："我要参观一下工厂"，而她也知道，这个要求必将引起主顾们不小的骚动。

经过多番咨询，奥莉薇亚·琼斯又一次登上豪华轿车，这次轿车带她见识了城市的另一面，而那里对她来说是完全陌生的。轿车不断前行，酒店和西部商圈渐渐融入街景之中，琼斯进入了孟买的郊区。放眼望去，这里是一片庞大的贫民区，到处堆砌着破旧的铁皮和纸箱，肮脏的街道上尘土飞扬，街边的下水道中污水四溢。轿车在碎石路上缓慢地挪动，路上挤满了马车，车上装满了麦秆或城市垃圾——贫民区的财富。笨重的水牛不

第九章 伦理与全球化

时横穿马路，使得轿车不得不停下等待。

最终，轿车停在了贫民区的中心。"你确定要参观工厂吗？"陪同的主顾问道。琼斯果断地迈出轿车，不想多做考虑。

一身城里人的打扮，脚上踩着高跟鞋，手里提着公文包，再配上白皙的皮肤、湛蓝的眼睛、金色的长发，琼斯周身散发出夺目的光彩。理所当然地，当她沿着满是尘土的街道艰难地挪动步子、小心翼翼地跨过一条条水沟时，当地人都满脸疑惑又饶有兴致地盯着她。

主顾领着琼斯走进一条窄巷，穿过一间间大门敞开、黑漆漆的棚屋，边走边解释说，其中有些棚屋是餐馆，午餐时，人们纷纷聚到这里，坐在铺着草席的地上一起吃饭。一间棚屋门前的桌子上摆放着装有烤豆和沙丁鱼的旧罐子以及装有看似豌豆的绿色物质的锈铁罐，这应该是一间商店的柜台。柜台后的年轻人看上去自信满满，眼带笑意地招呼她上前看看他的商品。

转过一个街角，琼斯见路中间的铁桶中坐着一位老人，身上裹着块破布，正拿着一个铁罐，从桶里一罐一罐地舀水，淋在自己的头发和肩膀上。老人旁边，两个小女孩正在嬉戏，她们穿着镶有丝带和花边的白色尼龙长裙。当看到琼斯有意为她们拍照时，她们满脸笑容地摆好姿势，为她们恰好穿着最漂亮的裙子而暗自窃喜。在琼斯看来，身边来来往往的男女都认为她是举止优雅，值得尊重的。

最后，主顾带着琼斯爬上一架摇摇欲坠的长梯进入街道的上层。因为屋内高度只有 5 英尺，琼斯被提醒千万不要站直身体。就在这个不足 20×40 英尺的房间里，20 人坐在脚踏织布机前，屋里堆着一卷卷的白布。他们中间的空地上铺满草席，上面睡熟的工人正等着轮班。琼斯了解到这些工人 24 小时轮流上班，12 小时工作 12 小时休息，一年有 6 个月天天如此。其余的 6 个月，他们回到农村的家里参与农活，凭借城里的工作所得种植作物、修葺房屋。他们赶制的这批衬衫，正是她 4 周前在伦敦下的订单中要求的，而这份订单曾因为低廉的收购价一直让她引以为傲。然而，眼前的一切却让她深深意识到，这是她此生定下的最为惭愧的一笔订单。

当她就这种生产条件向主顾提出质疑时，她才知道这一行中这样的情况十分多见，在第三世界国家中更是不足为奇。

最后，她走出这间拥挤、闷热、脏乱、嘈杂的衬衣生产工厂，回到轿车上那安全无比的清凉世界中。

"对于今天经历的一切以及由自己亲手造就的地狱般的生存环境，我将一辈子铭记于心。"琼斯想到。这天的晚些时候，她不禁自问，所见一切是否就是定价政策的必然结果呢？这个定价政策在确保英国消费者以12.99英镑而不是13.99英镑的价格购买衬衣的同时又允许制造商分给代理商56%的利润。而她高超的谈判技巧——拜多年谈判的经验所赐——是否也是造成她看到的可悲景象的间接原因呢？

身为一家在激烈竞争环境下公开上市的大型连锁零售企业的采购员，琼斯一回到英国，就开始思考自己的立场和选择。她面临更加矛盾的抉择：雄心勃勃的员工如何在工作中实践社会良知？然而，在实践社会良知的过程中，员工在工作中又真能有所作为吗？

讨论题

1. 从道德的角度看，琼斯所见的衬衫制作厂的工作条件存在什么问题？

2. 作为代理商，琼斯所在的公司享有56%的利润。这一行为是不道德的吗？

3. 如果琼斯回到伦敦后尝试做出改变，哪一利益相关者将会受到影响？

4. 琼斯所见的"在这一行中十分多见，在第三世界国家中更是不足为奇"的情况，符合道德的要求吗？

5. 可以通过其他方式降低衬衫的购买价格吗？

6. 参观衬衫制作厂给琼斯留下了深刻的印象，并促使她重新考虑对成功的追求。你认为她回到伦敦后会怎么做？请解释你的观点。

复习问答

1. 你认为跨国企业愿意服从全球行为守则吗？解释你的答案。

2. 只遵守业务所在国的商业管理和习俗会是一件更容易的事吗？为什么？

3. 与本土企业相比，跨国企业会涉及更多的利益相关者吗？解释你的答案。

4. 在国际商务中，做生意用什么方式最符合道德？

复习测验

综合处理方案培训项目

凯西·詹姆斯是综合处理方案培训项目的顶级培训师。她曾开设过客户端展示的相关课程，组织过为期一天的开放式电话销售研讨会，并负责过大型培训项目实施的全国性推广活动。近来，综合处理方案培训项目迎来了新的南非客户——南非国家银行，机会难得，不容错过。她已经和负责这次项目培训的客户经理取得了联系，并感到她对客户需求非常了解。

南非国家银行近期投资了1 000万美元（约合6 000万兰特）升级其话务中心的设备，与此同时，为了确保话务中心的销售代表能够提供市场上最优质的服务，他们也正在寻找相应的客户服务培训项目。他们的市场调查显示，南非人对本国银行业偏低的服务质量已习以为常，因此，这项举措被看作赢得市场份额的一个良策。

综合处理方案培训项目中的客户服务培训项目叫作"一流的服务"，该项目因被许多世界500强企业接受，并在全球范围内多次实施而名声大振。该项服务为期三天，每班的学员平均在10~12人。这样的安排非常适合于南非国家银行，他们热切地希望培训项目尽快地运作起来。

凯西负责文化适应培训小组，从约翰内斯堡来的一名翻译协助她的工作，负责把一流的服务内容翻译成南非荷兰语（尽管客户经理告诉她绝大多数银行员工的英语都说得不错）。她预计项目中绝大多数的小组活动都会保持一致——那是南非国家银行在演示中已经看过的。她首先想到的是要跟翻译进行几次电话交流，看看有没有其他的成功方案。

然而，第一次通话就使事情的进展陷入了僵局。当凯西和翻译相互认识了一下后，翻译就问她对南非文化了解多少。由于凯西在接到这个项目任务之后就一直通过网络进行过大范围的调查，因此，她尽其所知地在翻译面前侃侃而谈。不过，翻译随后提的一个问题却难住了她：为什么你只把培训内容翻译成南非荷兰语呢？你知道在南非有11种全国通用的语言吗？你知道在社会上不认可这些语言会被看作一种重大的失误吗？

翻译继续说道，在许多正式的场合（比方说在接下来六个月的时间里，培训项目打算在所有南非国家银行的地区办公室里推行的培训活动），如果不认可房间里出现的所有的民族——尤其是在小组活动中出现这种问题的话,那将会被认为是非常无礼。

凯西开始有点惊慌失措了。她如何才能把一种美国式的三天项目变成南非式的三天项目呢?如何才能在小组训练中有时间去适应11种不同的语言和民族呢?

1. 在这里,什么才是该做的正确的事情?
2. 为什么他们不能只提供美国式的一流服务?如果它在美国行得通,它也应当在南非行得通吗?
3. 凯西的决定会影响哪些利益相关者?
4. 凯西应当作何选择?

企业的道德

第十章 实现：在充满竞争的市场中做正确的事

> 企业或许会因为倒霉或糟糕的商业判断而马失前蹄，但有时候它们却会因为疏忽大意，或是主动的违法，甚至是主动的犯罪行为而栽跟头。我们必须从那些关系到个体的道德行为、企业的道德行为以及公共政策回应的相关事件中吸取经验和教训。
>
> ——詹姆斯·贝克三世，罗纳德·里根总统的白宫办公厅主任，乔治·布什总统的国务卿

学习目标

1. 阐明伦理政策中的关键要素。
2. 理解伦理官员的职位说明书里的关键要素。
3. 在你的部门或企业中奖励道德的行为。
4. 针对企业的利益相关者制定企业的伦理政策。
5. 关注你所在部门或企业中的道德行为。
6. 理解应变性伦理政策和前瞻性伦理政策之间的差别。

前沿聚焦

"你顶我，我就顶你!"*

亚当是一家杰出的制药企业的销售代表。公司和它最大的竞争对手在高盈利的降压药品市场上的竞争已进入白热化。降压药品在美国市场上有着数十亿美元的市场空间，其排名仅次于高胆固醇用药和糖尿病用药。亚当公司的药品销量在市场上排名第一，他们的竞争对手则位居第二。不过，就像可口可乐与百事可乐一样，随着大规模的市场营销活动与销售推广活动的展开，两家制药企业在市场份额上的竞争更加激烈。它们不仅在生产出的赠品上都贴有公司的药品名，而且亚当公司里所有汽车的后备箱和后座上（还好没贴到车库上）都塞满了成箱的赠品，只要哪个医生有兴趣把这些药品当作处方用药，公司就把这些赠品送给他们。

今天，亚当要去拜访一位新的医生。但实际上他已经和那家诊所合作过很长时间了。不过，他以前的那些合作伙伴近来不是转行了就是退休了，所以，今天要与亚当会面的是这家诊所的新主人格林医生。

亚当把车开进停车场的时候，发现很难找到空位。"这地方比以前忙多了，"他心里嘀咕着，"我希望老斯蒂文斯医生和他的伙计们把诊所卖了个好价钱——这里都快变成一个金矿了。"

在休息室里，亚当看见了在柜台后的许多熟悉的面孔，但他却发现没有人脸上挂着微笑——所有人都在一本正经地伏案工作。办公室主任詹妮弗把他带到格林医生的办公室门前，临走的时候给他留下了一句忠告："自己留意点，亚当，这里和以前不一样了。"

15分钟后，格林医生走进了办公室。亚当起身做了自我介绍，并很有礼貌地感谢格林医生在百忙之中抽空和他见面。

格林医生并没有微笑一下或者寒暄两句，而是直接进入主题："亚当，是吧？好吧，让我先来说明一下我和医药代表合作的哲学。在我看来，你会在你们的药品上尽可能地多挣钱，直到专利到期为止，所以我希望这笔

---

* 英语中的一句谚语，原文是：You scratch my back, and I will scratch your back. 意思是"如果你支持我，我就支持你"。——译者注

第十章 实现：在充满竞争的市场中做正确的事

钱中的一部分能花在对诊所有利的地方——为我的病人提供大量免费的试用品，而且，会有大量的证据表明，你的公司会感激我对你们药品的支持——你明白我的意思吗？"

亚当其实搞不清楚"大量的证据"是什么意思，不过他非常确信格林医生会向他说明，所以他点头微笑示意。

"这家诊所对我来说是一项长期投资，我花了很高的价钱才买下它。尽管斯蒂文斯老兄有着良好的患者群，但我认为我们可以做得更好——只要对这家诊所进行严格的管理，不出两年，它的规模就会扩大一倍。遗憾的是，扩大诊所的规模就会带来额外的费用。我已经跟你提到过，我是花了很高的价钱才买下这里的，不是吗？"格林医生突然打住了话头并微笑起来——这是亚当见过的最虚假的微笑之一。

"这就是我正在考虑的事情，亚当。不用在笔记本和钢笔这些小玩意上浪费钱财，就像其他的销售代表通常做的那样，我需要的是得到某些支持——如果你们乐意的话，我们可以称之为'营销费用'——来装饰我的办公室。就一家发展中的诊所而言，给某位医生提供一些相称的高档家具——意下如何？"

亚当咳嗽了几下，极力地从口中挤出了几句话："嗯，先生，这可是个不同寻常的要求，嗯，尽管我非常感激您对我们公司药品的支持，嗯，但是我想，我的区域经理可能不会同意。"

格林医生脸上那虚假的笑容立刻消失了，消失得与出现时一样突然。"那就这么说吧，亚当。今天早上，我已经和一个叫扎卡里的非常可爱的年轻人进行了一次富有成效的会谈。我相信，他在为你们的竞争对手工作。"

当提到扎卡里这个名字的时候，亚当的脸上一阵抽搐。

"扎卡里看上去并没有认为这个不同寻常的要求存在问题。事实上，他有一个朋友是室内设计师，他很自信他那个朋友的服务可以包括在'营销费用'当中。那么，我们还有什么好谈的呢？"

1. 第215页上概述了一部伦理守则的四个作用。如果我们假设亚当的公司有这样一部伦理守则，那么亚当可以在那四项要点中找到什么样的指导方针呢？

2. 你认为扎卡里愿意提供那些"营销费用"以赢得从亚当手上丢掉的那笔业务吗？还是格林医生在唬人呢？

3. 亚当如今该怎么做？

实现

如果要让所有的 CEO 去描述一下他们所处的市场，那么他们可能会说出一些相似的特征：

- 那些挑剔的顾客希望以更低的价格得到更新、更好的产品和服务。
- 那些急切的股东们希望股票价格每个季度都在上涨。
- 那些好胜的供应商希望能够卖给你更多的东西。
- 那些苛刻的联邦政府、州政府和地方政府，它们在鼓励你多雇人手和多交税金的同时，还希望你服从更多的规则和管制措施。
- 那些心急的债权人希望它们的贷款能够及时偿付。
- 那些积极的竞争者希望从你的手中偷走你的顾客。

当你在这样一种艰难的环境中经营企业的时候，要坚守道德经营以及为所有利益相关者"做正确的事情"的承诺就会变得十分困难。这就很容易理解为什么有那么多的高级管理人员，在他们企业的败德行为被发现之后，都会搬出"狗咬狗的商业世界"作为他们无法道德地行事的借口。

> 可持续发展伦理：在经历了公共丑闻或最流行的管理口号很久之后，还能继续留存的一种伦理文化。

如何才能使做"正确的事情"的承诺成为现实呢？当市场中其他所有人都无法坚守道德原则的时候，你如何保证你的公司能坚守自己的道德原则呢？因为伦理文化应当是**可持续发展的**，因此，即使在公开的丑闻或最流行的管理口号过去很久之后，伦理文化也必须在企业的经营政策范围内长期存在。

我们在前面的九章中已经看到，企业对道德行为的承诺如何影响着企业的每一个管理阶层和各个部门。因此，要使道德行为具有可持续性，就需要企业中的每一个成员都参与进来，致力于建设一种正式的结构，以支持不断完善的监控体系和执行措施。这一过程可以被概括为下列六个阶段：

1. 建立一部伦理守则。
2. 对企业的所有员工进行广泛的培训以遵从伦理守则。
3. 雇用一名伦理官员。
4. 表彰和奖励员工的道德行为。
5. 就企业对道德行为的承诺做出积极贡献。
6. 在企业发展壮大的同时继续监管各项企业行为。

建立伦理守则

为了使每个人都站在相同的起点上，企业对道德行为的承诺必须用一部伦理守则来验证。一部完备的伦理守则可以有如下几个作用：

- 它能够让人明白企业所理解的道德行为是什么——你们的价值观宣言。
- 它能为可接受的行为提供详细的指导方针。
- 它能为特殊处境中的行为提供政策依据。
- 它能对违背政策的行为提供处罚依据。

伦理守则针对的是企业所有的利益相关者。要使投资者、消费者以及供应商知道，企业对道德操守是何等的重视；要使员工清楚地明白，企业期望他们按照什么样的标准去行事以及达不到这些标准带来的后果是什么。

复习书后附录中收编的下列组织所制定的伦理守则：

- 美国职业新闻工作者协会（SPJ）——附录7。
- 美国计算机协会（ACM）——附录8。
- 美国内部审计师协会（IIA）——附录9。
- 美国土木工程师协会（ASCE）——附录10。

这四部伦理守则以及书中其他地方特别提到的伦理守则表明，伦理守则没有完美的模式：有些就它们所属的职业而言特别专业，有些关注点非常务实，就员工违反守则将带来的后果给出了明确的指导方针。

如果你打算从头开始制定一部伦理守则，那么企业伦理研究所的下列建议可供参考[2]：

1. 找到一个领衔人物。除非是一个重要人物（最好是CEO）准备正式启动一项企业伦理政策，否则伦理守则发挥作用的可能性就不会太大。

2. 赢得总裁和董事会的支持。企业的价值观和道德规范是公司治理的重要方面。董事会不仅应该热衷于建立一部这样的伦理守则，还应该热心接受有关执行方面的定期报告。

3. 找出是什么在困扰着人们。仅仅认可某种标准的守则或借用其他的守则是不够的。重要的是找到员工在哪些问题上需要得到指导。

4. 选择一种成熟的模式。运用某种框架去处理那些会影响到公司不同方面或股东的各类问题。这一框架通常涉及：股东、员工、顾客、供应商、当地或国家政府，甚至还可以包括竞争者。

5. 编制一部企业的行为守则。应当以手册的形式或通过公司的内联网进行分发。现有的政策，例如有关馈赠和接受礼物或私人使用公司软件的政策，可以被整合进去。有关守则该如何操作的指导方针也应当被整合进去。

6. 试行在先。守则需要试行——可以选择企业内不同级别、不同部门的员工作为试行对象。像企业伦理研究所这样的外部机构会对守则的草稿做出评价。

7. 发布守则使其众人皆知。出版守则，并将其发送给所有的员工、供应商以及其他一些人。公开宣布企业制定了一部适用于整个公司的伦理守则及其操作方案。将守则放在公司的网站上，并将其发送给经营伙伴和合作伙伴。

8. 使其行之有效。守则在实践方面的范例应当被引入企业所有的内部（和外部）培训项目及培训课程中去。经理应当定期在守则上签字保证，应当建立一套审查机制，还需要任命一位守则的"主管"。

对企业的所有员工进行广泛的培训以支持伦理守则

编写伦理守则不是件难事。在文件上记下你对道德操守的承诺，详细指明你要接受的行为标准以及相应的处罚措施只是开了一个好头。然而，守则只不过是一个向导——它无法顾及所有可能发生的事情。当你们公司的一名员工置身于潜在的不道德处境中时，所有企业的伦理政策都会面临真实的考验。

虽然你们的伦理守则是写给员工去遵守的，但是，它却没有要求你们的利益相关者去遵守。

例如，如果某个供应商为了得到一份订单而向你的一名员工行贿或给回扣，如果某位顾客要求用回扣来换取一笔生意，那该怎么办呢？这样的例子会出现在你们的守则中吗？如果没有，你们又能给员工提供什么样的指导呢？

这就是为什么开展广泛的培训项目去支持已出版的伦理守则会变得如此重要。因为守则无法顾及每一种可能发生的情况，所以企业的每个部门都应当接受伦理守则，并将其运用于各自领域内可能发生的各类情况中。在这些部门内部或在小组会议上，员工可以：

- 找出在道德方面存在的争议。
- 讨论适当的处理方案。
- 为企业选择最好的解决方案。

■ **进度检测问题**

1. 列举艰难的市场环境中的六大特征。
2. 列举伦理守则的四种关键作用。
3. 举出三个顾客不道德行为的实例。
4. 举出三个供应商不道德行为的实例。

小企业可以先对监管人和经理就道德冲突的处理方式进行额外培训，以此加强员工培训。如果某个员工或某个员工小组无法处理某种道德争议，他们就可以转而向其监管人和经理寻求指导和帮助。在大企业中，通过设置伦理官的职位来完成这一任务就显得更为重要。

雇用一名伦理官

雇用**伦理官**体现了企业对伦理项目的管理权和领导权的正式承诺。通常，强化这一任务需要设置一个独立的部门，该部门有责任强化伦理守则的执行，有责任为所有发现不道德行为的员工提供帮助。它给利益相关者发出了一个清晰的信号，它为那些需要额外指导和帮助的员工和经理提供了一个合适的人选。伦理官可以从企业内部选拔（选择一个可以被信任的老面孔），也可以从外界招聘（选择一个对公司历史及办公政策来说独立的新面孔）。

> 伦理官：企业的高级管理人员，负责监督企业行为内部和外部的道德绩效。

伦理与监管人员协会（一个有关伦理与监管人员的职业群体，会员超过了1 000人）在某项调查中详细列举了会员的主要职责，概要如下：

89%　负责投诉热线/指导方针/内部报告
89%　内部简报的编制与发放
88%　企业的内部交流
85%　高级管理层和董事会的简报/交流
84%　培训设计
83%　评估/审查方案的脆弱性
83%　评估/审查方案的成败
79%　负责对错误事件的调查
79%　对项目文档的管理
77%　对投诉热线/指导方针/内部报告进行直接控制
72%　外部简报的编制与发放
68%　制定企业的政策及程序措施
64%　国际项目的开发
61%　提供培训
56%　国际项目的实施
52%　指导对错误事件的调查

道德困境实例

案例10.1　朱莉该怎么做？[3]

在MCI（前身是世通公司），道德地行事是企业成功的基础。我们对高标准的承诺丝毫不会削弱我们在市场上积极主动地追求成功的决心，我们会提供行业中最具创新性的上乘产品和服务。实际上，从长远来看，做一个（大家眼中的）高道德水平的企业会给我们带来可持续的竞争优势。历史证明，尽管某些企业可以通过抄近路的方式获得短期的成功，但是，到了最后，只有行业中真正的道德领袖才会屹立不倒。我们应当身在其中。

朱莉该怎么做？这是MCI公司的55 000名员工在接受培训的时候每

第十章 实现：在充满竞争的市场中做正确的事

天都要相互提及并自我反思的问题。作为电信行业中的巨头，在经历了历史上导致其破产的超过90亿美元的最大会计丑闻（那时它被称作世通公司）之后，MCI公司正在重塑它的企业形象。

公司的CEO迈克尔·卡佩拉斯（Michael Capellas）推行了MCI的《伦理与企业行为守则》：

作为破产法庭和美国证券交易委员会判决结果的一部分，MCI的1 200名管理人员和财务人员被要求接受强制性的伦理培训。然而，总裁兼CEO迈克尔·卡佩拉斯却决定，由于伦理问题对企业的未来发展至关重要，因此，MCI的每一名员工都应当接受伦理培训。

培训课程由一个30~60分钟的在线节目构成，它向员工展现了一系列的道德情境。接下来是由纽约大学继续教育与职业研究学院所提供的为期9个月的企业学习服务培训项目，该项目要求你就一名虚构的MCI公司的员工朱莉所面临的一系列理论上的道德困境进行认真思考。

这些道德困境涉及的范围从抽象的情境——"如果你为了保护家人而杀死了一名袭击者，你会认为是正当的吗？"——一直到更为具体的行业情境——如果朱莉在同事的财务报告中发现了错误，那么作为合作者，她应当视而不见吗？或是，她应当勇敢地面对同事，她的一个朋友，使错误得以修正吗？

公司在一周内让20 000名员工参与了培训项目，另有20 000名员工在接下去的一周内也接受了培训——可想而知，在这一过程中纽约大学的网络服务要承受多大的负荷。"MCI公司的员工都非常拥护企业的这一举措，"从2004年开始负责此事的公司第一位首席伦理官南希·希金斯说道："员工们真的都很乐意看到公司能把时间花在伦理培训上。"

尽管，还不能这么快就说这些培训项目会变革MCI公司的企业文化，或者说这些培训项目最终会以某种精心设计的公共关系手法而收场，不过，这些培训项目显然正在给企业带来第二次重要的转机。MCI公司的总部大约有5 000名员工，公司对伦理问题的关注很难被遗忘掉，从印有"朱莉该怎么做？"的T恤衫到走廊、会议室里随处可见的条幅和海报，都会使员工不断地记住："我们的伦理守则就是标准，你的行动至关重要","做正确的事,因为它是要做的正确的事。"

《伦理与企业行为守则》包括以下内容:

MCI公司的十项指导原则

- 建立信任与信誉。言行一致。
- 尊重个人。彼此之间相互尊重,坦诚相待。
- 营造一种可以进行开放式坦诚交流的企业文化。每个人都应当放心地说出自己的心声。
- 高层垂范。管理层要以身作则。
- 拥护法律。以国家的各项法律要求为基准。
- 避免利益冲突。谨慎而自觉地处理各类利益相关者的利益。
- 精确地设定衡量标准与报告结果。在短期与长期之间做出平衡。
- 推崇实质重于形式。关注什么是重要的,而不是去关注什么是方便的。
- 忠诚。忠实于家庭、公司和你自己。
- 做正确的事。因为它是要做的正确的事。

做正确的事。因为它是要做的正确的事。

几个关键的问题可以帮助我们认清那些可能是不道德、不正当或不合法的各种情形。试着问自己:

- 我正在做的事情符合MCI公司指导原则和企业政策的条文和精神吗?
- 有人曾要求我去歪曲信息或进行违规操作吗?
- 当我在职工会议上表达自己决定的时候感到放心吗?
- 如果某件事情成了头条新闻,会有什么后果呢?
- 我忠实于我的家庭、公司和自己吗?
- 什么是我要告诉我的孩子该去做的事情?
- 这是要做的正确的事情吗?

对外传递企业诚信的信息,对内教育员工如何避免行为不端,这是希金斯不断努力在做的事情。在此之前他曾在洛克希德马丁公司和波音公司从事伦理监管工作。"由于我们无法解决我们未知的问题,因此我想建立一种环境,在这种环境中,人们可以放心地质疑那些有问题的道德规范。"

她说道。

希金斯说，MCI 公司对之前没有控制住的问题采取了一些特别的行为。例如，被举报的不良行为最终导致了法律诉讼，那么，一旦公司被法院传唤，MCI 就无法阻止特定信息的披露。MCI 处理这类事件的方法是开通一部免费电话，员工可以通过这部电话清晰地了解培训中涉及的所有话题或者举报可疑的不道德行为。MCI 公司称，仅 2004 年 11 月间，该电话系统共记录了 400 通接进电话，这个数字是自同年 6 月公司的培训项目尚未生效之前的 10 倍。

当我们翻阅着公司长达 16 页的《伦理与企业行为守则》时，精明的人或许可以从 MCI 公司就企业伦理文化所做出的新承诺背后看出某种更讲求实际的动机。美国联邦总务管理局（General Services Administration，GSA）曾禁止 MCI 公司竞标政府的新项目，原因是公司的道德规范体系和公司治理方案存在问题。该项限制措施后来被取消了。此外，MCI 公司为了从破产的境地中尽快地复苏而解雇了超过 24 000 名员工，从而，企业曾经做出的那些对企业道德经营而言至关重要的温情脉脉的承诺已经变得越来越轻飘飘了。

1. 列出构成 MCI 公司《伦理与企业行为守则》基础的十项指导原则。

2. 列出 MCI 公司鼓励员工在鉴别不当的、不道德的以及不合法的情形时进行自我反思的六个问题。

3. 如果总务管理局没有禁止过 MCI 公司进行政府竞标，那么，你认为公司会如此热切地去推行这样一种意义深远的伦理举措吗？解释原因。

4. 在经历了财务丑闻之后，MCI 公司还可以通过其他的方式去重塑投资者和消费者对公司的信心吗？

表彰和奖励员工的道德行为

伦理守则里所详细列举的行为标准以及达不到这些标准带来的惩罚措施会使你们的伦理计划很快变得让人感觉非常严厉。这样的结果是与增加员工忠诚度和顾客满意度的目标相违背的。因此，惩罚带来的威慑力必须通过对道德行为的嘉奖来平衡：
- 在企业的通讯快报上表彰道德行为的典范。
- 嘉奖道德行为——让员工挑选奖励方案。
- 嘉奖新的、具有创造性的点子——让员工挑选奖励方案。
- 表彰那些所作所为体现了公司所承诺的行为标准的员工。
- 宣布一个道德规范日，让每个部门在这一天里分享他们的成功。

■ **进度检测问题**

5.当雇用一名伦理官的时候，是从公司内部选拔更好，还是从公司外部聘人为佳？解释你的答案。

6.列举伦理官的六项重要职责。

7.举出表彰道德行为的三种办法。

8.如果企业会公开表彰道德行为，那么企业也应当公开对不道德行为的惩罚吗？为什么？

为企业对道德行为的承诺做出积极贡献

每一项伦理政策都意味着你在向所有的利益相关者保证要做正确的事，因此，这样一种信息必须和企业所有的利益相关者分享——包括内部的和外部的。在对他们做出明确而坚定的承诺同时要言出必行，以具体的行动证明企业正在致力于建立消费者可以信赖的声誉，从而赢得他们的信任（和业务）。例如：

- 提供无条件的退货政策，就像美国的 Lands'End 服装公司。
- 提供110%的价格比较保障，就像美国的家得宝公司（Home Depot）。
- 如果由于你的错误而使客户多付了钱，那么在对方的会计部门发现错误并要求退钱之前，你要及时退款并加上利息。
- 让你们的客户介入到公司伦理政策的制定过程中来。让他们告诉你，什么样的行为或保障才会使他们放心地感觉自己正在与一家讲道德的企业共事。
- 让你的员工访问公司的客户网站发表他们对公司伦理守则的个人看法。
- 和所有的利益相关者分享你的成功经历，而不只是你的员工。
- 邀请你们的利益相关者参加公司道德规范日的庆祝活动。

道德困境实例

案例 10.2　只是帮个小忙[4]

星期二的早上我有点不顺。我花了几分钟的时间去接收电子邮件，随后又碰上了道格·斯莱特，一个小业务部门的头儿。斯莱特不是我所喜欢的那一类人。倒不是因为我觉得他的工作业绩有问题，我只是隐约地感觉他并不是一个可以信赖的人。他很聪明，清楚地知道该如何抓住机会，但是在我看来，他太滑头了。对于那些在企业中职位比他高的人，他总是随叫随到，却轻视那些职位比他低的人，就因为他是个小业务部门的头儿。看上去，他只关心怎么在企业里往上爬，他给我的印象是，他会利用任何人和任何事去达到自己的目的。

早上10点整，斯莱特很随意地走进了我的办公室，像往常一样的准时。他满脸堆笑，在进入主题之前，用恰当的时间跟我闲聊了一会儿，并谈了谈昨晚那场超时了两倍的足球比赛。随后，他提到了要我帮的"小忙"：稍稍延迟他的部门在本月的应付款项。

我们的公司是一家高度自动化的企业，与我们有着业务往来的企业在经营上使用着大致相同的方式。当我们收到它们的应付票据并确认可以支付之后，它们就会去收款。这一过程都采用电子化的方式，无须合同书或为支付期限而购买汇票。正如所有好的现金流管理方案一样，如果规定期限是10天，那么我们会在10天内自动付款。如果规定期限是30天，那么我们就会在30天内自动付款。要介入这一系统需要多方签字同意，并一式三份留存。通常，这种可能性只发生在我们的卖方和我们做成了一笔需要提前支付的交易，而这笔生意又不容错过的情况下。

准确地说，这就是斯莱特需要我帮的"小忙"，我也知道他为什么想这么做。公司业务部门每个月的盈利报告是建立在现金结算基础上的——实际收入减去实际支出。因此，如果斯莱特能够通过延期支付某些款项的方式使其支出费用人为地降低，他的盈利看上去就会变得更好。很显然，这些数据最终会对他造成不良的后果，但是他想搏一把，如果几个良好的季度业绩能够引起合适位置上合适人物的关注，他就有可能会得到提升，这样,他就可以把烂摊子留给他那可怜而不知情的接任者了。

我没有立刻回答他——我需要一分钟时间控制自己的情绪。他真的认为我会愚蠢到全然不知他要干什么？或者他已经设想到我不会把公司的伦理守则放在心上？我所能想到的最好的一面就是,他之所以来我的办公室,是因为在我的IT部门没有人愿意去帮他这个"小忙"。即使他找到了人去帮他,一旦事情被曝光,内部审计人员也会知道,因为这显然违反了公司的管理规定。如果我们手工改变合同的期限（例如修改支付期限）,就要提交一份异常情况报告并直接送交首席财务官。很显然,要么是斯莱特不了解我们对这类事情盯得有多紧,要么就是他认为他可以一直拖到被揭发的那一天并把责任推给别人。

我告诉斯莱特,我不会违规操作软件,也不会同意我部门的人去干这种事。我还警告他,如果我部门里有任何人帮你干这种事,我当天就会把他扫地出门。他回答我:"这又不是什么大事！再说,你不能因为这事难对付就这样指责人。"说着,斯莱特走出了我的办公室。

1. 为什么斯莱特要求帮的"小忙"是不道德的？
2. 有政府的或法律上的保障制止这类行为吗？
3. 斯莱特的要求应当被通报给所有的人吗？
4. 即使是斯莱特要求IT部门的人帮他这个"小忙",他们显然也不会那么去做。为什么呢？

在企业发展壮大的同时继续监管各项企业行为

任何承诺要在道德上有所作为的企业都必须不断地接受监督。企业很容易优先考虑其业务问题,也很容易想当然地认为伦理守则会立刻生效。并且,由于不断的技术进步会带来新的道德困境,例如有关监控电子邮件与网上冲浪的政策,因此,企业的伦理守则就需要进行定期修订。在大企业,这是伦理官员的职责之一。对于小企业来说,需要把伦理守则融入战略性的规划工作中,从而尽可能确保其不断更新。

进度检测问题

9. 举出企业为了赢得利益相关者的信任可以做出的六种实际承诺。
10. 举出你自己的四个实例。
11. 为什么伦理守则需要不断更新？
12. 指出你们公司的伦理守则最近一次被更新的时间。

成为一家透明的企业

许多企业之所以会去制定或修正自己的伦理守则，是因为它们不愿看到 CEO 在国会上面对《美国宪法第五修正案》。另一些企业之所以这么做，是因为如今就企业不道德行为的财务处罚金额大得惊人。遗憾的是，这两种行事的动机都不充分。我们可以将其称作**应变性的伦理政策**，在这种情况下，企业被突发事件牵着鼻子走或者害怕日后出事。但是，真正的伦理政策应该是**前瞻性的**，在这种情况下，作为一个讲道德的企业，公司要旗帜鲜明地表示自己究竟拥护什么——不但要指出对自己和对利益相关者而言什么样的道德规范是重要的，而且还要交代企业行为的限度（以及将会采取的必要惩罚措施）。

这类企业有一个共同的特征，那就是"**透明**"——在这种情况下，企业与所有利益相关者之间的交流是开放的和诚实的。然而，事实证明，影响着股票价格（以及企业高级管理人员在股票认购权上的现金收益）的金融市场显然对这种"开放而诚实的交流"漠不关心。思考案例 10.3 中的两类情境。

> 应变性的伦理政策：企业受重大事件或对未来事件的忧虑所驱使而制定的政策。

> 前瞻性的伦理政策：为了成为一家道德的企业而对自己应该拥护什么所做的明确说明。

> 透明的企业：与所有利益相关者之间保持开放而诚实交流的企业。

道德困境实例

案例10.3 是什么或不是什么

情境A："你所不知道的事情不会伤害你"

——邓拉普，斯科特纸业公司的"链锯阿尔"[5]

当阿尔·邓拉普于1994年4月成为斯科特纸业公司的CEO时，他告诉员工他的目标是对企业追加投资并为企业开创一个美好的未来。但是，许多留下来的人说，很快大家就明白，他唯一的兴趣就是卖掉企业……在他到任后的两个月里，他宣布公司要在管理上进行重要的改革，35%的员工将在企业改组过程中被裁员，与斯科特公司核心的薄包装纸业务毫无关联的可转债资产交换交易（outright sales）却成了公司发展的新战略目标……他砍掉了企业一半的研发经费预算，并裁掉了研发部门60%的员工。1995年间，他关闭了所有主要的工厂并停止了设备维护……"他要做的就是向未来透支一年或者两年的光景"，斯科特纸业公司全球制造加工与技术部的负责人杰瑞·巴拉斯说道："到了一定的时候，你就得偿还你所透支的光景，如果等得太久，偿还势必会有问题，因为工厂会出现经营不善的情况，而设备也会出现故障。在陷入危险境地之前，我们在尽可能地拖延时间。"

尽管邓拉普管理着斯科特公司的工厂和员工，但给人的感觉就好像是公司不会再做生意了。正如在斯科特公司工作了33年的巴拉斯所言："你把工厂关了。你从来不搞培训。你不雇人。只要不是当天需要的东西你就不会买。你试图卖掉我们所有的一切。我们只剩下了一个光秃秃的空壳。我们在令人难以置信的时间里工作，做着令人难以置信的事。想想未来，我们不能以这样的方式去经营企业。"

为了把更多的产品推向市场，公司的销售人员向消费者提供了大幅度的折扣，而这些折扣只有当商品以零售的方式出卖时才能获得。结果是，当零售商向公司申请赊购的时候，公司的财务人员还按照原有的价格标准计算销售额和利润，这样一来，折扣费用就只能被移到后面去。通过这种方法，斯科特纸业公司就可以显示出自己在销售额上的急剧增长，与此同时却丝毫不会影响其利润率。一般来说，这类促销手段的折扣额度大约占销售收入的10%~20%。但是，为了拉升斯科特公司的销量，尤其是在企业将要被出售的最后一个月里，这个额度翻了一倍。

当美国金佰利纸业公司同意以94亿美元买下公司的时候，斯科特纸业公司的股东发现，他们在公司的投资收益已经涨了225%。在邓拉普的领导下，公司的股票市值惊人地涨到了63亿美元。然而，进入合并期之后，虽然斯科特1995年第四季度的预计收入是1亿美元，但金佰利纸业公司却在原有的斯科特公司的业务上损失了6 000万美元。据企业的内部人士透露，公司的利润出入达到了1.6亿美元，这还不包括公司宣布为了适用于"整合斯科特方案"需要开支的达14亿美元的巨额重组费用。在斯科特公司所隐瞒的费用中，光是公司为了打折促销而向零售商提供的赊购款就达到了3 000万美元。在接管该公司的头三个月里，金佰利公司花去了大约3 000万美元，多数用于整顿和维护邓拉普管理公司时闲置已久的工厂和设备。"我们必须使设备恢复它们应有的状况。"巴拉斯解释说。他总共花了15个月的时间协助金佰利公司完成了交接工作……在其他一些事情上，巴拉斯发现自己正在补救"80%的我们在一年前所做的事情"。

金佰利被迫于1998年初进行第二次重组，关闭了一些工厂并裁掉了5 000名工人。自并购斯科特纸业公司以来，裁员总数达到了11 000人……而在斯科特公司短暂的停留却使邓拉普个人进账了1亿美元。

情境B："在此，我们毫不讳言缺点"

——里卡多·塞姆勒，

在过去的20年中执掌巴西塞姆克公司的CEO[6]

考虑客户的时间通常是塞姆克公司做生意的方式。许多顾客对我们在民主、对待异议、灵活性上的名声十分警惕。但是，对那些并不欣赏这些自主权的人来说，它们仅仅意味着混乱。当客户跟我们做生意的时候，尽管我们并不希望他们会采用我们的经营哲学，但是，我们会使自己的做法变得明确，有时，这会造成某些意想不到的文化碰撞。

我的人经常会因为我在客户展示过程中承认自家产品的缺陷而目瞪口呆。他们或许会因为看到我们的辛苦付之东流而感到沮丧。然而，有一半以上的顾客会因为我的坦诚而回头，并十分相信我不得不说的这些后话。

有这样一件众所周知的事情：由于黄金搅拌装置出现故障后造成了事故，我们一度与英美矿业公司发生了争执。我后来去看了那些设备，并承认装置中存在的缺陷责任在我们。尽管这一缺陷在此之前就已经被发现了，不过我也只是刚刚才知道。

我们的人都惊呆了。重修设备的费用要花去45万美元，这在当时对我们来说是一笔不小的数目，但是英美矿业公司随后做出了我所希望的反应。他们对我们的诚实表示感谢，并且又多订了两台设备。我们用这笔钱作为资金更新了老设备。直到今天，它们仍然是我们忠诚的顾客。

因此，在企业伦理的世界中，里卡多·塞姆勒在塞姆克公司采用的经营哲学为他赢得了"特立独行者"的美名。好奇的学者和商业分析家们无法理解为什么一家企业在不断"打破"如此众多的商业规则之后还能在商界站稳脚跟。就在同时，阿尔·邓拉普又在日光公司再次得手（尽管时间不长）。他在华尔街曾一时被人称作是"身着条纹西服的兰博"，这一绰号用来形容他以"不容挫败"方式不断地去"裁人和消耗"，正如他能快速地使公司翻盘，并使公司的股票价格创纪录地活跃起来。不过，最终，邓拉普被日光公司给解雇了，他本人也因为欺诈罪而被起诉。

1. "尽管邓拉普管理着斯科特公司的工厂和员工，但给人的感觉就好像是公司不会再做生意了。"举出四个例子说明这种行为。
2. 解释为什么里卡多·塞姆勒在英美矿业公司的事故中说出真相这件事是"要做的正确的事情"。
3. 邓拉普与塞姆勒，你愿意为他俩中的谁工作？解释你的答案。
4. 为什么塞姆勒会被称作"特立独行者"？

■ 进度检测问题

13. 什么是应变性的伦理政策？
14. 什么是前瞻性的伦理政策？
15. 为什么说企业要成为透明的呢？
16. 你能说你所在的企业是透明的吗？解释你的答案。

第十章 实现：在充满竞争的市场中做正确的事

结论

在过去的几年里，许多被披露的公司丑闻成为媒体大量关注的焦点，这使得企业伦理这一主题引起了美国大多数人的广泛关注。不过，事实证明，不断增长的关注是令人喜忧参半的事情。

一方面，一般的投资者，即使他们认为商业世界中到处都是骗子，而这些骗子唯一的意图就是尽可能地多挣钱，这种想法也不会受到责怪。产品的质量问题、低劣的客户服务、编造财务报告、拒不认罪的庭外和解，这些描绘着一张消极的商业图景。

对这张消极的商业图景的回应是许多新规定（《萨班斯-奥克斯利法案》及其他）的出台以及更为严格的管理举措。如今，如果企业未能遵守那些规定的行为标准，那么它们就要承担更大的风险。巨额的罚金和高昂的诉讼费用使那些不道德行为要付出真金白银。

另一方面，企业伦理也对商业世界产生了某些积极的影响。股东愿意投资那些信誉良好并具备强有力的伦理政策的企业。员工更乐于为那些值得信赖的企业工作，为这样的企业工作，他们会感到值得。这些价值观念会带来更多的支持和更少的人事变更，会给企业带来更多的收益。消费者更乐于购买那些在商业交易中诚信记录良好的企业的产品——即使这样的选择会多花一点钱。

前沿聚焦

"你顶我，我就顶你！"——亚当做出了决定

格林医生一直在注视着亚当。他显然正在等待答复。亚当知道，如果他想要以征得区域经理的同意为由来争取时间，格林医生一定会请他走人。

在这种令人啼笑皆非的处境中，亚当真有点想哈哈大笑。以前，也有医生向他多要免费试用品的情况，在这个行当中，作为正常的营销费用，请客吃饭或者送些体育赛事或娱乐节目的门票也是常有之事，但是从来没有人直接向他提出要钱装饰办公室的——这家伙还真敢开口！

亚当琢磨了一会儿，在想他是不是用扎卡里来唬人。他知道扎卡里是一个强劲的竞争对手，在这个区域，他俩的竞争十分激烈。通常来说，只要有机会，他们都会从彼此那里争取客户。"让我好好想想，"亚当思

忖着,"扎卡里可能会跟进这笔业务。如果被他拿下的话,这里就成了他的地盘了。"

亚当转而又看了看格林医生。这家伙真令人作呕。亚当感觉到这不会是一次性的特殊要求。他知道如果这次答应了,下次肯定还有其他的"营销费用"要求,而且,格林医生总会拿他的竞争对手来吓唬他。

几乎在连自己都感到吃惊的一瞬间,亚当决定了他必须得做的事情:"很遗憾,格林医生。我们很看重和医生之间关系——这是我们为什么能与斯蒂文斯医生长期保持良好关系的原因。遗憾的是,这种关系中无法包括'营销费用'。我希望扎卡里的室内设计师朋友会给您提供很好的服务。"

说完,亚当起身离开了办公室。

六个星期之后,当地报纸的头版上刊登了一张格林医生和扎卡里的毫不遮掩的合影。格林医生和扎卡里以及他的公司建立了非常要好的关系——如此要好,实际上,格林医生已经同意把某些病人的资料提供给扎卡里的公司以帮助他们进行新药品的临床试验……

1. 如果亚当的区域经理看到那条重要新闻后知道亚当丢掉了格林医生的业务,你认为他会有什么反应?

2. 你认为扎卡里的公司会同意向格林医生提供"营销费用"的个人许诺吗?

3. 你觉得扎卡里和格林医生身上接下来会发生些什么?

因此,如果消极的公共舆论、败坏的名声以及数百万美元的法律费用带来的威慑力还不足以让一个企业去制定伦理政策的话,也许,不断增长的利润以及皆大欢喜的股东、员工、顾客会做到这一点。

认清企业伦理的概念可以让我们知道什么样的行为是不道德的,但是,当你希望树立**企业信誉**并建立相关政策的时候,承诺去做正确的事情会变得比任何意义上正式的伦理政策都更为诚实可靠。要认识到,企业的经营是无法脱离其所在社区、顾客、员工、股东及其供应商的,这对于企业长期的生存而言至关重要。在今天的商业世界

> **企业信誉:** 企业公开承诺并坚持遵守最高的职业标准。

中，赢得所有利益相关者的信任和信心将会是一个重大的成就，而长期保持住这种信任和信心将会是一个更大的成就。

关键术语

伦理官　　企业诚信　　前瞻性的伦理政策　　应变性的伦理政策
可持续的道德规范　　透明的企业

> ☞ **讨论练习：**
>
> ### 马自达公司的两难选择[13]
>
> 　　精明能干的马克·菲尔兹（Mark Fields）是马自达汽车集团的新总裁，在他治下的公司背后，有两个指手画脚的家伙：焦躁的股东和不安的工会。当占公司三分之一所有权的福特汽车公司想通过向海外转移更多生产流程的方式加速提高利润的时候，广岛生产基地的普通员工们却想踩着刹车，沿着当地的风景线缓慢前行，从而确保每个人都能跟上行程。"这是一个真正需要权衡的工作，"39岁的菲尔兹说，"这也是工作中难度最大的一部分。"
>
> 　　马自达公司的困境显而易见：公司出售的汽车80%以上都产自日本，但坚挺的日元却使公司在主要海外市场上的收益大幅缩水。可是，在公司长期工作的员工坚决反对把国内企业的生产流程移至国外，尤其是从紧邻着马自达集团总部的广岛工厂这样的旗舰工厂拿走。
>
> 　　原因也是显而易见的。只要扫一眼广岛的地图，就能发现马自达公司在该地区的绝对优势。延绵在城市南方边界7公里的填海地上，马自达公司大量的建筑群占据着内陆海的沿线地带。公司为广岛地区提供了约24 000个的就业机会，（据估计）另有20 000人间接地为马自达工作。几年内，闪亮的新马自达汽车源源不断地从生产线上下来并被送入世界各地的展厅，这个小镇因此曾繁荣一时。
>
> 　　在1990年公司发展的顶峰，广岛车间一年的产量就高达120万辆。然而，在过去的20年中，工厂的年产量削减了一半以上，现在仅有50.7万辆，与此同时，广岛工厂的创始人家族也被控股股东福特公司取代。第二年，当竞争对手都在推出新车型以扩大产品阵容的时候，马自达公司却

未能推陈出新。更糟糕的是，那些原来有保障的盈利却转而打了水漂。

这对曾是日本西南部经济重镇的广岛来说是一个沉重的打击，因为该地区许多工厂的产量急剧下降，人们戏称这里是日本的"铁锈地带"。"马自达打个喷嚏，长岛就感冒。"山本浩司这样说道。他是马自达公司的第二代员工，是工厂的总经理。近来，马自达公司已经有感冒迹象了。

菲尔兹认为公司会借助"新生代"的马自达汽车再次繁荣。2002年新推出的马自达汽车将采用母公司福特汽车的技术"平台"——底盘、发动机和其他主要零件。这种做法意在整合零件采购和流水线加工两个过程，以达到削减生产成本的目的。由于可以从精简流水线和与福特公司的合作中有利可图，菲尔兹说："你会发现生产成本将降到最低。"

但评论家抱怨，马自达公司还没有真正找到解决根本问题的途径，这个根本问题是：马自达公司从日本的高成本生产基地出口了太多的汽车。这一点之所以受到质疑，是因为日本的汽车市场已经饱和，无法消化马自达在国内的产能。对此，菲尔兹回应说，马自达公司正在考虑将一部分车型的生产转移到位于欧洲的福特生产车间，极有可能从采用了福特造车技术的微型德米欧开始。今年早些时候，日本主要的商业报纸报道了马自达公司将从日本国内撤出20%的产能并在广岛工厂裁员4 000人的消息。但菲尔兹坚持说年底之前都不会做出最后决定。

分析家指出，最直接的方法就是将生产大量转移至海外并增加进口零部件的采购量。这必将优化马自达公司在日本的生产配置，结果会带来生产成本的大幅降低……马自达公司正通过效仿20世纪80年代日本其他主要汽车生产商把生产移到国外的方式，小心翼翼地朝这个方向迈进。目前看来，进口零部件的数量已接近马自达总采购量的15%，比几年之前增加了一倍。两年前，公司还在泰国建立了一个轻型货车生产厂，并且自2000年1月起，该厂已开始生产四门私家车。半年间，泰国工厂的出口量较之上年同期的20 530卡车总量相比提高了17%。所有在日本以外销售的运动型多功能汽车全部产于靠近密苏里州堪萨斯城的福特工厂。

但是对此并不满足的分析家和投资商希望知道，尽管这项工作的开展已有半年，但菲尔兹为什么仍不愿意大规模地推进这项工作。延迟的原因与广岛地区的社会舆论密切相关,因为马自达公司的"社会责任"对当地社区影响巨大。

对于马自达公司的工会主席——武森川来说,这等于是把工作机会转移到国外。"我们当然反对向国外转移生产,"这位态度生硬的工会领导说道,"它肯定会掏空广岛的生产基地。"

工会很不乐意谈及提高国外产量的问题,尤其是在福特公司以33.3%的股份控股马自达公司的同时,又以70亿美元赢得了收购韩国大宇汽车公司的优先竞标权。"他们为什么不能将这些钱中的一小部分用来投资马自达集团呢?"武森川抱怨道。公司的高层似乎也清楚地了解他们的困境:在管理上如何才能平等地照顾到诸如福特公司这样的股东以及类似工会和家乡保皇派这样的利益相关者呢?

讨论题

1. 对广岛地区而言,马自达公司应承担何种社会责任?
2. 有什么证据表明他们正在承认这种责任?
3. 在这种情况下,会产生对所有利益相关者都有好处的结果吗?解释你的答案。
4. 应优先考虑哪个利益相关者?
5. 如果马自达公司的创始人家族仍对经营企业怀有积极的兴趣,你认为结果会有何不同?说明原因。
6. 你认为这种情况将如何解决?

复习问答

1. 如果你被要求以部门代表的身份加入某个小组,而这个小组受命开展某伦理培训项目的工作以支持企业新的伦理守则,那么,你会提出什么建议呢?
2. 如果你的公司在1986年制定了伦理守则,现在,你被归入了某个小组,这个小组的工作是更新公司的伦理守则以使其更能适应当前的企业伦理问题,如互联网和现代商业技术,那么,你会提出什么建议呢?
3. 你认为自己可以成为一名伦理官吗?为什么?
4. 上街买东西的时候,你会注重企业的商业实践过程有多透明吗?为什么?

《组织变革管理》(第 2 版)
Managing Organizational Change: A Multiple Perspectives Approach(Second Edition)
By Ian Palmer 等　金永红 译
出版时间:2009 年 12 月　　定价:39 元

世界上唯一不变的只有变化本身。

无论组织设计得如何完美,在运行了一段时间以后都必须进行变革。组织变革应该成为组织发展过程中的一项经常性的活动。大至一项重大制度的改变,小至一项工作流程的变动,都可以成为组织变革的组成部分。能否抓住时机顺利推进组织变革是衡量管理工作有效性的重要标志。

组织变革的复杂性是有目共睹的,因而管理组织变革就是一项复杂的系统工程。不同组织的特征、结构、功能、存在的问题以及所处的环境都大为不同,因而组织变革的时机、方式、目的以及结果也都千差万别。对组织变革的管理不仅是一种技术,更是一种艺术。本书不仅为读者提供了丰富的管理组织变革的技术和方法,而且也为读者提供了艺术性地解决组织变革管理问题的方式和途径。

- 结构完整,独具匠心。
- 为管理组织变革提供了多角度的方法。
- 理论与实践相结合,配备了大量的现实案例。

《胜者不欺》(第 2 版)
Winners Nerver Cheat
By Jon M. Huntsman　冯蕊　译
出版时间:2010 年 10 月　　定价:36 元

也许从前不是这个样子的。但时过境迁了。在目前的经济形势下,你要是想成功,就得不择手段,对不对?

错。你完全可以在不牺牲道德底线（它才会使你的生命活得有意义）的情况下登上最高峰。证据是什么? 你自己就是那最高峰。

在《胜者不欺》一书里,亨茨曼告诉你他是怎样成功的,你也一样可以这样做。本书会让你牢记为什么要工作,为什么是你被选中成为领导者。本书将激励你,无论遭遇多大阻力,你都要有勇气去做正确的事。

本书告诉你有关获胜的事,走正道而获胜。

想一想你愿意和什么样的人做生意。然后,让自己成为那样的人——用这本书帮助你做到吧!

《管理的 12 个问题》

作者：焦叔斌
出版时间：2009 年 1 月　定价：36 元

谁在裸泳？
管理者必须回答的 12 个基本问题：
(1)我是谁？(2)我要到哪里去？(3)我的处事原则是什么？(4)我如何到那里去？(5)"我"当如何工作？(6)"我们"当如何工作？(7)我要把人们带到哪里去？(8)我如何让人们都知道要到那里去？(9)我如何能够让人们全力以赴？(10)我们应当测量什么？(11)如何测量？(12)造成偏差的原因是什么？

管理只有永远的问题而没有永远的答案，而只有提出正确的问题才谈得上解决问题。本书所提出的 12 个基本问题既是思考管理问题的逻辑框架，又是帮助管理者诊断问题和解决问题的核对表（checklist）。回答了这 12 个问题未必一定能够保证组织或管理者的成功。但几乎可以肯定的是，不能够明确回答这 12 个问题的组织或管理者，其管理必然存在着缺失，也许就是那个无知无畏的裸泳者。

在寒潮吹袭世界经济之际，正是我们狠抓管理、苦练内功的最佳时机。

《公司的灵魂》

The Soul of the Corporation: How to Manage the Identity of Your Company
By Hamid Bouchikhi 等　孙颖　译
出版时间：2010 年 6 月　定价：29 元

本书认为，公司形象好比公司的灵魂。我们正置身于一个崭新的形象时代之中。在这个时代里，员工、顾客、投资者以及其他利益相关者都对公司形象高度关注。更为重要的是，公司的形象与公司文化、企业战略、品牌定位等有密切的关系，并会对公司的业绩产生重要影响。如果战略决策与公司形象相悖，再好的战略也难以发挥作用。好的形象对于公司而言是一项极其重要的资产，差的形象则会成为公司的一项沉重负债。

书中选取了世界上许多著名公司的真实案例来说明如何管理公司形象，如何发挥公司形象的作用，如何利用公司形象创造出更长久的价值。本书还说明了公司在兼并收购、战略联合、分立剥离以及创新品牌等不同的情况下如何应对形象挑战。

除了丰富的案例外，本书还提出了"形象审计"这一概念，并辅之以问卷调查、培训设计等具体方法，为领导者塑造和管理公司形象提供了可操作性的指导。

Andrew Ghillyer
Business Ethics: A Real World Approach
0-07-340304-0
Copyright © 2008 by The McGraw-Hill Companies, Inc.

All Rights reserved. No part of this publication may be reproduced or transmitted in any form or by any means, electronic or mechanical, including without limitation photocopying, recording, taping, or any database, information or retrieval system, without the prior written permission of the publisher.

This authorized Chinese translation edition is jointly published by McGraw-Hill Education (Asia) and China Renmin University Press. This edition is authorized for sale in the People's Republic of China only, excluding Hong Kong, Macao SAR and Taiwan.

Copyright © 2010 by McGraw-Hill Education (Asia), a division of the Singapore Branch of The McGraw-Hill Companies, Inc. and China Renmin University Press.

版权所有。未经出版人事先书面许可，对本出版物的任何部分不得以任何方式或途径复制或传播，包括但不限于复印、录制、录音，或通过任何数据库、信息或可检索的系统。

本授权中文简体翻译版由麦格劳-希尔（亚洲）教育出版公司和中国人民大学出版社合作出版。此版本经授权仅限在中华人民共和国境内（不包括香港特别行政区、澳门特别行政区和台湾）销售。

版权 © 2010 由麦格劳-希尔（亚洲）教育出版公司与中国人民大学出版社所有。

本书封面贴有 McGraw-Hill 公司防伪标签，无标签者不得销售。

北京市版权局著作权合同登记号：01-2009-1225

图书在版编目（CIP）数据

企业的道德——走近真实的世界/吉耶尔著；张霄译．
北京：中国人民大学出版社，2010
（EDP·管理者终身学习项目）
ISBN 978-7-300-11177-3

Ⅰ．企…
Ⅱ．①吉…　②张…
Ⅲ．企业-职工-职业道德
Ⅳ．F272.92

中国版本图书馆 CIP 数据核字（2009）第 156405 号

EDP·管理者终身学习项目
企业的道德
——走近真实的世界
安德鲁·吉耶尔　著
张　霄　译
Qiye de Daode

出版发行	中国人民大学出版社			
社　址	北京中关村大街 31 号		邮政编码	100080
电　话	010-62511242（总编室）		010-62511398（质管部）	
	010-82501766（邮购部）		010-62514148（门市部）	
	010-62515195（发行公司）		010-62515275（盗版举报）	
网　址	http://www.crup.com.cn			
	http://www.ttrnet.com（人大教研网）			
经　销	新华书店			
印　刷	北京联兴盛业印刷股份有限公司			
规　格	160 mm×235 mm　16 开本		版　次	2010 年 9 月第 1 版
印　张	16 插页 1		印　次	2010 年 9 月第 1 次印刷
字　数	243 000		定　价	35.00 元

版权所有　侵权必究　印装差错　负责调换